Joanna Cherry

Schlüssel zum göttlichen Selbst

Der aufgestiegene Meister in Dir

G. Reichel Verlag

G. Reichel Verlag
Reifenberg 85,
D 91365 Weilersbach
Tel:09194-8900 - Fax 09194-4262

Übersetzung aus dem Amerikanischen von Gudrun Brug

Titel der Orginalausgabe:
„Living Mastery -The Expression of your Devinity“
Oughten House Publications, Livermore, Ca, USA, 1997

ISBN 3-926388-45-5

Begrenzungen zerfallen wie
dünne Hüllen.
Aus den Überresten erhebt sich
ein kraftvoller Gott.

Inhaltsverzeichnis

Vorwort

Ich habe meine Seele gebeten, sich in jedem Wort und jeder Erklärung dieses Buches zu spiegeln. Einige Stellen wurden mir unmittelbar von meiner Seele diktiert, und der Rest entstand in Zusammenarbeit zwischen ihr und "mir selbst" - meinem irdischen Bewußtsein. Diese Art zu schreiben hat mir Freude gemacht, zumal die meisten von uns - und dazu zähle ich auch mich - sich noch immer vorwiegend im Bereich des menschlichen Bewußtseins bewegen und gerade erst lernen, sich für ihre Göttlichkeit zu öffnen und diese zum Ausdruck zu bringen. Das folgende wurde also von unserem jetzigen Standpunkt aus geschrieben und handelt von unserem Weg in die Zukunft.

Die großen Ratgeber dieses Buches waren neben meiner eigenen göttlichen Präsenz in erster Linie der unsterbliche Meister aus dem Himalaya und mein engster Seelenfreund Babaji, die Göttliche Mutter und die aufgestiegenen Meister St. Germain und Serapis Bey.

Fast alles, was hier zu lesen ist, lehrte mich meine Göttlichkeit, und da Geschichten die Kraft haben, uns besonders zu berühren und zu inspirieren, werde ich hier einige erzählen - von mir und von anderen Menschen. Dieses Buch setzt auf Ideen und Geschichten, um das Verständnis zu erleichtern. Ein zweiter Band wird dem vorliegenden folgen.

Ich habe dem Göttlichen alle möglichen Namen gegeben - Universelles Sein, Gott, Tao. Letztendlich ist es belanglos, wie wir das unendliche, unbegreifliche Eine nennen und wie wir uns ihm nähern. Mein Wunsch ist es, daß alle unabhängig von der Terminologie, die sie benutzen, das erhalten, was sie sich ersehnen. Wir alle steuern das gleiche Ziel an.

Während ich schrieb, erhielt ich die Weisung, nicht mehr zu lehren, nicht mehr all die Worte von mir zu geben, die ich 17 Jahre lang in meinen Workshops von mir gab. Ich sollte mir Zeit nehmen, damit diese Worte, die bisher vorläufig und partiell meine Wirklichkeit waren, zu meiner unumschränkten und bleibenden Wirklichkeit werden konnten. Es überraschte mich, daß ich diese Bücher schreiben sollte, aber mir wurde gezeigt, daß sie die Ernte dieser Jahre sind und daß ich mit ihnen das weitergeben darf, was ich selbst an Geschenken empfangen habe.

Meine Schwester, mein Bruder, es ist meine Hoffnung, bei dir Erinnerungen an deine göttliche Meisterschaft zu erwecken oder diese noch tiefer zu berühren, und daß meine Worte und Geschichten dich inspirieren, dir Mut einflößen und dir auf jede erdenkliche Weise beistehen, wenn du Anspruch auf deine unumschränkte, grenzenlose Göttlichkeit erhebst. Gemeinsam kehren wir nach Hause zurück!

Einführung

Eine Botschaft der Seele:

Eins der Wunder eurer Zeit liegt darin, daß ihr Pioniere seid und Grenzbereiche des Seins erforscht, die bislang unvorstellbar waren. Jetzt kann die Größe eines jeden Menschen zum Vorschein kommen; ihr seid bereit, eure Unbegrenztheit zum Ausdruck zu bringen. Zum ersten Mal seit vielen Jahrtausenden ist es der Menschheit als Ganzes möglich, ihre wahrhafte und unumschränkte Göttlichkeit zu erkennen.

Alles ist gut. Die Menschheit hat eine lange Reise durch Wahn und Verblendung hinter sich, aber diese Reise war nicht vergebens. Die erworbene Weisheit rückt nun alle Menschen in den "Sternenstatus" im Universum; er zeichnet Wesen aus, die wunderbare Gaben anzubieten haben. Bereue deshalb nicht, was du in diesem oder irgendeinem anderen Leben durchgemacht hast. Alles war vollkommen sinnvoll und diente genau dem Zweck, den du selbst gewählt hast. Sei dankbar, daß du den Mut hattest, diese erstaunliche Reise durch die Dunkelheit des Abgetrenntseins und durch Wahn und Verblendung in das göttliche Licht der Wahrheit zu unternehmen. Es war ein großartiges Abenteuer und ein aufregendes, schwieriges, wunderbares, schmerzhaftes, sinnenfrohes und produktives Schauspiel. Jetzt ist es zu Ende; der Vorhang fällt, und es ist Zeit, daß ihr euch daran erinnert, wer ihr wirklich seid: nicht die Rollen, die ihr auf den Bühnen der Jahrtausende gespielt habt, sondern euer wahres, göttliches Selbst.

Diese Zeit ist beispiellos in der Geschichte der Erde. Das schöpferische Chaos gebiert neues Verstehen, neues Leben, eine neue Welt. Dieses phantastische schöpferische Brodeln lädt dich ein, hineinzuspringen und alles zu erschaffen, was wirklich not tut: alle Herzenswünsche zu erfüllen, Macht im Leben zu haben und freigiebig zu sein. Es liegt nun an dir, auf diesem Feld der unbegrenzten Möglichkeiten den Platz zu finden, den du einnehmen möchtest.

Die Vergangenheit zählt nicht mehr. Alles hat sich gewandelt, alles ist neu. Ihr alle könnt die göttlichen, herrlichen unumschränkten Meister werden, die ihr in Wahrheit schon seid.

Dieses Buch handelt von den Möglichkeiten, die ihr euch selbst so lange verwehrt habt. Eure Bestimmung ist die Meisterschaft. Ihr seid dazu bestimmt, euch so auszudrücken, wie es eurer Eingebung entspricht. Zunächst erschafft ihr gute Beziehungen, Arbeit und Geld nach Wunsch und Bedarf; später könnt ihr unsterblich sein. Zuerst genießt ihr das Leben; später könnt ihr das Leben selbst sein. Wie ihr wißt, seid ihr eins mit allem, was ist. Ihr werdet beginnen, das Grenzenlose zu erfahren: Gedankenreisen, Manifestation aus dem Äther, Verjüngung des Körpers, Nahrung aus der Luft und alles, was euch sonst noch Spaß macht. Ihr könnt aus einer Dimension in eine andere hinüberwechseln, und ihr könnt euren Körper ins Licht bringen, ohne eine materielle Gestalt zurückzulassen, wenn es Zeit ist, in anderen Sphären zu leben. Alle Möglichkeiten stehen euch offen. "Was du dir ausdenken kannst, kannst du auch verwirklichen." Dieser Satz gilt nicht nur in bezug auf Möglichkeiten, mit denen du bereits vertraut bist, sondern im wahrsten Sinne des Wortes für alles, was du dir ausdenken kannst.

Das größte aller schöpferischen Unternehmen besteht darin, der Meister zu werden, der du in Wahrheit schon bist. Es geschieht durch die volle Erkenntnis, daß du das göttliche Eine, der Christus, Sohn/Tochter Gottes bist, und daß du es immer schon warst. Du bist unschuldig und eingebettet in Liebe, du wirst verehrt. Für Göttin/Gott von allem bist du über alle Maßen kostbar. Warum solltest du anders von dir denken? Weil du göttlich bist, bist du fähig, dich für deine Göttlichkeit zu entscheiden. Warum zögerst du?

Fangt an, als diejenigen zu denken, handeln und fühlen, die ihr seid. Fangt jetzt an.

Vielleicht denkst du: "Ich habe es ja versucht, aber es hat nicht funktioniert." Wir sagen: "Heute ist ein neuer Tag. Vertraue ihm und verdopple deine Entschlossenheit. Mach's einfach! Laß dich nicht von der Enttäuschung zurückhalten, auch wenn es aussieht, als würdest du auf die Nase fallen. Jeder großer Meister hatte keine geringeren

Schwierigkeiten zu überwinden als du. Steh zu deinem Mut, denn er ist dein wahres Selbst, das keine Enttäuschung kennt, keine Angst, kein Scheitern - nichts als Erfolg.

Es ist Zeit. Zeit, daß du deine Schwierigkeiten hinter dir läßt und dich der Freude öffnest. Empfinde die Freude. Konzentriere dich auf die göttliche Wahrheit der Fülle, der Vollkommenheit, des unerschöpflichen Reichtums, der Liebe, des Einsseins, der Verfügbarkeit aller Dinge und der Wahrheit, daß alles zum Guten geschieht, denn in nichts anderem besteht das sinnenfrohe, mächtige, schöpferische Leben eines Meisters.

Du weißt bereits alles, was hier geschrieben steht. Es ist nur eine Erinnerung, ein Wegweiser zurück zu deiner eigenen Wahrheit. Grundlage sind die Erfahrung und die Eingebung eines Menschen, der viel gearbeitet hat, um jetzt helfen zu können. Segenswünsche an euch alle und namasté.

1 Der Weg zur Meisterschaft

O Gott, o Göttin! Erkennst du dich nicht? Es ist Zeit, deine Wahrheit zu enthüllen! Mögen diese Worte uralte Erinnerungen wachrufen, damit du erkennst, wer du wirklich bist - groß, allmächtig, Du! Kehre nach Hause zurück!

Was ist Meisterschaft?

Meisterschaft ist die erbauliche Erkenntnis, daß alle Erfahrungen unseres Lebens Ausdruck des Göttlichen sind. Mit anderen Worten:

1. Himmel und Erde sind eins. Geist und Materie sind eins.
2. Unser Herz und unser Geist sind Teil des Göttlichen und dazu bestimmt, alle göttlichen Eigenschaften wie Liebe, Freude, Freiheit, Wissen, Macht und das Grenzenlose zu offenbaren.
3. Unser physischer Körper ist göttlich, und wenn Herz und Geist auf die Wahrheit ausgerichtet sind, kann unser Körper seine göttlichen Attribute - Leben und Schönheit, die sich immerwährend ausdehnen - zum Ausdruck bringen. Wenn es Zeit ist, die Erde zu verlassen, können wir die Schwingungen unseres physischen Körpers erhöhen, in Licht verwandeln und in einen helleren Lebensbereich eintreten.

Wenn sich die Meisterschaft vervollkommnet hat, wenn sich das Göttliche im Leben eines Menschen vollkommen ausdrückt, ist dieser Mensch ein "aufgestiegener Meister".

Aufgestiegene Meister verlassen die Erde nicht unbedingt. Sie meistern Körper und Umgebung in einer Weise, die vordem als Wunder oder als Ding der Unmöglichkeit erschien, zum Beispiel durch Reisen mittels Gedanken, im Gehen durch Feuer oder durch die unmittelbare Manifestation aller gewünschten oder benötigten Dinge aus dem Nichts.

Unser Herz hat uns vielleicht schon zum Pfad der Meisterschaft, zum "Aufstieg" gerufen. Dieser Prozeß bringt uns die Erkenntnis und

Erfahrung der Einheit mit dem inneren Selbst, dem Tao, der eigenen Göttlichkeit, mit Gott/Göttin in allem, und dies drückt sich in unserem Geist, unseren Gefühlen, unserem Körper, unserem Leben aus.

Unser Einssein mit dem Göttlichen ist von unserem Standpunkt aus nicht unbedingt erkennbar. Unsere fünf Sinne vereinnahmen uns so sehr, daß wir die "ruhige, zarte Stimme" in uns vielleicht gar nicht vernehmen. Aber wenn wir uns auf sie einlassen, wird sie zu der klaren, liebevollen Stimme unendlicher Weisheit, die unser ganzes Leben lenkt.

Einssein mit dem Göttlichen bedeutet Einssein mit allem, was ist. Trennung auf der physischen Ebene ist eine Illusion. Wir sind Teil von Allem, was geschaffen wurde. Wenn wir diese Wahrheit in den Tiefen unseres Seins spüren, empfinden wir große Freude.

Viele von uns fürchten, daß wir unsere Individualität, unsere Einzigartigkeit verlieren, wenn wir mit dem Göttlichen in unserem Innern verschmelzen. Doch Einzigartigkeit gehört gleichwohl zum Lebens wie zur großen Schöpfung. Sie läßt sich nicht leugnen, und das ist gut so. Das Herrliche, das Einzigartige an jedem von uns - an dir - ist Teil eines phantastisch schönen Mandalas, einer heiligen Ganzheit, das in der Einzigartigkeit nicht nur erwünscht, sondern zur Vervollständigung des Ganzen notwendig ist. Wir sind hier, um dieses gewaltige Kaleidoskop von Farbe, Form, Licht und Schwingung kennenzulernen, als unser Eigenes zu erfahren. Laßt uns die Erinnerung wachrufen an diese große Wahrheit unseres Seins, an unsere Einzigartigkeit als Teil von Gott. Du bist unschuldig und rein, strahlend, stolz, schön, unsterblich. Du bist Eins. Erinnere dich!

Während sich das Zeitalter des Lichts nähert, sind jetzt zum ersten Mal in der Geschichte der Erde Millionen von Menschen imstande, die Illusion von Dualität und Trennung zu überwinden und zur Einheit mit dem Göttlichen zu gelangen.

Der Prozeß des "Aufstiegs"

Die meisten von uns haben schon viele Leben und Tausende oder Millionen von Jahren auf dieser Ebene hinter sich. Wir haben gänzlich vergessen, daß wir göttlich sind. Doch unsere Sehnsucht, zur Wahrheit zurückzukehren, beschwört unsere alte Erinnerung an die Einheit herauf - und an den Mut, die Entschlossenheit, die Liebe, Geduld und Ausdauer, den Humor(!), die nötig sind, um wieder dorthin zu gelangen.

Wie und wann der Prozeß des Aufstiegs abläuft, ist für jeden anders, doch bestimmte Schritte sind uns allen gemeinsam. Sie sind miteinander verwoben, aber vier Grundschritte lassen sich definieren:

1. Zuerst werden wir uns unseres inneren Selbst oder der Gottheit gewahr. Das geschieht nicht unbedingt bewußt oder in Form eines äußeren Kontakts und ist auch nicht immer an Meditation oder einen bestimmten spirituellen Weg gebunden. Es kann ganz einfach die Erfahrung von Liebe sein. Aber die Wahrnehmung unseres Selbst oder der Gottheit muß den anderen drei Schritten vorausgehen.

2. Wir klären unsere Vergangenheit. Schuld und Schuldgefühle (der Fluch der Menschheit!) beginnen, sich aufzulösen. Es dämmert uns, daß wir immer, in jedem Jetzt, nach unserem besten Ermessen handelten. Können wir mehr von uns verlangen? Unsere ewige, göttliche Unschuld blieb durch unser Handeln immer unangetastet. Allmählich vergeben wir uns. Wir lassen die Menschen, Umstände und Ereignisse aus allen unseren Leben los und vergeben ihnen. (Das dauert seine Zeit!) Wir befreien uns Schritt für Schritt aus den psychischen und emotionalen Fesseln, die uns an andere binden (dysfunktionale und co-abhängige Beziehungen) und werden unabhängig und klar.

3. Wir erschaffen ein glückliches Leben und entdecken und erfüllen alle unsere erdgebundenen Zwecke. (Es gibt in einem Leben viele Zwecke oder Ziele: ein Kind aufziehen, rebellieren, in einer Höhle meditieren, beruflichen Erfolg haben, sich ausruhen - alles, was man sich vorstellen kann!) Dabei erfahren wir mehr und mehr, daß alle göttlichen Eigenschaften unsere eigenen sind. Unsere Liebe offenbart sich, Freude und Friede nehmen zu. Wir sind die Gesamtheit des Göttlichen. Unsere Beziehungen werden glücklicher und langsam erkennen wir, daß nie versiegender Reichtum unser natürlicher Zustand ist. Gott/Göttin ist nie versiegender Reichtum,

die Natur ist nie versiegender Reichtum. Wir stecken unsere Energien und Fähigkeiten in das Alltagsleben um uns herum. Unser Engagement im kleinen Kreis bezieht schließlich auch den Dienst an der Allgemeinheit, der Welt mit ein. Während wir großzügig geben, lernen wir, großzügig zu nehmen und wir tun nur das, was wir wirklich gerne möchten. Wir fühlen uns auf der Erde wohl und im Gleichgewicht, entspannt und im Fluß. Wir genießen es, hier zu sein!

4. Wir wenden uns stärker und leidenschaftlicher der Seele zu. Unsere Beziehung mit dem Göttlichen wird inniger. Wir haben Ehrfurcht vor dieser Allgegenwart und widmen uns ihr. Wir verschmelzen mit dem Göttlichen und spüren immer mehr, daß wir selbst diese Göttlichkeit sind.

5. Wir allein entscheiden, wie wir unsere Erleuchtung zum Ausdruck bringen wollen. Einige der größten Meister blieben im menschlichen Bewußtseinsstrom, der den Körper altern und sterben läßt. Doch wenn wir den "Pfad des Aufstiegs" wählen, werden wir unseren Körper als Teil des Göttlichen empfinden und allmählich Unsterblichkeit und eine immer größere Schönheit erlangen. Wir werden unsere Beziehung mit der Umwelt meistern und schließlich manifestieren wir unser volles Potential hier. Das ist mit "Aufstieg" gemeint.

Förmliche und spontane Initiationen

Alle Meister, die den Aufstieg lehren, haben ihre eigene Vision von der Wahrheit und vom Pfad. Einen eher förmlichen Weg mit bestimmten festgelegten Initiationen haben uns El Morya, Kuthumi und Dwjal Khul durch die Autoren Helena Blavatsky, C.W.Leadbeater, Alice Bailey und vor kurzem durch meinen Freund Dr. Joshua David Stone gezeigt. Das sind große Geschenke.

Meine Vision und mein Pfad ist mehr die spontane Initiation. Ich glaube, die Meisterschaft ist bereits jetzt zugänglich für jeden, und wir erfahren sie in dem Maße, in dem wir uns dafür öffnen.

Beide Pfade sind richtig, und wir sollten dem folgen, der für uns am besten ist.

Die Möglichkeiten des menschlichen Körpers

Alles wird durch den Gedanken aus der göttlichen Substanz geschaffen. Das Denken beginnt in sehr hohen Schall- und Lichtfrequenzen, die für menschliche Augen und Ohren unhörbar und unsichtbar sind. (Frequenz ist die Geschwindigkeit und die Art der Schwingung, die die Form jeder Schöpfung bestimmt. Alles hat eine Frequenz und ist Frequenz. Denken hat eine Frequenz: Freiheit vibriert schneller als Gefangenschaft, Liebe schneller als Haß.) Damit ein hochfrequenter Gedanke in die physische Welt kommen kann, muß er sich verlangsamen, bis er hier in fester Form erscheint. Einsteins berühmte Formel $E=mc^2$ drückt diese Bewegung in entgegengesetzter Richtung aus: Wenn man feste Materie beschleunigt, erhält man Energie.

Unser Körper funktioniert nach dem gleichen Prinzip. Sagen wir etwa zum befruchteten Ei: "Na los, ihr Zellen, teilt euch mal und setzt das Nervensystem in Gang"? Nein. Zelle für Zelle wird unser Körper aus der göttlichen Substanz geformt, aus dem Licht, gemäß unseres göttlichen Plans: göttlicher Gedanke der Vollkommenheit, der sich in vollkommener Schönheit, Lebenskraft, Gesundheit und Stärke manifestiert hat. (Karmische Ziele unserer Seele können beim vollkommenen Fötus allerdings Probleme oder Mißbildungen bewirken.)

Ja, der Körper ist Fleisch und Blut - doch was sind Fleisch und Blut? Aus der Physik wissen wir, daß sie gänzlich aus Atomen bestehen. Kein Bestandteil des Atoms ist feste Materie - nur Energiepartikel, die im Raum umherwirbeln. Da sich die ganze Schöpfung aus solchen Energiepartikeln zusammensetzt, kommen sie der Idee der göttlichen Substanz so nahe, wie dies in der physischen Welt eben möglich ist.

Unser Körper bildete sich nicht nur im Mutterleib aus göttlichem Gedanken und göttlicher Substanz. Er bildet sich in jedem Augenblick neu, erneuert sich, wird versorgt - mit der höchsten Vollkommenheit, die unser Denken zuläßt.

Der Körper ist dem Geiste (Denken und Fühlens) untertan und dient ihm. Wenn wir deshalb den unbegrenzten göttlichen Geist zu uns einladen, werden wir auch unseren Körper als göttlich erfahren.

Die Erkenntnis, daß wir unermeßlich große, universelle Wesen, Teil der allgegenwärtigen, allmächtigen Gottheit sind, führt zu der Einsicht, daß auch unser Körper Teil des Göttlichen ist. Aus der Erkenntnis, daß wir zeitlos, alterslos und ewig sind, läßt sich folgern, daß auch unser Körper zeitlos, alterslos und ewig ist.

Der Körper braucht mehr Zeit als der Geist für die Erfahrung der Erleuchtung. Es fällt ihm auch schwer, mit der ungeheuren Erhöhung der Frequenz Schritt zu halten, die sich zur Zeit in der Welt vollzieht. In seinen Körperzellen sind die Erinnerungen und Emotionen aller Leben gespeichert; der Körper ist lebendige Geschichte. Indem der Körper seine Geheimnisse preisgibt und die Vergangenheit geklärt wird, (meist mit einer ganzen Menge Geduld und Beistand von Geist, Herz und Seele), wird er immer mehr zu Licht. Er empfindet mehr Freude, seine Frequenzen beschleunigen sich. Er ist allmählich in der Lage, einer immer höheren elektrischen Spannung standzuhalten. Die Spannung, die ein Körper ertragen kann, entspricht der universellen Kraft, die durch ihn verfügbar wird. All das gehört zu seinem Weg zur Meisterschaft.

Besonders hilfreich ist hier die Konzentration auf das Licht, diesen erstaunlichen Ausdruck von Gott/Göttin. Wunderbares göttliches alldurchdringendes Licht. Licht ist das erstaunlichste Phänomen der Schöpfung. Wir bestehen aus Licht: Körper, Geist und Herz. Wir sind Licht, nichts als Licht. Vom ersten Augenblick an Licht.

Unserem erleuchteten Geist und unserem liebenden Herzen wird unser Körper vollkommen formbar. Er läßt sich entmaterialisieren und von neuem materialisieren. Er kann mit Hilfe des Gedankens reisen. Er kann wie die Sonne scheinen. Er kann sich regenerieren und verjüngen, von einem Moment auf den anderen. Und er kann für immer leben.

Meisterschaft auf der Erde

Früher, als die Menschen (zumindest im Westen) die Fähigkeit gerade erst entwickelten, ihren Körper in Licht zu verwandeln, gab es meist niemanden, der es genauso weit gebracht hatte und an den man sich hätte wenden können. Es gab keinen Ansprechpartner im Leben, und auf der Erde zu bleiben, war keine besonders erfreuliche Angelegenheit. Deshalb traten sie in eine höhere Dimension ein (eine himmlischere Sphäre, die schneller schwingt als die Erde und uns deshalb unsichtbar bleibt). Ausnahmen sind St. Germain, der über ein Jahrhundert lang in Europa lebte und nicht alterte, und der unsterbliche Meister Babaji aus dem Himalaya, der versprach, bis zum Ende dieses Erdenzyklus in einem physischen Körper zu bleiben. Doch diese Ausnahmen bestätigen die Regel: Tausende von Meistern zog es von der Erde in hellere Sphären.

Jetzt gibt es eine ganze Menge neuer Möglichkeiten. Die Erde selbst ist in einem Aufstieg begriffen. Seit wir ein Bewußtsein haben, schwingt sie in einer Frequenz von 7,83 Schwingungen pro Sekunde. Doch im Lauf der letzten paar Jahre erhöhte sich ihre durchschnittliche Frequenz und bringt es nun bis auf 11 Schwingungen pro Sekunde. Tendenz steigend! Während sich ihre Frequenz erhöht, wird sie disharmonischen Energien gegenüber zunehmend intoleranter. Ohne daß eine aktive Revolte notwendig gewesen wäre, haben wir bereits den Anfang vom Ende aller Systeme gesehen, in denen Menschen andere Menschen beherrschen. Die Erde wird nun eine geeignetere Heimat für Meister, ein Ort, an den endlich wieder das verlorene Paradies zurückkehren kann.

Unsere alten spirituellen Familien erwachen gleichzeitig mit uns, und zahlreiche Menschen nehmen am "Aufstieg" des Planeten teil. Es wird also viele geben, mit denen wir leben, dienen und uns freuen können. Wenn die Unsterblichkeit zu unserer Wirklichkeit wird, werden viele von uns jahrhundertelang hier bleiben. Wir werden das Zeitalter des Lichts einläuten. Aber wir können es uns auch bei den Meistern in den helleren Sphären wohl sein lassen, lernen, dienen, ruhen und genießen - und dann nach Hause zurückkehren. Oder auch bleiben. Wonach wird uns der Sinn dann stehen?

Beam mich nicht hoch, Scotty!

Es gibt keine Abkürzung auf dem Weg zur Erleuchtung. Die "Wellen des Aufstiegs" oder das Abheben in einem Raumschiff sind Möglichkeiten für die, die sich vorbereitet haben. (Vorsicht vor

Raumschiffen - es gibt alle möglichen!) Wir haben nicht so schwer gearbeitet und einen so weiten Weg zurückgelegt, um am Ende unsere Initiation in der nächsten Dimension anderen zu überlassen. Übernimm die Verantwortung für deinen eigenen Weg zur Meisterschaft und tritt genau dann in eine hellere Sphäre ein, wenn du bereit bist.

Wer hat die Meisterschaft erlangt?

Es gibt inzwischen Tausende "aufgestiegener" Meister. Sie waren Menschen wie du und ich, als sie erkannten, wer sie sind. Einige, wie Babaji, sind noch auf der Erde, aber die meisten leben ständig in helleren Sphären.

Die meisten, doch nicht alle, verwandelten am Ende ihres Erdendaseins ihren Körper zu Licht und ließen deshalb keinen Körper zurück. Es ist einem hochbewußten Wesen möglich, den Körper sterben zu lassen, wenn dies angebracht ist. Das gilt für Buddha und auch für Yogananda, Sri Yukteswar und Lahiri Mahasaya, zwei Gurus aus Yogandas Gefolgschaft. Die drei erschienen nach ihrem physischen Ableben ihren Schülern in physischer Form.

Die Große Weiße Bruderschaft

Die meisten, die von der Erde aufgestiegen sind, arbeiten nun daran, daß auch die anderen erwachen. Einige besonders bekannte aufgestiegene Meister dienen von sehr hohen Ebenen aus. Zu ihnen gehört natürlich Jesus, aber auch Maria, Buddha, St. Germain, El Morya, Kuthumi, Djwal Khul, Quan Yin, Lady Nada und Serapis Bey.

Einige aufgestiegene Meister bewahren (oder schaffen) sich gern das reife Aussehen eines älteren Menschen, wenn sie lehren; alle haben schöne ätherische Körper, die in jeder Hinsicht ewig vollkommen sind. Sie tragen gern schöne Gewänder in allen möglichen Farben, und oft schmücken sie ihre Häupter, den Hals oder die Taille mit Edelsteinen.

Die aufgestiegenen Meister, die diesem Planeten dienen, bilden eine Organisation, die sie die Große Weiße Bruderschaft nennen. "Weiß" bezieht sich nicht auf die Hautfarbe, sondern auf das Licht, das von einer aufgestiegenen Form ausgeht, und auf die Absicht des Guten. Zu der Bruderschaft gehören nicht nur männliche Meister, sondern auch viele weibliche.

Wer sein Leben dem Dienen gewidmet hat, kann Mitglied der Großen Weißen Bruderschaft werden, ohne sich dessen vielleicht bewußt zu sein. Diese Menschen verlassen ihren Körper im Schlaf, um gemeinsam mit den Meistern auf den höheren Seinsebenen zu dienen.

Wo leben die "aufgestiegenen" Meister?

Nicht weit von der Erde existiert ein Netz von Aufenthaltsorten, wo viele der in jüngster Zeit "aufgestiegenen" Meister wohnen und dienen.

Es gibt auf der ganzen Welt eine Reihe solcher Orte, meistens auf der "ätherischen Ebene", einer helleren und himmlischeren Sphäre als die physische. Einige dieser Orte haben größere Bedeutung als andere. Die weniger bedeutenden können sich überall befinden und erfüllen oft eine Zeitlang einen bestimmten Zweck. Vor dem großen Erdbeben im Jahr 1989 gab es zum Beispiel einen in San Francisco auf dem Gipfel des Mt. Davidson. Wie ich gehört habe, war er dazu da, bei dem Erdbeben die Zahl der Toten und Verletzten einzudämmen. (Die Meister konnten das Beben nicht abwenden, denn die Gedankenform "Erdbeben" ist in dieser Region sehr stark. Der freie Schöpfungswille wird nie außer Kraft gesetzt.)

In Amerika gibt es zwei Orte, an denen "aufgestiegene" Meister wohnen. Einer befindet sich in den Grand Teton Bergen in der Nähe von Jackson Hole in Wyoming (besonders Mt. Moran), der andere in dem großen, abseits gelegenen Mt. Shasta ganz im Norden Kaliforniens.

Ein weiterer wichtiger Ort ist Shambhala. Man geht allgemein davon aus, daß es westlich der Wüste Gobi in den Bergen der Region Tien Shan in China liegt. Buddha und Maitreya werden immer mit diesem Ort in Verbindung gebracht. Das größere Shambala liegt über der Erde, ein kleineres unter der Erdoberfläche.

Es sind schöne, faszinierende Orte mit großen goldenen Sälen und vielen kleineren Räumen für große und kleinere Zusammenkünfte. Es gibt hohle Kristallpyramiden für Initiationen und Heilungen und Säle, in denen die Archive untergebracht sind. Es gibt Stätten, wo Erfindungen und andere benötigte Ideen vervollkommnet werden, damit sie an die Erde weitergegeben werden können. (Wenn der Plan für eine Erfindung oder eine inspirierende Idee in den Gedankenstrom der Erde eingegeben wird, werden diese oft von mehreren Menschen aufgenommen. Deshalb wird, so denke ich mir, der Nobelpreis oft zwei Erfindern oder Wissenschaftlern verliehen, die zur gleichen Zeit genau die gleiche Idee hatten.) An einem solchen Ort zu leben, ist gar nicht so schlecht!

Jedes Jahr kommen die Meister mehrere Male zusammen und feiern ihre Zeremonien zum Segen der Menschheit. Eine Gelegenheit ist Weihnachten, das trotz des kommerziellen Rummels viele Herzen für eine tiefere Verbindung mit dem inneren Göttlichen öffnet. Eine andere Gelegenheit ist Wesak im Vollmond des Stiers (meistens im Mai), dem Zeitpunkt von Geburt, Erleuchtung und Ableben des Buddhas.

In der ersten Januarwoche gibt es eine große Zusammenkunft in den Teton-Bergen, wo die Meister die Menschheit und den Planeten für das neue Jahr segnen. Sie beraten dann auch, was die Menschheit zu empfangen bereit ist, und welche Dienste sie im neuen Jahr leisten kann. Das alles wird dann im einzelnen geplant. Eine ähnliche Zusammenkunft findet Mitte des Jahres in der ersten Juliwoche statt.

Die Aufenthaltsorte der Meister dienen vielen Zwecken. Zahlreiche Menschen besuchen sie im Schlaf oder in der Meditation, und deshalb werden Kurse und andere Dinge angeboten.

Die Meisterschaft zum Ausdruck bringen

Wie wird das sein, wenn wir "aufgestiegene" Meister auf der Erde oder in lichteren Sphären sind? Wenn wir wissen, daß wir eins mit dem Göttlichen sind und unsere Identität unseren Körper weit übersteigt, werden wir es zulassen können, daß wir uns ohne Begrenzungen ausdrücken. Hier ein paar Möglichkeiten:

Dienen

Ob auf der Erde oder in lichteren Sphären - die meisten von uns werden bei der Großen Weißen Bruderschaft mit großer Liebe und Hingabe der Menschheit dienen. Wir werden an den Projekten mitarbeiten, die uns anziehen: Wir werden unsere Ideen, unsere Kreativität, unsere Energie einfließen lassen. Wir werden unseren Brüdern und Schwestern auf ihrem Weg zur Meisterschaft beistehen. Dieser Beistand steht uns jetzt zur Verfügung, und wir werden ihn anderen anbieten.

Der Welt auf dieser Ebene zu dienen, schließt ein paar Dinge ein, mit denen sich viele von uns bisher schwertaten: spielen, ausruhen, glückliche Beziehungen pflegen. Das Leben wird wunderbar ausgewogen sein.

Gedankenreisen

Wir werden in der Lage sein, die Frequenz unseres Körpers zu erhöhen und ihn für das physische Auge unsichtbar zu machen. Wir konzentrieren uns dann - mit großer Klarheit, ohne uns ablenken zu lassen! - auf unser Ziel und versetzen unseren Gedankenkörper dorthin. Schließlich verlangsamen wir unsere Frequenzen wieder und erscheinen in Fleisch und Blut am gewünschten Ort.

Viele Meister beherrschen diese Technik schon. Über einige können wir in der *Autobiographie eines Yogi* von Paramahansa Yogananda nachlesen, über andere in weiteren Büchern. Es gibt eine witzige Geschichte über einen indischen Meister, der sich in einem Feinkostgeschäft in New York materialisierte, Pastrami auf Roggenbrot bestellte und wieder verschwand.

Gedankenreisen befördern uns nicht nur von einem Ort auf der Erde zu einem anderen, sondern auch auf andere Planeten, wobei die Entfernung keine Rolle spielt, oder in andere Dimensionen. Alles mit derselben Leichtigkeit!

Verjüngung, Unsterblichkeit, Unsichtbarkeit

Wenn wir erkennen, daß unser göttliches Bewußtsein weit über unseren physischen Körper hinausgeht, wird uns klar, daß dessen Erscheinung unwichtig ist. Aber wir wissen auch, daß unser Körper Teil des Göttlichen ist, und vielleicht möchten wir göttliche Schönheit, Ganzheit, unbegrenzte Energie und Stärke und das ewig sich ausdehnende Leben durch unser physisches Vehikel zum Ausdruck bringen. Mehr davon in den nächsten Kapiteln.

Auch durch Unsichtbarkeit läßt sich unsere Meisterschaft zum Ausdruck bringen. Es mag ein wenig seltsam erscheinen, daß wir im Zustand der Unsichtbarkeit menschliche Gestalt haben können. Irgendwie verändert sich dann die Frequenz unserer Schwingungen.

Manchmal ist es ganz praktisch, unsichtbar zu sein. Wir alle können das übrigens lernen.

Mobilisierung zur Meisterschaft

Ist der Weg zur Meisterschaft auch dein Weg ist? Entsteht oder verstärkt sich in deinem Herzen ein Verlangen danach? (Verlangen wird meist mißverstanden. Das starke Verlangen, uns zu unserer ganzen Größe zu erheben, ist der erste Schritt zum Ziel.)

Den Weg zur Meisterschaft bewußt wählen, ist ein höchst machtvoller Schritt. Dein Energiespiegel, deine Umgebung und deine Lebensumstände bestimmen die Geschwindigkeit, mit der du deinen Weg zurücklegst. Du kannst die Meisterschaft in diesem Leben erlangen oder auch im nächsten.

Für deinen Weg ist es sehr wichtig, daß du mit deiner Hypophyse und deiner Epiphyse arbeitest, die sich im Kopf befinden und mit dem 'dritten Auge' und dem Kronenchakra verbunden sind. (Der Körper hat sieben Hauptchakren oder Energiezentren, die sich entlang der Wirbelsäule und im Kopf befinden.) Diese beiden Drüsen waren einmal eine einzige und arbeiteten in vollkommener Einheit dafür, alles Gewünschte unmittelbar zu manifestieren. Die Hypophyse repräsentiert die männliche Funktion oder das "yang", die Epiphyse die weibliche oder das "yin". Die gesamte Schöpfung fließt aus dieser Gott/Göttin-Polarität.

Als wir unser Einssein mit dem Göttlichen vergaßen und unser Denken und Fühlen beschränkt und oft destruktiv wurde, arbeiteten die Helfer der Menschheit daran, die Funktionen der beiden Drüsen zu trennen, damit das negative Denken nicht unmittelbar erschaffen konnte. Aus diesem Grund erfordert der schöpferische Prozeß jetzt Zeit.

Wir haben gelernt, die beiden Drüsen durch unseren Willen wieder zu verbinden, die Brücke der Erleuchtung oder antakarana, die "Regenbogenbrücke", zu bauen und zu verstärken. Das beschleunigt uns auf dem Weg zur Meisterschaft und auch den Prozeß der Manifestation. Außerdem fördert es die Vereinigung der rechten und linken Gehirnhälften und die Synchronie der beiden Körperseiten.

Wir erklären Hypophyse und Epiphyse für geöffnet für den uneingeschränkten Empfang göttlichen Denkens aus dem Universum und für dessen Verbreitung und Speicherung in unserer Seele. Das bedeutet eine starke Beschleunigung auf dem Pfad der Erleuchtung.

Zum Abschluß des Kapitels noch ein Zitat aus *Spaldings Leben und Lehren der Meister im Fernen Osten*, Band 2:

„So stehen wir also auf und legen unsere Grabeskleidung ab. Wir stehen auf und legen das ganze Gefühl der Begrenzung ab, mit dem wir unsere Körper gefesselt haben. Wir rollen den Stein der Materialität gänzlich aus unserem Bewußtsein hinaus... Laßt uns aufstehen und den Totenbereich verlassen, denn nichts anderes ist mit Auferstehung gemeint. Auferstehung ist das Erwachen zum völlig verwirklichten Leben im Hier und Jetzt, und dieses Leben... ist überall, überall machtvoll, überall bewußt.

Wenn wir zu unserem rechtmäßigen Erbe erwachen, erwachen wir auch zur Schönheit und Reinheit der uralten Botschaft, daß unser Körper ewig schön, rein und vollkommen ist... der reine Tempel Gottes. Dieses Erwachen wird uns davon überzeugen, daß unser

Körper niemals seinen hohen Rang verloren hatte. Seine Abwertung hatte einzig und allein in der menschlichen Vorstellung stattgefunden.

Sobald wir diese Vorstellung loslassen, ist unser Körper frei für sein wahres göttliches Erbe. Dann wird der Duft eines warmen Sommerabends die ganze Natur durchdringen, und dies wird auch auf unseren Körper übergehen.

Bald werden Strahlen weißen Lichts in unseren Körpern erscheinen, und unsere Körper werden erglühen in diesem Licht, das sanft und zugleich strahlend und lebendig ist und die klare Atmosphäre um uns herum wie weißgoldener Dunst durchflutet. Eingetaucht in dieses Leuchten, erscheint ein reines, kristallweißes Licht - blendend, funkelnd, strahlender als der reinste Diamant. Es geht von unseren Körpern aus, die - strahlend und schön - in Flammen reinen Lichts stehen.

Hier stehen wir zusammen auf dem Heiligen Berg der Verklärung. Unsere Körper leuchten und glühen, strahlend und schön, ganz eingetaucht in das göttliche Leben. Der Menschensohn ist zum Christus Gottes geworden.“

Der Weg zur Meisterschaft liegt im Erinnern und in yder vollständigen Erfahrung der großen Göttlichkeit, die wir sind. Dieser Weg ist gesegnet.

2 Der Kontakt mit deiner eigenen göttlichen Präsenz

O Geliebte! Wer seid ihr in Wirklichkeit? Gewiß nicht Körper oder Geist. Ihr kennt nur ein winzigstes Fragment eures Seins. Öffnet euch eurer Unbegrenztheit oder dehnt sie aus. Fangt an, euch in universellen Begriffen zu definieren. Ihr funkelt stärker als der hellste Stern.

Da wir göttlich sind, wollen wir unsere Göttlichkeit kennen und spüren. Sie ist der einzige echte Wert im Leben, und alles entspringt daraus. Sie ist das größte Geschenk, das wir uns geben können. Doch die Essenz unseres Seins ist so genial, so unermeßlich und herrlich, daß es schwerfällt, sie "in den Griff" zu bekommen. Hier ein paar Fragen, die in diesem Zusammenhang oft gestellt werden:

"Ich möchte einen klaren Kontakt mit meinem inneren Selbst. Was kann ich tun?"

"Wenn ich Botschaften höre, weiß ich nicht, ob sie echt sind. Wie kann ich wissen, ob sie aus meiner Seele kommen?"

"Diese Aufgabe gefällt mir. Sie macht mich zufrieden, ich finde sie toll. Aber wie kann ich wissen, daß ich meiner inneren Führung folge?"

Die universelle Präsenz "Ich bin", die sich in allen von uns individualisiert, kann ganz persönlich sein. Sie kann unsere Fragen beantworten und uns konkreten Rat geben. Wir alle haben einen riesigen Bedarf an diesem Rat. Eine eindeutig festgelegte persönliche Beziehung mit unserem höheren Selbst ist ein großer Segen - und außerdem praktisch.

Meditation öffnet uns für diesen Kontakt und für das Verschmelzen mit unserer Göttlichkeit. Es ist daher wichtig, einmal oder (besser noch) zweimal täglich 20 Minuten oder länger zu meditieren.

Die Beziehung zum Göttlichen und dem Selbst

Dem begrenzten menschlichen Bewußtsein ist Gott/Göttin unfaßbar. Wir neigen dazu, die universelle Wesenheit nach unseren Vorstellungen zu gestalten und verstehen nicht, daß wir selbst das Bild Gottes darstellen, - daß wir dieses unfaßbare Wesen sind.

Zum Glück beeinflussen unsere irrigen Vorstellungen nicht im geringsten das Göttliche. Es ist unveränderliches Leben, Liebe, Ewigkeit. Während wir einerseits unsere begrenzten Vorstellungen von uns selbst abstreifen, machen andererseits unsere beschränkten Vorstellungen vom Göttlichen einem immer tieferen und reicheren Gotteserleben Platz.

Wir alle schaffen in unseren Gedanken Gott nach unserem Bild. Es ist daher sehr wichtig, uns die Art und Weise klar zumachen, wie wir es tun. Dann eröffnen sich uns neue Dimensionen, in denen wir letztendlich zum realisierten Göttlichen werden, eng verbunden mit Gott/Göttin, die wir sind.

Göttlicher Wille ist Freude

"Gottes Wille geschehe" und "Der Herr gibt - der Herr nimmt". Diese geläufigen Worte, die an Tod und schwere Erfahrungen denken lassen, zeigen, daß wir Gott nach menschlichen Maßstäben erschaffen.

In Wahrheit sind wir nach Gottes Willen nicht zum Leid, sondern zur größten Freude bestimmt, zum vollkommenen Überfluß aller guten Dinge, zum herrlichsten Leben, das wir uns nur vorstellen können. Die Gottheit will ihre Vollkommenheit, Liebe, Leben, Unsterblichkeit, Freude, Macht, Licht in jedem einzigartigen Individuum ausdrücken.

Was wir bisher fälschlich als Gottes Willen ansahen, ist eine Schöpfung unseres beschränkten menschlichen Bewußtseins, das weder bewußt gelenkt noch erkannt wird. Wir dachten, wenn zufällig etwas "Schreckliches" passiert, daß Gott dahintersteckt. Doch das Gegenteil ist der Fall: Geschieht etwas Unangenehmes, dann entspringt es völlig unbewußt unseren eigenen Ideen.

Nicht viel anders steht es mit einer Vorstellung, die mehr der New Age-Bewegung zuzuordnen ist: Treten plötzlich Schwierigkeiten auf, dann sind sie - so sagt man - "vorherbestimmt". Das ist Unsinn. Geschieht etwas Ungewolltes, dann hat etwas in uns dieses Problem angezogen. Es läßt sich jedoch klären, und du kannst es abgeben. Hier ein Beispiel: Jemand, der eigentlich eine Ruhepause bräuchte, bricht sich ein Bein und muß dann gezwungenermaßen eine Ruhepause einlegen. War dieser Vorfall nun "vorherbestimmt"? Oder dachte dieser Jemand vielleicht, daß er sich nur um den Preis der Bettlägrigkeit Ruhe erkaufen könnte?

Geschieht hingegen etwas Schönes, können wir freudvoller sagen: „Es war <vorherbestimmt>". Dann schadet dieses Denken nicht. Aber solange wir auch für unsere freudigen Erfahrungen nicht die Verantwortung übernehmen, fühlen wir uns immer noch wie Schafe.

Das Sich-Öffnen für den Willen Gottes, also für den Willen unserer eigenen göttlichen Präsenz, ist letztlich nichts anderes als die Bereitschaft, glücklich zu sein.

Sühne

Sühne. Das klingt so schön. Sühne hat viele Namen und ist Bestandteil jeder Religion. Was ist Sühne?

Sie leuchtet. Sie pulsiert. Sie ist die Versöhnung mit Gott/Göttin.

Gott urteilt nicht über uns, noch hat er es jemals getan. Wir selbst haben uns seit jeher gerichtet, und seitdem ist unsere Psyche schulderfüllt. Die Sühne erweckt auch das Gefühl, daß uns Gott vollkommen vergibt und liebt - als würden wir in seine Arme fallen. Wir geben auf und lassen los. Doch was wir aufgeben ist in Wirklichkeit das Ego. Es verdient nicht, erhalten zu werden, denn wir befreien uns damit von einer schweren Last. Wir geben die Sorgen auf und den Gedanken, daß wir alles selbst in die Hand nehmen müssen.

Im Gegenzug gewinnen wir unser Selbst. Wir können aufrecht stehen und frei atmen, wir können lieben und geben und dienen und glücklich sein, weil wir uns als Teil eines größeren Ganzen aller guten Dinge empfinden, als Teil der Liebe und der Einheit mit allen und allem. Wir entspannen uns. Wir fühlen uns getröstet. Alles ist gut. Wir können alles ausdrücken, was in uns steckt, und sind empfänglicher für alle göttlichen Geschenke. Wir fühlen uns umsorgt, und wir fühlen unsere Göttlichkeit.

Meist können wir nur Stück für Stück die Sühne annehmen. (Mir ist es noch nicht ganz gelungen.) Doch wenn unser Verlangen stark genug ist, können wir sie herbeirufen. Kürzlich spürte ich, wie sich ein Umhang oder ein Kreis um mich legte, und das Gefühl von Einssein und Trost umhüllte mich. Die meisten von uns befinden sich gerade in diesem Prozeß.

Die Gottheit lädt uns immer ein, sich in ihren Armen auszuruhen.

Über den Verstand hinaus

Der Verstand ist ein mächtiges und notwendiges Werkzeug, das uns auf die Erleuchtung ausrichtet, auf das Einssein mit der Gottheit. Mit seiner Hilfe können wir unsere beschränkten Begriffe zugunsten unbeschränkter aufgeben und uns als göttlich statt als menschlich definieren. Das alles ist wichtig, wenn wir uns der Wahrheit nähern wollen. Doch lassen sich Erleuchtung, Wahrheit, Gott nicht im Verstand finden. Sie liegen jenseits des Verstandes.

Einige Formen der Meditation ermutigen uns, uns über den Verstand hinwegzusetzen, zum Beispiel Zen und Vipassana. Oder du sitzt einfach und schwebst über dir selbst.

Einem Zen-Schüler wurde von seinem Lehrer aufgetragen, in der Meditation auf den eigenen Atem zu achten. Während er dies tat, stand er auf und rannte zu seinem Lehrer. "Meister, Meister!" rief er. "Ich hatte die wunderbarste Vision! Fünfzig goldene Buddhas vor meinen Augen!"

"Ja", sagte der Meister, "aber hast du daran gedacht, auf deinen Atem zu achten?"

Wahrheit, Gott, Erleuchtung sind immer präsent in dem Leben, das in jedem Augenblick als Sein gelebt wird, als Hier und Jetzt. Das Leben ist immer gegenwärtig, immer neu. Und die Vergangenheit entschwindet in jedem Augenblick. Zwar bleibt sie in unserer Erinnerung bestehen, und die gewonnene Weisheit natürlich auch, doch das bedarf nicht unserer Aufmerksamkeit.

Visitationen

Manchmal nimmt ein Aspekt unserer inneren Göttlichkeit oder ein geliebter Meister Gestalt an und erscheint uns physisch. Das nennt man eine "Visitation". Eine Visitation soll uns normalerweise etwas lehren, was wir nicht begreifen. Und "auf gleicher Ebene", also von einem anderen physischen Wesen, lernt es sich eben besser als von "oben". Manchmal geht es auch nur darum, liebenden Beistand zu erhalten.

Der Besucher kann als schönes göttliches Wesen erscheinen. Aber meistens kommt er oder sie in einem ganz gewöhnlichen Körper daher. Dann sind wir bei der Begegnung entspannt und ganz bei uns selbst. Oft hat die Erscheinung aber auch etwas Sonderbares oder Unsinniges an sich. Anscheinend sind dem Humor und dem Einfallsreichtum der Seele hier keinerlei Grenzen gesetzt.

Oft wird der Besucher zu dir in Symbolen sprechen, die du erst später verstehst. Meist erkennt man eine Visitation erst im nachhinein, zudem haben viele Leute unbewußte Visitationen. Viele der sogenannten Engelgeschichten, die man sich heute erzählt, sind im Grunde Visitationen vom eigenen höheren Selbst.

Wie kannst du wissen, daß du eine Visitation hattest? Letztlich mußt du dir in deinem Inneren die Frage stellen, dann erhältst du die Antwort. Wie kommt es zu einer Visitation? Wünsch dir eine. Wenn du bereit bist, kommt sie.

3 Die Meisterschaft im täglichen Leben

Das Leben wird in Augenblicken gelebt...in diesem Hier, in diesem Jetzt. Wie will ich es leben?

Wir entwickeln unsere Meisterschaft - oder entwickeln sie nicht - in jedem Augenblick unseres Lebens. Entweder dehnen wir uns aus, oder wir ziehen uns zusammen. Entweder lieben wir, oder wir haben Angst. Die kleinen Augenblicke des Lebens sind das ganze Leben.

Wie gehen wir mit den Augenblicken unseres Tages um?

Hier sind einige Ideen für einen Tag, die dich vorwärts bringen. Wenn wir sie alle meistern würden, und wäre es nur für einen einzigen Tag, dann hätten wir unsere Meisterschaft schon erlangt! Du kannst mit diesen Ideen herumspielen, so wie es dir entspricht. In den folgenden Kapiteln werden mehrere davon ausführlicher besprochen werden.

* Stimme dich durch Meditation zu Beginn des Tages ein und lasse sie auf das Tagesgeschehen einwirken. Maharishi Mahesh Yogi sagte einmal, den Tag ohne Meditation zu beginnen, ist das Gleiche, wie auf den Markt zu gehen, ohne Geld zum Einkaufen mitzunehmen. Meditation erdet uns in der Realität. Sie ist das Fundament, auf dem wir die Beziehungen und Aktivitäten unseres Tages mit Liebe und Weisheit erfüllen, in schwierigen Situationen unser inneres Gleichgewicht bewahren und die Höhen der Freude erfahren können.

* Vertraue deinen Gefühlen. Unsere Seele ist eng mit unserer Gefühlsnatur verbunden. Ich meine damit nicht Gefühle wie Eifersucht. Wir haben tief im Inneren ein sehr feines Gespür dafür, ob etwas stimmig ist für uns: eine Beziehung, eine Arbeit, eine Wohnung, große und kleine Entscheidungen. Dieses tiefe Gespür ist unser Wissen um das Göttlichen in uns. Es ist ein großes Geschenk.

* Don't worry, be happy! Man sagt, daß Glücklichsein eine Entscheidung ist. Wir alle sind auf unsere Art glücklich. Wer sich

ständig beklagt, hat innerlich Spaß daran. Aber Glücksgefühle machen mehr Spaß! Und sie erhellen die Welt um uns herum. Glückliche Menschen geben, ohne daß es ihnen Mühe bereitet.

* Sieh die Vollkommenheit, sei Vollkommenheit. Sieh dich selbst als göttlich, denn du bist es. Sieh die anderen als göttlich. Laß es zu, daß das Beurteilen aufhört. Der Blick, der aus dem Bewußtsein der Vollkommenheit kommt, erweckt das Göttliche in uns, in den Menschen um uns herum und im Leben selbst.

* Umgang mit den Menschen zu Hause - der große Gleichmacher! Die Menschen, mit denen wir leben, die in unserem "Blickfeld" sind, sind der wahre Test für unsere Liebe und unsere Erleuchtung. Liebevolle, glückliche, ehrliche Beziehungen zu Hause sind eine große Leistung. Und dein Zuhause selbst? Hältst du dich gern zu Hause auf? Bist du mit deiner Wohngegend zufrieden? Das ist sehr wichtig.

* In einer reinen, klaren Umgebung ist alles sauber und ordentlich. Aber wichtiger noch ist die energetische Sauberkeit. Ist dein Zuhause oder Büro vollgestopft mit Gegenständen, Papieren, Kleidungsstücken, die du nicht mehr benutzt (und die noch deine alten Energien enthalten)? Besitzt du Sachen, die irgendwo versteckt oder abgestellt sind? Miste sie aus! Wirf die Sachen weg! Schaffe einen energetischen Raum, der deine Entwicklung zur Meisterschaft fördert.

* Dienen. Es gibt jeden Tag so viele Möglichkeiten, etwas zu geben. Wenn unsere Liebe strahlt, werden andere und damit auch wir selbst in ungeahnter Weise gesegnet. Der Bedarf an Liebe ist so groß! Eine einzige Begegnung kann ein Leben verändern. Schwer arbeitende Angestellte, Bus- und Taxifahrer, Juristen und Manager, Reiche und Arme brauchen Liebe. Wenn Menschen unhöflich sind, heißt das, daß sie leiden und besonders viel Liebe nötig haben. Das Geschenk eines aufrichtigen Lächelns, ein gutes Wort, ein Segenswunsch oder ein stilles Gebet, ehrlich gemeintes Lob, eine aufmunternde Bemerkung - das sind Kiesel, die wir in einen Teich werfen: Die Wellenbewegung setzt sich in immer größeren Kreisen fort und spendet Segen. Eine ehrenamtliche Tätigkeit in der

Gemeinde oder zumindest Geldspenden für Zwecke, an die wir glauben, sind ein Segen für alle. Das sind nur ein paar Möglichkeiten, wie wir dienen können.

* Sei echt. Es mag dir riskant erscheinen, dein Herz zu offenbaren, aber wir sind nur dann wirklich lebendig, wenn wir es tun. Was ist ein Leben ohne wirkliches Gefühl? Heuchle keine Zuneigung, denn das wird immer durchschaut. Ehrlichkeit ist viel liebevoller.

* Vertraue dem Leben. Vertraue dem Fluß des Lebens. Vertraue, daß alles so geschieht, wie es geschehen soll - zum Guten und zur rechten Zeit.

* Laß Menschen in dein Leben herein. Laß es zu, daß dich die anderen beschenken - mit sich selbst, mit Geschenken, die sie dir bringen. Laß es zu, daß du empfängst, daß du Beistand erhältst. Du machst anderen ein ungeheuer großes Geschenk, wenn du sie in dein Leben läßt und ihre Geschenke annimmst.

* Verpflichte dich der Seele, deinem Wachstum, deinem Leben, einem Projekt, einer Beziehung, Arbeit et cetera. Wenn du dich aufrichtig verpflichtest, dich entschließt, etwas innen oder außen zu erreichen, ist dir das ganze Universum zu Diensten! "Was immer du tun kannst - pack es an. In der Kühnheit sind Genius, Macht und Magie."

* Liebe: Sei hundertprozentig präsent in deinem Herzen. Hier und jetzt völlig präsent zu sein, ist die Erleuchtung des Zen, die Erleuchtung des Tao, Erleuchtung schlechthin. Eine ungeheure Leistung. Wenn du wirklich präsent bist, kommt alles aus deinem Herzen, aus deiner Seele, deiner Weisheit, und du sprichst und handelst zum Besten aller. Du siehst "die Dinge, wie es ist (sic)", sagt Suzuki Roshi.

* Annehmen, alles zum Wachstum benutzen. Jede Schwierigkeit, die sich dir in den Weg stellt, hast du auf irgendeiner Ebene eingeladen. Wenn du annimmst, was dir geschieht und wie du darauf reagierst, nehmen Weisheit und Friede in dir zu, und deine Verkörperung der Seele kann sich entwickeln. Was geht in dir vor? Nimm es an und liebe dich. Was geht um dich herum vor? Nimm es an und liebe die

anderen. Wenn du merkst, daß du einen anderen beurteilst, erkenne, daß du im Grunde dich selbst beurteilst. Vergib dir dafür, nimm dich an und liebe dich! Tu dann das gleiche für deinen Freund. Wiederhole still für dich die Worte: "Liebe(r) göttliche(r) ----"(dein oder ein anderer Name). Zum Annehmen gehört auch, Menschen zu ehren, die anders sind als du, und Menschen, die du nicht verstehst. Lerne, "eine Meile in den Mokassins eines/einer anderen zu gehen". Laß deinen Geist schlängeln, gleiten, lockere ihn, bis du die Welt aus der Perspektive des anderen siehst.

* Vergebung. Wenn du im Augenblick keine Liebe spüren kannst, vergib dir so schnell du kannst, und dann vergib dem Freund/der Freundin oder der Situation, die dir etwas gespiegelt haben.

* Loslassen. Laß los! Laß los! Laß das Gestern los. Laß die Menschen los, die gegangen sind. Laß eine alte Lebensweise los, ein altes Zuhause. Tu dein Bestes, und dann laß deine Verhaftung an das Ergebnis los. Ich brauchte erst eine Visitation, die mich aufrüttelte, bis ich es aufgab, immer wieder nach Virginia zurückzukehren, und Kalifornien als mein neues Zuhause anerkannte. Unser Verhaftetsein dient uns nicht.

* Toleranz und Offenheit sprechen für sich selbst. Bleibt nur noch zu sagen, daß wir für unsere eigene Intoleranz oft blind sind. Hier wirklich aufmerksam zu sein, lohnt sich.

* Arglosigkeit, Liebenswürdigkeit, Freundlichkeit. Diese Eigenschaften tun uns so not! Ein freundliches Wort, wenn jemand in Schwierigkeiten ist, behutsames Eingehen auf einen Menschen oder ein Tier im Angstzustand, ein argloses Zugehen auf alle. Eine Unzahl von Möglichkeiten!

* Ehrlichkeit und Integrität: Wenn wir für unsere Mitmenschen vertrauenswürdig sein wollen, werden wir uns mit vertrauenswürdigen Menschen umgeben. Ein wichtiges Stück Integrität besteht darin, daß wir unser Wort halten. Habe ich gesagt, daß ich um zwei da bin? Wenn wir uns nicht darauf geeinigt haben, daß wir beide es mit der Zeit nicht so genau nehmen, werde ich um zwei da sein. Oder ich rufe dich an. Habe ich gesagt, daß ich etwas bis Donnerstag erledigt habe? Wenn ich es nicht einhalten kann,

informiere ich dich, bis wann du damit rechnen kannst. Ich achte mich und dich, meine Zeit und deine Zeit. Achte darauf, wie du dein Wort gibst, und laß die Möglichkeit für Änderungen offen. In der „*Autobiographie eines Yogi*" heißt es, daß sich das Universum deinem Wort beugt, wenn du die Wahrheit sprichst.

* Sprich wahrhaft und freundlich. Das bedeutet nicht, sich in schwierigen Situationen zum Opfer zu machen. Sei ehrlich in bezug auf deine kreative Kraft und deine kreativen Möglichkeiten in jedem Lebensbereich. Sprich freundlich von Abwesenden. (Ich persönlich folge der Regel, nichts über Menschen zu sagen, was ich ihnen nicht auch ins Gesicht sagen könnte.) Small talk kann ab und zu einen freundlichen Zweck erfüllen, aber meistens ist er für alle Beteiligten eine Zeitverschwendung.

* Ausgewogenheit in Aktivitäten: Auch das spricht für sich selbst. Doch wie viele von uns führen schon ein ausgewogenes Leben, wenn man darunter Meditation, produktive Aktivität, Beziehungen, Ruhe und Spiel versteht? Bei den meisten von uns herrscht in mehr als nur einem Bereich Mangel! Vielleicht setzt du dich hin, planst deinen Tag oder deine Woche und denkst dabei an alles, was du tun möchtest.

* Körpersprache: Beobachte dein Spiegelbild, wenn du an einem Schaufenster vorbeigehst. Hältst du dich wie ein freies, glückliches, göttliches Wesen? Wenn du die Haltung deines Kopfes, deiner Schultern, deines Rückgrats veränderst, kann sich deine gesamte Haltung verändern.

* Ernährung: Hör auf deinen Körper, denn er weiß, was er braucht. Ob er nach einem Rindersteak oder nach veganischer Kost verlangt: Bleib gleichmütig, offen, gelassen, vorurteilsfrei. Bleib locker und liebevoll, bewahre deinen Humor. Mach dir keine Sorgen wegen der Entscheidungen, die die Leute um dich herum treffen (predige nicht!), respektiere sie einfach.

* Wenn du ißt, dann sieh, wie deine Nahrung von Licht erfüllt ist. Du kannst deine Hände über sie halten und dein Licht in sie hineinschicken. Nimm deine Nahrung als Licht wahr, während du sie in deinen Körper aufnimmst. Genieße den Geschmack und die

Konsistenz deines Essens und hör auf zu essen, wenn dein Körper genug hat. (Er sagt es dir.) Vergib dir jedesmal, wenn du diese Anregungen nicht befolgst.

* Wenn sich der Körper zunehmend von Licht (von der Lebenskraft oder vom Prana) ernährt, essen die meisten von uns meist nur noch aus Gewohnheit oder zum Vergnügen. Ein gewaltiger Anteil der Lebenskraft des Körpers wird der Verdauung zugeführt. Wenn wir weniger essen, können wir uns auf den Genuß konzentrieren und strapazieren unsere Bäuche nicht.

* Gymnastik, Yoga, die Fünf Tibeter, Tanz! Der Körper braucht und liebt die freudige Bewegung, besonders in der Natur. Renn, halt dich fit, mach Yoga, Tai Chi, spiel Tennis oder was du sonst noch gern tust. Du kannst auch das Aufstehen am Morgen zu deiner täglichen Gymnastik machen (und damit ein neues Körperbewußtsein entwickeln). Aber stell dir bitte folgende Frage: Möchte ich zu diesen Joggern gehören, die sich Kilometer um Kilometer abquälen und dabei aussehen, als würden sie auf dem letzten Loch pfeifen? Es sollte doch eigentlich Spaß machen!

* Die Natur und die vier Elemente helfen uns dabei, unser Dasein zu balancieren und mit Leben zu füllen. Luft ist nicht nur Sauerstoff, sondern auch Atem, Prana, Lebenskraft. Wasser klärt unser Energiefeld durch ein Bad. Erde ist barfuß gehen. Hast du schon einmal ein Feuer entzündet (das Element, das am häufigsten fehlt) und festgestellt, daß es ein Vakuum füllt, das du vorher gar nicht bemerkt hattest? Sonnenschein ist das Feuerelement, doch wir scheinen auch die Nähe zum wirklichen Feuer zu brauchen - wenigstens ein paar Kerzen, die innerhalb unserer Aura brennen. Leonard Orr, der Vater der Rebirthing-Bewegung, und andere sagen, daß eine vitale Beziehung zu jedem der vier Elemente ein wichtiger Teil unserer Unsterblichkeit ist.

* Atme tief und kräftig. Die Tiefe unseres Atmens spiegelt uns direkt wider, wie lebendig und wie präsent wir sind, wieviel wir geben und wieviel wir erhalten. Du kannst jede beliebige Eigenschaft mit der Luft einatmen. Sei dir dessen bewußt, daß du Lebenskraft aufnimmst.

* Singen oder chanten drückt göttliche Freude aus. Sing etwas Glückliches und Aufmunterndes. Wenn du willst, kannst du Melodien zu Affirmationen oder anderen Worten der Wahrheit erfinden. Sing, wenn du deine Lieblings-CD spielst, und tanz dazu!

* Mut, Stärke, Macht. Die Macht, ja oder nein zu sagen, die Macht, wegzugehen, die Macht zu bleiben. Sich behaupten. Wir alle brauchen diese Fähigkeiten. Wenn sie uns fehlen, werden es uns die anderen schon spüren lassen. Vielen von uns fällt es schwer, unsere Macht im Leben zu beanspruchen. Doch wenn Liebe an die Stelle von Angst tritt, gebiert sie Ehrlichkeit: Gegenmittel zur Angst vor der Macht.

* Überfluß: Rufe das, was du brauchst, aus der "Ich Bin"-Energie herbei, deiner eigenen göttlichen Ganzheit des unbegrenzten Überflusses. Sie hat alle Macht, das Gebrauchte oder Gewünschte zu formen oder hervorzubringen. An dir liegt es, darum zu bitten, zu wissen, daß es sich manifestieren wird, es zu sehen, zu spüren und dankbar zu sein, bis es schließlich da ist.

* Kreativität. Als Ebenbild von Gott/Göttin sind wir unerschöpflich kreativ, ob wir es wollen oder nicht. Jeder Gedanke, jedes Gefühl enthält schöpferische Energie. Wenn wir das wissen, kann jeder Tag eine neue Sicht unserer kreativen Möglichkeiten eröffnen. Ich erschaffe.

* Der richtige Lebensunterhalt. Ist deine Arbeit im Einklang mit diesem Planeten und dem Wohl der Menschheit? Wo stünden wir heute, wenn die Regierungen Krieg anordneten und auf beiden Seiten niemand zur Waffe greifen würde!

* Gelassenheit, Friede. Uns kann weder etwas hinzugefügt noch weggenommen werden. Unser Wesen ist ganz. Ich mag die Geschichte von dem Japaner, der hoch oben in einem Wolkenkratzer in aller Seelenruhe meditierte, als ein Erdbeben das Gebäude erschütterte. Warum sollten wir uns um Kritik oder Lob kümmern?

* Dankbarkeit: eine große Kraft im Leben! Dankbarkeit kommt aus der Ganzheit. "Liebe, Lob und Dankbarkeit" war ein Motto von

Annalee Skarin, die es zu so großem Wohlstand brachte, daß sie 90 Prozent ihres Einkommens ihrer Kirche vermachte. Die Geschenke der anderen anzuerkennen und sich für sie zu bedanken, gehört zur Dankbarkeit.

* Abenteuer - jeder Tag ist neu. Welchen unbegrenzten Gedanken hat deine Seele dem heutigen Tag bestimmt? Verweile bei ihm, nimm ihn an. Versuche es mit neuen Menschen und neuen Orten. Spring ins Unbekannte. Was ist das Leben, wenn dies nicht dazugehört? Ein großer Abenteurer ist Stephen Hawking. In seinem gegenärtigen Zustand der fortgeschrittenen multiplen Sklerose kann er nur noch seinen Kopf bewegen, aber sein Geist erhebt sich ins Unendliche. Einmal schreibt er an seinem brillanten Buch *A Brief History of Time*, dann wieder sieht man ihn in Star Trek, das nächste Mal auf einer Konferenz. Ein abenteuerliches Leben!

* Sei geerdet und praktisch. Achte auf Harmonie, wenn du deinen Lebensunterhalt verdienst oder dich unterhalten läßt. Mach Pläne und verwirkliche sie. Kopf im Himmel, Füße auf der Erde!

* Handle zum Besten aller. Es gibt komplizierte Situationen, besonders wenn wir uns nur auf unsere physischen Augen verlassen und uns dadurch in mentale Spielchen verstricken. Aber wenn wir uns auf unsere Seele einstimmen und fragen, was für alle Betroffenen das Beste ist, fällt die Antwort normalerweise kristallklar aus.

* Gleichgesinnte, wahre Freunde, Unterstützung. Wir stehen alle miteinander in Wechselwirkung. Wir sind keine Einzelgänger: "Kein Mensch ist eine Insel." Wir alle brauchen echte Freunde, die uns auf unserem Pfad unterstützen können und sich von uns unterstützen lassen. Wenn du Rat von einem echten spirituellen Berater oder von einem anderen Therapeuten brauchst, dann hol ihn dir. Halt dich nicht abseits!

* Vergiß alles, sei! Jetzt. Alles, was du gelesen hast, sind Angelegenheiten des Verstandes. In bestimmten Grenzen ist es hilfreich. Wenn wir gute Kräfte ansammeln, haben wir immer auch mit deren Gegensätzen in unserem Verstand zu kämpfen, und das kann ganz schön anstrengend sein. In der Fülle unseres Wesens,

jenseits des Verstandes, wenn wir entspannt und eins mit dem Leben sind, sind alle guten Kräfte ganz natürlich präsent. Dann gibt es keine Gegensätze mehr.

4 Meine persönliche Erfahrung auf dem Weg zur Meisterebene

Tauschen wir unsere Erfahrungen aus, dann helfen wir uns gegenseitig auf unserem Weg.

Der Anfang

Der Weg zur Meisterschaft! Etwas Wundersames. Ich saß auf einem Felsen auf dem Mount Shasta im Norden Kaliforniens und las *Unveiled Mysteries* von Godfré Ray King. Hier auf diesem Berg traf Godfré auch den großen St. Germain. Durch viele Abenteuer mit diesem Meister lernte er den Weg zur Meisterschaft kennen. *Unveiled Mysteries* und das darauffolgende Buch *The Magic Presence*[1] enthalten wunderbare Geschichten über diesen Weg und über "aufgestiegene" Meister.

Als ich nach San Francisco zurückkehrte, hatte ich durch die Bücher Feuer gefangen. Ich erzählte anderen, was ich gelernt hatte, konnte aber keine eigenen Erfahrungen beisteuern. Sehr schnell fragte ich mich: "Wenn das Erlangen von Meisterschaft eine Realität darstellt, was bedeutet das dann für mich?" Ich beschloß, es herauszufinden. Das war 1983.

Ich meditierte fast täglich, um diesen Weg des Aufstiegs kennenzulernen. Meine beiden engsten inneren Freunde St. Germain und Babaji halfen mir dabei. St. Germain kannte ich noch nicht lange. Babaji, meinen allerengsten Freund, den Yogi-Christus und unsterblichen Meister des Himalaya, hatte ich vor sieben Jahren durch die Lektüre von *Autobiographie eines Yogi* kennengelernt. Ich hatte ihn mit großer Leidenschaft zu mir gerufen - und er war gekommen! Diese Begegnung öffnete mich spirituell und veränderte mein Leben.

---

[1] erschienen in der „Green-Book-Serie, St. Germain Press

Ich weiß nicht, wie es kam, aber in meinem Kopf hatte ich ein ganz präzises Bild, was sich auf meinem Wege zur Meisterschaft ereignen würde. Mein Körper würde unsichtbar werden und sich in Licht verwandeln. Ich würde zu einem der Orte davonschweben, an denen sich die großen Meister aufhalten, und diese würden dann eine große Party für mich geben. "Willkommen!" und "Herzlichen Glückwunsch!" würde es heißen. Nach der Party würde ich zurück nach Hause schweben und ein "aufgestiegener" Meister auf Erden sein. Jetzt finde ich das ziemlich witzig, aber damals dachte ich so.

Ich hatte Ängste, die ich überwinden mußte. Ich fürchtete mich vor dem Tod. Ich fürchtete mich davor, nichtkörperlich zu sein, was ich im Kopf mit dem Tod gleichsetzte. Und ich fürchtete mich davor, durch die Luft zu fliegen.

Mit der Zeit arbeitete ich daran, diese Ängste zu heilen. Eine Zeitlang - ein Jahr oder länger - stellte sich kein Fortschritt ein, aber ich wurde angeleitet, alle meine Chakren zu öffnen. Schließlich gab es doch eine Veränderung: Ich begann, in meinem "Dritten Auge" Licht zu sehen, und es wurde heller.

Eines Tages kam mir der Gedanke: "Ich glaube, heute bin ich bereit für die Meisterschaft. Ich habe mich durch meine Ängste durchgearbeitet. Mal schauen, was geschieht."

Ich setzte mich, um zu meditieren, öffnete meine Chakren und begrüßte das Licht. Es wurde immer heller und begann zu lodern. Doch plötzlich befiel mich Angst. Dieses Licht konnte mich vernichten! Mit Nachdruck rief ich: "Nein!", worauf sich das Licht sofort entfernte. Ich empfand eine große Enttäuschung, aber es war nicht meine eigene. Mein hellsichtiger Blick zeigte mir St. Germain, der vor mir stand. Und von ihm ging diese Empfindung aus! (Ich wußte nicht, daß er enttäuscht sein konnte.) Er sagte: "Du warst so nah dran. Wenn du nur ein kleines Stück weitergegangen wärst, hättest du es geschafft."

Aber der Gedanke an meine Auslöschung hatte mich sehr erschreckt. Folglich hielt ich mich ein paar Monate lang fern vom Licht.

Ich lernte etwas anderes, was für den Aufstieg wesentlich ist. Ich fragte immer wieder: "Wie erlange ich die Meisterschaft? Was genau muß man machen?" Als ich mich schließlich für die Antwort öffnete, war sie erstaunlich leicht. Sie lautete: „Du erklärst ganz einfach, daß du sie möchtest.“ Du sagst: "Ich erfahre jetzt das Wesen der Meisterschaft. Ich vibriere schneller. Ich werde immer heller. Ich werde zum Licht meines eigenen Gottseins." Und du sagst weitere Wahrheiten. Als ich damit begann, spürte ich unmittelbar eine Veränderung: eine plötzliche Beschleunigung, ein Emporgehobenwerden.

Diese Worte wurden zum wichtigen Bestandteil meiner Meditation. Später lernte ich, eine kreiselnde Energie hinzuzufügen, die die Erfahrung noch verstärkt.

Nach einigen Monaten spürte ich, daß sich die Energie aufbaute. Wieder dachte ich: "Ich glaube, heute kann ich meine Meisterschaft erreichen."

Ich setzte mich also wieder, öffnete meine Chakren, rief das Licht, zog es in mich hinein und sprach die obigen Worte. Wieder wurde das Licht heller und heller, bis es das Ausmaß einer großen lodernden Sonne in meiner Stirn angenommen hatte. Wieder bekam ich Angst. Ich wollte gerade wieder "nein!" rufen, als - und wie das geschah, kann ich nicht sagen - mein Atem implodierte und ich mich in das ergab, was geschah. Das Licht flutete über mich hinweg, durch mich hindurch, ich wurde Licht. Das Licht war ich, und ich war das Licht, und es gab nichts, wovor ich mich zu fürchten brauchte. Ich war hier, ich war immer noch gegenwärtig, ich war noch. Ich war glückselig, reine Glückseligkeit.

Ein großes Schmunzeln erschien vor mir. Ich sah hin, es war St. Germain. Niemals zuvor hatte er mich so angelächelt! "Herzlichen Glückwunsch! sagte er. "Das ist deine erste Erfahrung auf dem Weg zur Meisterschaft."

"Aber wie kann das sein?" rief ich. Ich entschwebe ja gar nicht zu einem Schlupfwinkel für die großen Meister, und ich kann immer noch die Dinge um mich herum spüren!"

Er lachte. "Du erfährst deine Meisterschaft auf deine eigene Weise, Schritt für Schritt", erklärte er. "Das ist nicht nur das Beste für dich, du bist gleichzeitig auch ein Lehrer geworden. Du möchtest Techniken entwickeln, die den anderen auf ihrem Wege helfen. "

Mein Bild vom Weg des Aufstiegs war so festgefahren, daß es mir Mühe machte, meinem Meister-Freund zu glauben. Ich war ganz durcheinander, als Babaji hereinkam. Er war ernst. "Unterschätze diese Erfahrung nicht," sagte er. "Du hattest heute eine erste Erfahrung mit der Meisterschaft." Dann zog er sich zurück. Ich erkannte nun, daß sich etwas Bedeutsames ereignet hatte, ob es nun in mein Bild paßte oder nicht.

In meinen Workshops machte ich andere mit dieser Meditation bekannt, und durch das Feedback, das ich erhielt, erkannte ich bald, daß eine ungeheure Kraft in ihr steckt. Viele Menschen benutzen diese Meditation als Mittel auf dem Weg zum Aufstieg. Wenn du bereit bist, die irdische Ebene zu verlassen, kannst du dich von ihr nach oben mitnehmen lassen.

Gleichzeitig an zwei Orten

Von da an rief ich jeden Tag das Licht zu mir, und jeden Tag ließ ich es mehr zu. Hätte jemand an einem bestimmten Punkt mein Zimmer betreten, wäre ich für ihn unsichtbar gewesen, das war mir klar. Schon nach etwa zehn Tagen fühlte ich mich bereit, einen Schritt weiter zu gehen.

"Was ist mein nächster Schritt?" fragte ich.

"Schau, ob du deinen ganzen Körper mit nach oben ins Licht nehmen und ihn an einen anderen Ort versetzen kannst."

Also eine Gedankenreise! Ich hatte das schon einmal versucht, aber erfolglos. "Wo soll ich mich hinbegeben?"

"Geh zu den aufgestiegenen Meistern im Mount Shasta."

Ich hatte in den "Green books" davon gelesen. Mount Shasta, dieser über 4000 Meter hohe Berg ganz im Norden von Kalifornien wird seit Jahrtausenden mit "aufgestiegenen" Meistern in Verbindung gebracht. Diese haben sich dort einen Platz auf der ätherischen Ebene geschaffen, und viele von ihnen leben und dienen dort. Als ich mir den Ort vorstellte, erhielt ich einen ganz schwachen, vagen Eindruck. Mount Shasta war fast 500 km weit von San Francisco entfernt.

Ich setzte mich und wollte sehen, ob es funktionieren würde. Doch dann stiegen unbewältigte Ängste mit einer solchen Vehemenz in mir hoch, daß ich nicht einmal meinen Körper entspannen konnte, um mich auf die Meditation vorzubereiten. Ich versuchte es eine Weile und gab dann auf. Es sollte an diesem Tag einfach nicht klappen!

Als ich am nächsten Morgen aufwachte, wurde mir klar, daß ich während der Nacht eine machtvolle Lehre erhalten hatte. Ich spürte sie nicht nur in meinem Geist, sondern auch im emotionalen und physischen Körper. Ich begriff: Es gibt in Gott keinen Raum. Der gesamte Raum ist der gleiche "Ort"; der physikalische Raum ist eine Illusion. Mit dem Intellekt hatte ich das bereits verstanden, doch dieses neue Wissen ging Lichtjahre über meinen Intellekt hinaus.

Meine Angst verflüchtigte sich. Ich verstand, daß der Meisterort im Mt. Shasta gleichzeitig auch mitten in meiner Wohnung in San Francisco war und daß ich nicht durch die Lüfte fliegen mußte. Ich mußte mein Begriffsvermögen, von San Francisco wo ich mich befand, zum Mt. Shasta versetzen.

Ich setzte mich also und meditierte. Ich entspannte Körper, Geist und Emotionen und öffnete meine Chakren. Ich erhöhte meine Frequenzen, so gut es mir möglich war, und als ich mich bereit fühlte, sagte ich voller Inbrunst und Überzeugung: "Ich bin hier im Mt. Shasta. Ich bin hier im Mt. Shasta."

Plötzlich spaltete sich mein Körper. Es war die merkwürdigste Empfindung meines Lebens. Ich verzog mich wie eine Amöbe und teilte mich in zwei Hälften. Im nächsten Moment war ich im Mt. Shasta, am Ort der Meister, wo ich nie zuvor gewesen war. Ich hörte einen Chor singen. St. Germain und Babaji standen vor mir und sagten: "Willkommen!" Sie waren mir so nahe, daß ich sie hätte berühren können.

Aber ich fühlte mich so seltsam, so auseinandergerissen, daß ich mein Bewußtsein schnell nach San Francisco zurückbrachte. Ich tätschelte mich ein wenig, um sicher zu sein, daß ich ganz da war. Ich war zu durcheinandergewirbelt, um weiterzumachen, deshalb stand ich auf und dachte über diesen Tag nach.

Am Nachmittag versuchte ich es noch einmal. Ich machte schnell meine Meditation, und als ich diesmal mein Bewußtsein an den Meisterort versetzte, spürte ich keine Spaltung mehr. Doch auch mit meinem Normalbewußtsein sah ich den Meisterort so, als wäre ich dort. Meister versammelten sich, und ich wurde ihnen vorgestellt. Einer erzählte mir, daß sie darüber nachdachten, wie man dem Hunger auf der Erde ein Ende bereiten könne. Er sagte, sie hätten sich das "We are the World"-Projekt ausgedacht, das 50 Millionen Dollar für hungerleidende Menschen eingebracht hatte, und sie wollten sich noch mehr solche erfolgreichen Projekte einfallen lassen. Dann setzten wir uns an einen hufeisenförmigen Tisch. Einer der Meister projizierte Bilder von den Krisenherden der Erde an die Wand, ohne dabei irgendein Gerät zu benutzen. Danach machten sie ein Brainstorming - nicht anders als wir es tun würden -, steuerten neue Ideen bei und spannen diese weiter.

Die nächsten Tage war ich immer wieder im Mt. Shasta. Ich war in einem Unterrichtsraum für neu "aufgestiegene" Meister und wurde eingearbeitet. Hier machte ich einen Rundgang, und hier traf ich weitere Meister. Schließlich ging mir ein Licht auf: Ohne zu wissen, wie es geschah, war ich einfach an dem Meisterort geblieben. Diese Möglichkeit wäre mir nie im Traum eingefallen, ich hatte nie von so etwas gehört, und doch war ich immer sofort da, wenn ich mich darauf einstimmte. Mir dämmerte langsam, daß die Spaltung, die ich damals so vehement empfand, wirklich stattgefunden hatte. Mein ätherischer Körper hatte sich gespalten, der lichtere Körper, der dieser höheren Ebene entspricht. Ich hatte zwar meinen physischen Körper nicht mitgenommen, aber ich lebte nun an diesem Meisterort. Das war im November 1986.

Das Leben an den Meisterorten

Besonders bewegte mich, daß ich dort meinen eigenen Raum erhielt, ein schönes ovales Zimmer mit Rosentapeten an den Wänden und crèmefarbenen Zierleisten. Ich traf mich dort manchmal mit meinen neuen Freunden, von denen die meisten auch neu "aufgestiegene" Meister waren, und wir tauschten Erfahrungen aus, lachten und erholten uns.

In den nächsten Jahren hielt ich engen Kontakt mit meinem höheren Selbst. Nicht lange nach meiner Ankunft im Mt. Shasta schloß ich mich der Bewegung an, die mehr Licht und Liebe auf die Erde bringen will. Obwohl ein Großteil der Kommunikation telepathisch stattfindet, gibt es auch viele größere und kleinere Versammlungen, wenn es um die Beendigung eines Projekts oder um Arbeit zum Wohle des ganzen Planeten geht. Du wählst dir ein Projekt oder auch mehrere aus, an denen du mitarbeiten möchtest. Mein Hauptprojekt war Rußland. Ich versuchte, die zarten Triebe der Demokratie und Freiheit zu unterstützen.

Seit Ende 1986 reisen wir in meinen Workshops immer in einer Meditation an den Meisterort im Mt. Shasta. Eine ganze Reihe von Menschen kann sich seitdem gleichzeitig an zwei Orten aufhalten. Ich habe auch Leute getroffen, die dies bereits taten, aber nicht alle waren sich dessen bewußt. Sich auf einer höheren Ebene auszudrücken, ist nicht etwas Besseres, denn die Gottheit, die wir sind, existiert in unbegrenzten Dimensionen des Seins. Es geht darum, was für uns selbst stimmig ist, was wir uns wünschen. Wenn wir uns von ganzem Herzen wünschen, aus höheren Sphären zu dienen, wird es geschehen. Wenn du diesen Wunsch hast, dann rufe eine Erfahrung herbei.

Bei unseren Gruppenreisen in den Mt. Shasta sahen manche Leute oft Dinge, die mir bis dahin entgangen waren. Ich berichte hier von ihren und meinen Erfahrungen und von den Erfahrungen noch anderer. Mein irdischer Geist kennt Mt. Shasta besser als andere Meisterorte, aber mein höheres Selbst hat sich inzwischen nach Shambala begeben.

Es gibt im Mt. Shasta ein Bassin zur Reinigung. Es ist rund und voller sprudelnder, goldener Energie, die sich flüssig anfühlt. Wenn du hineinspringst, reinigst du dich auf allen Ebenen deines Seins, aber du wirst nicht naß.

Es gibt terrassenförmig angelegte Gärten und Springbrunnen, große Wälder und - obwohl der Ort im Berg ist - einen strahlenden Himmel. Es gibt kristallene Höhlen und einen Wasserfall.

Viele gehen in die größere der zwei Kristallpyramiden, deren Höhe ich mit meinen irdischen Augen auf knapp zehn Meter schätze. Wenn du hineingeführt wirst, um eine Initiation oder Heilung zu erfahren (manchmal werden Kristalle in deinen ätherischen Körper eingesetzt, um deine Erleuchtung zu unterstützen), wirst du normalerweise von drei oder vier Meistern begleitet, manchmal auch von mehr.

Es gibt einen "Beschleunigungsstuhl", der die Frequenzen erhöht und einen alten Körper in wenigen Minuten jung werden läßt.

Es gibt "Flammenräume", von denen ein jeder die Farbe eines der sieben Haupt"strahlen" des Lebens (vgl. Alice Baileys Werk) oder die Farbe eines der fünf höheren Strahlen hat.

Auf dem Gipfel von Mt. Shasta steht ein schöner weißer Tempel mit runden Stufen und großen Säulen, wo die herausragendsten Ereignisse stattfinden.

Das Leben ist erfüllt von ruhiger Freude, Liebe und Leichtigkeit. Die Beziehungen sind liebevoll und glücklich. (Ja, es gibt auch sexuelle Beziehungen!) Jede/r weiß, daß sie/er ganz, wunderbar, schön, liebenswürdig und geliebt und grenzenlos reich ist. Deshalb ist der Umgang miteinander immer mit großer Freude verbunden.

Welche Vorteile bringt es, wenn wir uns gleichzeitig auf der Erde und in höheren Sphären aufhalten? Mir hat es geholfen, den Teil in mir, der nicht an ein höheres Selbst glaubte, davon zu überzeugen, daß es wirklich existiert, daß es sicher und schön ist und daß auch mein irdischer Aspekt in diese höheren Sphären aufsteigen kann, wenn er bereit ist. Der Aufenthalt in den höheren Sphären hat meine Entwicklung zur Meisterschaft auf der Erde beschleunigt.

Weshalb wurde nur ein Teil von mir zum "aufgestiegenen" Meister, weshalb ich nicht ganz? Darauf gibt es zwei Antworten, die eine ist witzig, die andere tief. Als sich mein ätherischer Körper spaltete, war ich nicht angezogen und hatte natürlich kein Geld bei mir - und sah mich nach San Francisco im Morgenmantel zurücktrampen!

Aber Spaß beiseite: Ich erkannte, daß ich ein gespaltenes Bewußtsein habe. Die eine Hälfte von mir war absolut bereit und entschlossen, an dem Meisterort zu weilen, ein neues Leben zu leben. Die andere

Hälfte weigerte sich hartnäckig, die physische Ebene zu verlassen, wollte es nicht, war nicht bereit und fürchtete sich davor. Da die Form dem Bewußtsein folgt, spaltete sich mein ätherischer Körper, um beiden Realitäten gerecht zu werden.

Die Jahre, die seitdem vergangen sind, waren nicht so spektakulär, aber ich hatte viele Erkenntnisse in bezug auf meinen Prozeß. Das Ich, das hier blieb, mußte noch altes Karma bewältigen. Ich mußte die Aspekte von mir, die kein Gottvertrauen hatten, hinaufheben und fürchtete und bezweifelte das Einssein mit dem Göttlichen. Es stand für mich nicht an, wegzugehen. Vielmehr mußte ich Wurzeln schlagen - in den Himmeln auf der Erde. Für mich bedeutet Aufstieg jetzt nichts anderes als die Meisterschaft auf der Erde und auf allen anderen Ebenen des Lebens.

Badrinath

Im Sommer 1996 wurde ich ganz eindeutig in eine kleine Pilgerstadt namens Badrinath, nördlich von Rishikesh im indischen Himalaya gerufen. Sie ist so hoch gelegen, daß sie nur vom späten Frühling bis zum frühen Herbst bewohnt wird. Mein liebster innerer Freund, der unsterbliche Meister Babaji, hält sich westlich davon in den eisigen Gipfeln auf. (Vielleicht sollte ich erwähnen, daß nach meinem Verständnis "mein" Babaji und der große Meister Herakhan Baba nicht identisch sind, auch wenn sie sich teilweise "überschneiden".)

Ich hatte zwar daran gedacht, Babaji zu sehen, erfuhr aber von Sri Bhaskar Joshi, einem seiner unmittelbaren Schüler in Badrinath, der selbst ein wunderbarer Meister ist, daß ich noch nicht bereit war, Babaji in seinem unsterblichen Körper kennenzulernen, denn der Anblick würde meinen Körper verbrennen.

Aber Babajis Aura (und die Aura anderer Götter und Heiliger, die mit Badrinath in Verbindung gebracht werden) durchdringt die ganze Gegend auf fast unwahrscheinlich machtvolle Weise. Ich lebe auf dem Mt. Shasta, einem der größten Kraftstrudel der Erde, doch Badrinath scheint doppelt soviel Kraft und eine doppelt so hohe Frequenz zu haben.

Am ersten Morgen erkannte ich dort, daß ich nicht mehr weiter lehren konnte. Es war Zeit, daß ich mich auf die nächsten Schritte meiner eigenen spirituellen Ausdehnung konzentrierte. Ich sah, daß ich in den letzten 17 Jahren wunderbare Worte gesprochen hatte. Mein nächster Schritt bestand nun darin, diese Worte auf eine bisher von mir noch nicht erreichte Weise zu verkörpern. Dieser Prozeß sollte nicht an die Öffentlichkeit gelangen, solange er noch nicht abgeschlossen ist.

Wenn diese Phase beendet ist, werde ich wieder lehren. Aber jetzt empfinde ich es als notwendig, stimmig und gut, mich dieser Führung anzuvertrauen. Nur so funktioniert unser Leben.

Möge Dir aller Segen für deine eigene einzigartige Entwicklung auf dem Wege der Meisterschaft zuteil werden!

5 Verjüngung und Unsterblichkeit

Unsterblichkeit ist so einfach! Nur einen Gedanken weit weg. So einfach wie Atmen und viel, viel einfacher als Altern. Wenn wir altern, müssen wir Menschen große Anstrengungen und Schmerzen auf uns nehmen, um die Wahrheit über uns selbst zu verdecken. Ist es nicht einfacher, das zu sein, was du bereits bist?

Es ist Zeit, daß wir aufhören zu sterben, aufhören zu altern, und daß wir den Alterungsprozeß rückläufig machen. Alter und Tod haben uns schon zu lange in ihrer Macht, und in ihrem Griff waren die herrlichsten Menschen zur Ohnmacht verurteilt. Heute sah ich einen Film, in dem Katherine Hepburn eine 86jährige spielt, und nichts konnte die leidenschaftliche Stimme in meinem Herzen zum Verstummen bringen, die mir sagte, Katherine könnte zu ihrer dynamischen Schönheit zurückkehren. Es ist an der Zeit, daß wir unsere inneren Kräfte aktivieren und den letzten Feind überwinden: den Tod.

Die Wissenschaft hat uns genug gelehrt. Die Quantenphysik hat bewiesen, daß alles eins ist und vom Denken geformt oder beeinflußt wird. Und in der Geist-Körper-Medizin haben Deepak Chopra, Bernie Siegel und andere die Tür zu der Erkenntnis aufgestoßen, daß der Körper intelligent ist. Er hört auf alle unsere Gedanken und Emotionen und reagiert auf sie. Er besitzt die Fähigkeit, sich von "tödlichen" Krankheiten zu heilen, vorausgesetzt, die wahre Absicht und Anstrengung, die dazu nötig sind, sind vorhanden. Und schließlich sehe ich in meinen eigenen Erfahrungen und denen meiner Freunde und Schüler vielversprechende Anfänge, den Alterungsprozeß durch das Denken und Fühlen und durch die Erkenntnis, daß wir göttliche Wesen sind, gänzlich umzukehren.

Verjüngung und Unsterblichkeit wurden bis jetzt selten massenhaft erfahren. Die große Ausnahme ist die Zeit ganz am Anfang, als wir menschliche Gestalt auf der Erde annahmen. Damals wußten wir, daß wir Götter sind. Jetzt nähern wir uns dem Zeitalter des Lichts, und es ist Zeit, Unsterblichkeit in das Bewußtsein der Massen zu bringen. Warum nicht?

Wenn wir jetzt am Anfang des 20. Jahrhunderts stünden, wären wir sicher, daß keine Maschine, die schwerer als Luft wiegt, jemals vom Boden abheben kann. Ich behaupte, daß wir im Lauf des 21. Jahrhunderts dahin kommen, daß wir so lange leben können, wie wir wollen, und daß wir uns verjüngen können. Es wird so normal sein wie ein Flug von New York nach San Francisco.

Ewig leben - warum?

Ja, warum sollten wir ewig leben wollen? Unsere Herzen und unsere Gesellschaft brauchen mehr Liebe und Glück. Ebenso ist uns die ekstatische Freude des Göttlichen fast gänzlich verlorengegangen. Wir können sie noch in Kindern und Hunden sehen, und wissen deshalb, daß wir sie auch fühlen könnten.

Wir brauchen die Leichtigkeit des Lebens. Sie entwickelt sich, wenn wir besser verstehen, was wir wirklich gern tun, und was es heißt, im wahren Überfluß zu leben.

Wir brauchen Weisheit, damit wir unsere Beziehungen wirklich glücklich und klar gestalten können und damit wir unsere Kinder als die göttlichen Wesen großziehen können, die sie sind.

Um uns zu lieben und erfüllt zu leben, brauchen wir Liebe -, auch damit diese Liebe auf alle um uns herum überspringt, in unser Umfeld und in die Welt hinein.

All das ist im Kommen, und das Wissen darum kehrt langsam aus unserer uralten Erinnerung der Göttlichkeit zurück. Für die meisten Menschen wird es immer noch stimmig sein, zu sterben und zurückzukommen, aber allmählich wird sich das Bewußtsein ändern. Schließlich werden Altern und Sterben allen genauso seltsam vorkommen wie heute Unsterblichkeit und Verjüngung.

Welche Vorteile hat die Unsterblichkeit?

Solange wir mit dem Leben auf der Erde noch nicht abgeschlossen haben, ist es nach meinem Empfinden sehr gut, nicht zu sterben. Wieder geboren werden bedeutet, erneut Eltern (und noch mehr

Karma!) zu haben, wieder laufen und sprechen zu lernen. Wir müssen abermals lernen, uns gut an unsere Umwelt anzupassen und vergessen darüber hinaus von neuem, wer wir sind. Es muß einen besseren Weg geben!

Viele von uns wünschen, daß dieses unser letztes Leben auf der Erde ist. Das bedeutet, daß wir mit dem Karma vieler Leben aufzuräumen haben, daß wir in diesem Leben an bestimmten Orten bleiben und alle noch vorhandenen Wünsche auf dieser Ebene erfüllen müssen. Das stellt ziemliche Anforderungen an uns! Wer von uns in diesem Leben die spirituelle Reise in seinen/ihren 30ern, 40ern oder 50ern begann, braucht vielleicht mehr als eine normale Lebensspanne, um alles zu vollenden.

Vor allem aber stell dir vor, du lebst hier so lange, wie du willst, in einem jugendlichen Körper. Wir leben in einer wunderbaren Sphäre, und die wenigsten von uns können in einem Leben alle ihre unbegrenzten Möglichkeiten ausschöpfen. Und plötzlich hast du die Möglichkeit dazu. Du bist nicht auf ein paar wenige Jahrzehnte jugendlicher Kraft beschränkt. Mit 250 Jahren kannst du immer noch auf einen Berg steigen! Wenn du 30 Jahre lang eine liebgewonnene Sache erforscht hast, wirst du in den darauffolgenden 30 Jahren die Dinge mit der gleichen Begeisterung und Energie anpacken. Mit 400 Jahren kannst du mit einem/einer 25jährigen eine Beziehung eingehen, oder umgekehrt.

Du wirst Zeit haben, dein Einssein mit der Seele ganz zu realisieren und dir die Weisheit deiner vergangenen Leben in Erinnerung zu rufen, damit du sie nie wieder vergißt. Deine Kreativität, dein Mut, deine Liebe, alle Eigenschaften deines wahren Selbst bringen dein Leben zum Erblühen und zu immer größerer Freude und Erfüllung.

Aber du bist nicht gezwungen, hier zu bleiben. Wenn du andere Bereiche des Lebens erfahren möchtest, kannst du das jederzeit tun.

Alles in allem scheint die Unsterblichkeit der richtige Weg für uns zu sein.

Die Logik

Die Logik der Verjüngung und Unsterblichkeit ist einfach: Gott/Göttin ist alles.

Die Gottheit als das, was wir nicht wissen können - das Weite, das Unpersönliche, die Leere - wer kann sagen, was das ist? Aber die Gottheit in ihrem Ausdruck, in der Schöpfung, ist etwas ganz anderes. Wenn wir uns über das begrenzte menschliche Bewußtsein hinausbewegen, können wir spüren, wie sich das Göttliche im Leben ausdrückt - und wie es sich noch viel mehr ausdrücken möchte.

Die großen Religionen sagen, daß Gott Liebe ist: unendliche, ewige Liebe. Und Licht. Nicht einfach Sonnenlicht oder elektrisches Licht, sondern göttliches Licht: der Glanz, den ein Wesen umgibt, das die Gottheit realisiert hat, die Aura um jedes Lebewesen. Licht im Kern eines jeden Atoms der Schöpfung, auch in unserem Körper. Weitere Eigenschaft sind Vollkommenheit und eine Stimmigkeit, die alles durchdringt, aber aus weltlicher Warte unlogisch erscheint. Weisheit, Wissen, Macht, Freude, Freiheit, Schönheit. Wechselseitiges Verbundensein, die Einheit von allem - entgegen jedem Anschein des Getrenntseins. Das Einssein der Menschheit mit Gott/Göttin. Außer dem Göttlichen existiert nichts. Ohne es gäbe es nichts: keine Sonnen, keine Welten. Aber die wichtigste Eigenschaft für unser Thema ist das Leben: immerwährendes, sich ausdehnendes, göttliches Leben.

Ich habe begonnen, die Logik der Verjüngung in die Tat umzusetzen, und ich kenne andere, die das gleiche tun. Ich würde gerne ihre Namen nennen, aber als ich sie traf, wußte ich noch nicht, daß ich dieses Buch schreibe würde.

Eine Frau erzählte mir, daß sie im Alter von 55 Jahren begann, eine Woche lang jeden Tag in den Spiegel zu schauen und zu sagen: "Ich bin 55." In der nächsten Woche sah sie in den Spiegel und sagte: "Ich bin 54." Sie tat das ein paar Monate lang, und ihr ergrautes Haar wurde wieder braun.

Bei mehreren meiner Freundinnen kam durch die Praxis der Verjüngung die Menstruation zurück. (Ihre Namen kenne ich, aber ich kann sie nicht nennen.)

Ein englischer Herr, ein Schauspieler, der an der Verjüngung arbeitet, sagte mir, daß er praktisch eine Glatze hatte und daß sein Haar inzwischen wieder gewachsen ist.

Viele haben mit erzählt, daß sie von den Verjüngungsprozessen profitiert haben, mit denen ich die Leute in meinen Workshops und durch meine Kassetten bekannt mache.

Der Zyklus von Leben und Tod - eine Illusion

Obwohl wir eins mit Gott/Göttin und dem unsterblichen Leben sind, hat unser Glaube daran, wir seien es nicht, uns und das ganze Leben auf dem Planeten in Teufels Küche gebracht. Im Glauben, wir wären von Gott/Göttin getrennt, erfand die Menschheit Krankheit, Alter und Tod. Da das menschliche Bewußtsein hier das beherrschende ist, altern, erkranken und sterben Tiere und Pflanzen genau wie wir.

Einige Bäume und andere Pflanzen transzendieren unser Bewußtsein. Vom Banyan-Baum ist kein Sterbeprozeß bekannt, und mir scheint, daß auch wilde Blumen ein ewiges Leben haben müssen. Seit wievielen Jahrtausenden blühen sie auf den Hügeln, ohne sich groß um das menschliche Todescredo zu scheren? Es gibt viele kleinere Pflanzen, zum Beispiel Baumhecken, die offenbar endlos weiterleben.

Die Neigung der Erde trägt noch zur Illusion des Todes bei, wenn die Bäume im Winter ihre Blätter verlieren und die Blumen verwelken, die keine Kälte oder Hitze ertragen. Gäbe es diese Neigung nicht, könnten sie sich an ein gleichmäßiges Klima gewöhnen und das Leben jederzeit zum Ausdruck bringen. Sie würden sich dann nur ausruhen, wenn sie es selbst beschlossen haben, wie mein Ficus, der alle paar Jahre ohne ersichtlichen Grund eine Menge Blätter verliert.

In Wirklichkeit währt das Leben ewig. Unsterbliches Leben ist das Natürliche.

Die Rückkehr

Wenn es wahr ist, daß wir eins sind mit dem unsterblichen Leben, warum ist dies dann nicht offensichtlicher? Warum ist es dann nicht leichter, zumindest ein paar hundert Jährchen alt zu werden? Werfen wir einen Blick in die Vergangenheit - viele Äonen zurück.

Bevor wir zum ersten Mal einen physischen Körper annahmen, erfuhren wir uns als großartige Lichtwesen. Und wie sich das Licht von zwei Lampen im Wohnzimmer nicht in die Quere kommt, sondern zu einem einzigen wird, erfuhren wir unser Einssein mit allen anderen Lichtwesen. Wir waren voneinander getrennt und gleichzeitig eins. Als wir dann eine physische Gestalt annahmen, wußten wir, daß wir Götter und Göttinnen sind. Wir konnten unsere Körper ins Licht zurückbringen und uns frei im Universum bewegen. Oder mit Hilfe von Gedankenreisen unseren Körper an jeden beliebigen Ort versetzen. Wir konnten alles manifestieren, indem wir es durch das Denken unmittelbar ins Dasein beförderten - eine schöne Blume, Wärme, Licht, einfach alles. "Also, wo soll mein neues Zuhause sein? Hier? Wieviele Räume?" Schwupp. Da ist es. Falls wir von einer Klippe stürzten, konnten wir unsere Gestalt neu erschaffen. Wir brauchten keine Nahrung, keinen Sauerstoff, denn wir waren ganz. Wir waren inkarnierte Götter, und für Gottes Ebenbilder konnte es gar keine andere Wahrheit geben. Unsere Heimat war Eden, das Paradies der Bibel und anderer Schriften.

Nach und nach nahmen wir die irdische Dynamik, das irdische Gefühl in uns auf. "Tut mir leid, Theseus. Kann heute nicht mit dir im Universum rumstreifen. Muß das Korn einfahren." Der Streß einer Umwelt, in der die Dinge getrennt voneinander scheinen, forderte seinen Preis. Unmerklich wie ein Nebel zog das Vergessen auf. Wer wir waren, was wir alles tun konnten - vergessen. Wir fühlten uns von der Gottheit und unserem eigenen göttlichen Selbst abgetrennt. Die physische Welt wurde uns zur Realität, zur Ursache ihrer selbst. Das war der "Fall" der Menschheit, und von ihm rühren alle Schwierigkeiten und Begrenzungen her, die wir erfahren. Wir haben tiefe Schuldgefühle aus dieser Zeit, die so viele Äonen zurückliegt, daß wir inzwischen alles vergessen haben.

Und doch war das, was damals geschah, nicht schlecht. Unschuldig und unwissend stolperten wir in Schmerz und Schwierigkeiten hinein. Wir haben viel von unserem Gefühl für Liebe und Macht verloren. Aber wir brauchen das nicht zu beurteilen. Gott/Göttin beurteilt uns nie, warum sollten wir es dann tun? Mit liebevollem Verstehen ist uns viel besser gedient.

Zum Glück haben wir den äußersten Rand unserer Reise nach außen bereits erreicht, und es ist jetzt unwichtig, wie weit wir uns von der Wahrheit über uns selbst entfernt haben. Wir sind umgekehrt und befinden uns auf dem Heimweg. Das ist die große Revolution, die gegenwärtig stattfindet und die die Grenzen des Verstandes sprengt.

Und da sich letztendlich alles zum Guten wendet, werden wir auch von unserer Zeit des scheinbaren Getrenntseins reich beschenkt. Wir entschieden uns mutig für einen sehr schwierigen Weg, gingen in die Irre und werden am Ende siegreich sein. Wenn wir zur Wahrheit des Einsseins zurückgekehrt sind, werden wir zu den weisesten Wesen der ganzen Schöpfung gehören.

Der göttliche Körper

Unser Körper kann (und soll) alle Eigenschaften des Göttlichen zum Ausdruck bringen, auch das sich immer weiter ausdehnende unsterbliche Leben.

Aber, könnten wir einwenden, der Körper ist so etwas Grobes. Ein anderes gewichtiges Argument, das ich in meinen Workshops höre, ist: "Ich bin nicht mein Körper. Er ist nur ein Vehikel, mit dem ich das Leben erfahre, und wenn es Zeit für mich ist, weiterzugehen, wird er wie ein alter Mantel von mir abfallen. Meine Seele ist ewig; das ist das einzige, was zählt." Solche Einwände sind nicht einfach von der Hand zu weisen.

Im Grunde sind wir alle am Ende eines Lebens mit dem Körper noch nicht "fertig". Deshalb mußten wir die Reinkarnation erfinden. Weil das Leben hier so schwierig sein kann, brauchen wir eine Pause, einen Überblick zwischen den Leben, ein Verständnis dafür, wo wir waren, und wohin wir gehen wollen. Aber wir selbst haben das Erdenleben schwierig gemacht. Und deshalb müssen wir diese wunderbare Schöpfung wieder ehren und unseren Körper und das dreidimensionale Erdenleben als Teil Gottes erfahren, als Paradies.

Hier noch ein Argument gegen die Verjüngung: "Warum sollte ich mir was aus meinem Aussehen machen? Ich bemühe mich gern, gesünder und stärker zu werden, aber die Erscheinung ist doch nur Eitelkeit. Wir versuchen viel zu sehr, jung zu wirken. Die Idolisierung der Jugend in Werbung und Mode ist schrecklich oberflächlich. Altern ist ein natürlicher Prozeß. Wir sollten ihn annehmen und mit Anmut altern."

Diese Worte gingen mir oft durch den Kopf. Es ist natürlich in Ordnung, wenn wir in unserem Aussehen altern. Wir sind deshalb nicht weniger göttlich, sondern genauso wunderbar und wertvoll. Auch wird ein gewisses Alter mit Weisheit gleichgesetzt, vor allem bei Führungspersönlichkeiten, Ärzten und Wissenschaftlern. Ich kam allerdings zu dem Schluß, daß der Alterungsprozeß nicht natürlich ist und daß wir nur versucht haben, gute Miene zum bösen Spiel zu machen. Als Gottheit, die wir sind, sollen wir so aussehen können, wie wir wollen. Vielleicht wollen wir älter aussehen, vielleicht aber auch jung. Ich finde, daß eine natürliche, beständig zunehmende Schönheit die Essenz von Gott/Göttin am besten zum Ausdruck bringt. Hinter dem Wunsch, schön auszusehen, steckt vielleicht gar nicht so sehr Eitelkeit wie das Verlangen, unsere Göttlichkeit auf jede mögliche Art und Weise zum Ausdruck zu bringen.

Es ist in Ordnung, wenn unser Körper altert und stirbt. Aber wir sollten erkennen, daß wir die Wahl haben. Damit wir unseren Aufenthalt im Physischen ganz ausschöpfen und größte Weisheit aus ihm ziehen können, müssen wir lernen, wieder alles als göttlich zu erfahren. Nichts darf ausgelassen werden, es gibt keine Ausnahmen! Und jetzt, wo uns die wunderbaren göttlichen Energien zufließen, die bei der Geburt der Menschheit und der Erde ins Zeitalter des Lichts Hebamme spielen, ist für viele von uns die Zeit gekommen, sich auf die Wahrheit des göttlichen Ausdrucks auf jeder Ebene einzulassen.

Meister und Meister

Wir sehen die Qualitäten des Göttlichen in erleuchteten Meistern, den Menschen, die sich selbst realisiert haben. Viele von ihnen machten sich nichts aus Verjüngung, weil sie wußten, daß die Seele unsterblich ist. Dann stirbt der Körper wie üblich, auch wenn Geist und Herz erleuchtet sind. Als mir die Wahrheit der Unsterblichkeit aufging, redete ich - ziemlich aufgebracht - innerlich mit Paramahansa Yogananda und Sai Baba. "Warum habt ihr der Welt nicht gezeigt, daß der Alterungsprozeß unnötig und falsch ist?" rief ich mit einem mir ganz neuen fanatischen Eifer. "Die Ohnmacht, die Hoffnungslosigkeit der Menschen angesichts von Alter und Tod müssen ein Ende haben!"

Beide antworteten mir freundlich und einfühlsam, und beide gaben mir die gleiche Antwort: "Der Großteil der Menschheit ist für diese Möglichkeit noch nicht reif. Worauf es jetzt ankommt, ist Liebe. Eine Demonstration physischer Unsterblichkeit wäre im Moment noch zu spektakulär und würde vom Eigentlichen nur ablenken. Was nützt uns Unsterblichkeit, wenn es keine Liebe gibt?" Das leuchtete mir ein, und ich war zufrieden. Die beiden sind so bekannt, daß sie es sich eigentlich gar nicht leisten können, einen jungen, unsterblichen Körper zu demonstrieren. (Yogananda verließ 1952 seinen Körper, der 21 Tage lang keine Anzeichen von Verwesung aufwies. Sai Baba ließ die Zeit seines physischen Ablebens und seiner Wiederkehr offen.)

Aber andere demonstrierten Unsterblichkeit. Wie mir mein Freund Robert Coon erzählte, der die Unsterblichkeit gründlich erforscht hat, soll es in chinesischen Bibliotheken 10.000 Biographien von Unsterblichen geben. Leider wissen wir sehr wenig darüber. In dem Buch *Der Taoist von Huashan,* einem Tatsachenbericht aus China, werden Unsterbliche beschrieben. Die Bibel nennt Methusalem und andere Menschen, die ein hohes Alter erreichten, sowie einige, die wie Enoch und Jesus "aufgestiegen" sind. Von einem jüdischen Freund weiß ich, daß auch seine Religion ihre Unsterblichen hat.

Ich glaube, daß unter uns viele Unsterbliche leben, ohne daß sie viel Aufhebens um ihre Unsterblichkeit machen. Eine Freundin sprach mit einem Bauern in Tibet und fragte ihn nach seinem Alter. Er überlegte eine kleine Weile (was sie sehr erstaunte) und sagte schließlich: "Ich glaube, ich bin 4000 Jahre alt."

Es gibt mehrere Berichte aus dem 18. Jahrhundert (unter anderem von einem Gefährten Marie Antoinettes und von Don Juan) über einen

"Wundermann" in Europa. Sein Name war Graf St. Germain. Er manifestierte makellose Edelsteine aus der Luft und verschenkte sie. Niemand sah ihn je essen. Er sprach die Sprachen sämtlicher Höfe in Europa und Asien, wo er als Staatsmann für den Frieden arbeitete. Er speiste die Armen und machte mehrere Erfindungen zum Nutzen der Gesellschaft. Außerdem tat er alles, um Ludwig XVI von der Notwendigkeit einer Regierungsreform zu überzeugen, um die Revolution abzuwenden. In Isabel Cooper-Oakleys Buch *Comte De St. Germain* werden Papiere und Briefe aus den Jahren 1710 bis 1822 erwähnt, die ihn als 45- bis 50jährigen Mann beschreiben.

Ein außergewöhnlicher Meister lebt seit Jahrhunderten unter uns. Er ist schon seit der großen Zeit Ägyptens hier und wurde vor etwa 5000 Jahren geboren. Er war Zeuge bei Buddhas und Christi Geburt. Sein Name ist Babaji.

Babaji bedeutet ganz einfach "geehrter Vater" oder "Guru". Viele spirituelle Lehrer werden Babaji genannt. Auf diesen Babaji wurde die Welt durch Yoganandas zeichensetzendes Buch *Autobiographie eines Yogi* aufmerksam. Darin erfahren wir von Babajis Versprechen, unsterblich zu sein und immer in seinem physischen Körper zu bleiben.

Alle, die bei Babaji waren, nennen ihn freundlich und bescheiden. Er lebt in den Höhen des Himalaya in der Nähe von Badrinath, Indien. Außer ein paar Schülern kann ihn dort niemand erreichen. Er kann so alt aussehen, wie er möchte, aber meistens erscheint er als schöner, schlanker junger Mann mit dunklen Augen und hellem, kupferfarbenem Haar. In seinem realisierten Einsseins mit dem Göttlichen ist er ein Meister seines Körpers und seiner Umwelt. Er ißt selten und entmaterialisiert und materialisiert sich, wann er es will. Oft versetzt er sich und seine ganze Gruppe dabei an einen anderen Ort. Er manifestiert alle Wünsche aus dem Äther. In einer der faszinierendsten Geschichten im Buch materialisiert er einen Palast für Lahiri Mahasaya und erfüllt diesem damit den letzten karmischen Wunsch.

Yogananda sah Babaji in einer Vision, als er gerade nach Amerika fahren wollte und wegen dieser Entscheidung von großen Zweifeln geplagt wurde. Sein Guru Sri Yukteswar hatte Babaji mehrere Male getroffen, und auch Yukteswars Guru Lahiri Mahasaya war oft bei Babaji. Yoganandas Buch enthält eine Zeichnung von Babaji, die nach Yoganandas Beschreibung angefertigt wurde. Der Künstler Eric Estep hat ein schönes Bild von Babaji gemalt.

Telos

Unter der Erdoberfläche gibt es ein Netz unterirdischer Städte. Eine von ihnen heißt Telos. Sie liegt unter dem Mt. Shasta und hat 1.500.000 Einwohner. Die ursprünglichen Bewohner waren Lemuren. Weite Teile des amerikanischen Westens bildeten einmal den östlichen Rand des großen Kontinents Lemurien, bevor dieser zum größten Teil im Meer versank. Meine Freundin Sharula Dux kommt aus Telos.

In aufgezeichneten Gesprächen erzählt uns Sharula, daß Telos eine erleuchtete Gesellschaft ist, an deren Spitze "aufgestiegene" Meister stehen, und wo niemand sich selbst überlassen ist. Sie erwähnt das Licht, die Technologie, Gärten, Beziehungen und viele andere faszinierende Einzelheiten. Genetisch, sagt sie, sind Telosanier genauso wie wir, aber sie kennen weder Alter noch Tod. Viele Einwohner sind mehr als 2000 Jahre alt. Von den Indianern, die in diesem Gebiet wohnen, kann man erfahren, daß Telosanier sterbende Kinder aufnahmen und heilten. Deshalb gibt es in Telos Indianer, die ebenfalls Hunderte oder Tausende von Jahren alt sind. Daran ist nichts Rätselhaftes. Wir sind Götter. Wir erschaffen mit Leichtigkeit alles, woran wir glauben.

Der Lichtkörper

In der Morgendämmerung dieses Zeitalters des Lichts haben wir schon damit begonnen, Licht zu integrieren, das früher unserem Körper noch geschadet oder ihn sogar verbrannt hätte. Die Seele durch und als unsere Form vollkommen anzunehmen, die vollkommen verkörperte Gottheit ist Ekstase. Diese Ekstase streben wir an. Was werden wir finden, wenn wir "ankommen" und uns als Licht erfahren? Daß wir schon angekommen sind und immer dort waren.

Dein wahrer Körper ist die unveränderte göttliche Gedankenform für deinen Körper. Es ist dein Lichtkörper. Er existiert bereits und ist immer am gleichen Ort wie dein physischer Körper. Dein Lichtkörper ist durch und durch schön, ewig schön. Er altert und stirbt nie; nie mangelt es ihm an Energie. (Daß der Anschein dem nicht entspricht, liegt nur daran, daß unsere beschränkten Überzeugungen allmächtig unsere Erfahrungen schaffen.) Dein Lichtkörper hat die Freiheit, nach Belieben durch Zeit und Raum zu kommen und zu gehen, oder besser: ohne Bezug auf Zeit und Raum . Alter ist eine Illusion, Schönheit ist die Wirklichkeit. Jetzt lernen wir, uns auf diese Wahrheit einzustimmen und unseren unsterblichen Lichtkörper hier auf der Erde zum Ausdruck zu bringen.

Als ich zum ersten Mal meinen Lichtkörper spürte, staunte ich über seine Mühelosigkeit. Er scheint keine Organe zu enthalten oder Organe, die nichts zu tun haben. Die gesamte Energie scheint ins Dasein und in die Bewegung zu fließen, während für Verdauung, Kreislauf etc. offenbar keine Energiezufuhr nötig ist.

Wenn wir wissen, daß wir diesen Lichtkörper haben, können wir anfangen, ihn durch unseren physischen Körper "durchscheinen" zu lassen.

Wenn wir uns auf Unsterblichkeit und Verjüngung einlassen wollen, müssen wir uns von vielem lösen, viel in unserem Unbewußten, unserem Denken und Fühlen und an unseren Visionen ändern. Es gilt auch viel zu akzeptieren: daß wir viel größer sind als unser Verstand. Es gibt so vieles, das wir mit ungewohnter Freude akzeptieren können. Und wir können es schaffen. Manche haben es schon geschafft. Auch wenn diese Menschen unserem Blick verborgen sind, sind sie uns auf inneren Ebenen zugänglich. Und sie sehnen sich danach, uns beizustehen, wenn wir das tun, was sie schon getan haben.

In den nächsten drei Abschnitten über die Verjüngung durch die mentale, emotionale und physische Ebene mache ich eine Anleihe aus meinem Kapitel in dem Buch *New Cells, New Bodies, New Life!*, das von Virginia Essence herausgegeben wurde und das ich wärmstens empfehle.

Verjüngung: die mentale Ebene

Auf der Ebene des Geistes an Verjüngung zu arbeiten, ist ein Riesenschritt nach vorn. Unser Körper ist durch den Geist geprägt. Der Geist unserer göttlichen Präsenz (der Gottheit, des inneren Selbst, der universellen Kraft) hält unseren Körper zusammen, steuert Trillionen chemischer und anderer Abläufe, die ständig stattfinden, und bildet ihn in jedem Augenblick mit der größtmöglichen Vollkommenheit neu, die wir zulassen können. Unser menschlicher Geist, der an die Begrenztheit der Lebensdauer glaubt, an ein begrenztes Maß an Gesundheit und Krankheit und an das Alter und den Tod, entstellt den Gedanken der Vollkommenheit, der aus unserem göttlichen Selbst kommt.

Das wirkt sich auf alles aus, was wir tun. Sport ist gut, das wissen wir zum Beispiel. Aber Sport als solcher nützt dem Körper nur innerhalb der uns vom Alterungsprozeß vorgegebenen Grenzen, die ein Konstrukt unseres Verstandes sind. Wenn wir unsere Perspektive nicht von Grund auf ändern, geben wir unserem Körper nicht die Freiheit, den Weg der Vergangenheit zu verlassen. Das heißt, er wird weiterhin altern und irgendwann sterben. Wenn wir in unserem Unbewußten beginnen und von dort aus alle begrenzenden Gedanken und Gefühle über unseren Körper ändern, lassen wir zu, daß die göttliche Vollkommenheit in unserer Gestalt vollständig zum Ausdruck kommen kann.

Das ist kein simplistischer Prozeß. Unser Denken ist eng mit unseren Emotionen und dem Gedächtnis unserer Zellen verwoben, in dem viele Leben gespeichert sind, und schafft dort Anspannung, Schwerfälligkeit, oft auch Krankheit. Wenn wir uns immer wieder etwas vorsagen wie "Ich verjünge mich in jeder Sekunde", kämen wir irgendwann an einen Punkt, wo wir es einfach nicht mehr sagen könnten. Es dauert seine Zeit, dieses Denken zu integrieren, die tiefen Ebenen des Seins zu klären und den Körper aufholen zu lassen.

Wenn dieser tiefgreifende Wandel in unserem Geist und in unserem Fühlen stattfindet, ist unser Körper bereit und fähig - und glücklich! -, den neuen Anweisungen für ein Programm der Verjüngung und des Lebens zu folgen.

Sprache kann die Verjüngung und Unsterblichkeit blockieren oder auch fördern. Es ist sehr wichtig, wie wir reden. Wir können die Todesvokabeln aus unserem Wortschatz streichen und von uns als zeitlos, alterslos und ewig sprechen. Wir können unseren Geburtstag feiern, ohne ein weiteres Jahr zu unserem Alter dazuzählen. (Wir können auch an jedem Geburtstag ein Jahr abziehen!) Erwähne nie das Alter im Zusammenhang mit irgendwelchen Verfallserscheinungen. Sprich lieber vom Zuwachs an Gesundheit und Stärke und allen Dingen, die diesen Prozeß begünstigen. Unser Sein hört immer zu und gehorcht dem, was es hört.

Verjüngung: die emotionale Ebene

Auch emotional müssen wir die unerledigten Probleme der Vergangenheit klären, wenn wir unserem Körper zur Unsterblichkeit verhelfen wollen. Vor allem müssen wir vergeben, vollkommen vergeben - uns, allen Menschen unserer Gegenwart und Vergangenheit und sämtlichen Ereignissen und Umständen. Oft müssen wir uns vorher erst von Ärger, Angst und Schuldgefühlen freimachen und zu unserer Macht stehen.

Bei der emotionalen Klärung kommt es besonders darauf an, sich von bewußten und unbewußten Gefühlen im Zusammenhang mit Alter und Tod zu verabschieden. Mach dir die Selbstverleugnung bewußt, die Unterdrückung der Freude, die wir auf uns nehmen, wenn wir dem Gebot gehorchen, unseren Körper ganz langsam zu zerstören. Wir sind mit diesem Gefühl vertraut, aber es ist uns nicht bewußt. Es ist, als hätten wir so lange einen 50 Kilogramm schweren Rucksack mit uns herumgeschleppt, bis wir schließlich sagen: "Wieso Gewicht? Welches Gewicht denn?" Diese Bürde abzustreifen, ist nicht einfach - aber es lohnt sich so sehr!

Während unsere Verbindung mit der Seele immer stärker wird, werden wir alle unbewältigten Emotionen, Überzeugungen und Traumata aus vergangenen Leben und aus diesem Leben lösen können. Die Liebe und das Licht unserer Seele heilen alles, sobald wir dazu bereit sind, und die Heilung zeigt sich in ungezählten Erscheinungsformen. Das unmittelbare Erleben alter Gefühle ist sehr wirksam, denn dabei können Liebe und Vergebung durch sie hindurchfluten. Unsere Seele zeigt uns, wie das funktioniert. In den letzten Jahrzehnten entstanden neue Heilmethoden, die hier helfen können. Auch die Unterstützung einer Gruppe kann wichtig sein. Körperarbeit kann uns helfen, alte Gefühle loszulassen, wenn sie zum Kern der Probleme vordringt.

Besonders hilfreich ist es, wenn wir unseren Körper lieben. Er spürt dein kritisches Urteil und reagiert darauf. Wenn du deine kritischen Gefühle in Liebe und Achtung umwandelst, erfährt dein Körper Freude, Aufschwung und Licht und wird wesentlich zu deinem Regenerationsprozeß beitragen.

Verjüngung: die physische Ebene

Behandelst du deinen Körper auf "rein körperlicher" Ebene immer liebevoll? Ißt du, was du gerade als richtig empfindest? Wie der Körper selbst, ist auch die Nahrung eine Gedankenform, und wir können jedes Nahrungsmittel durch unser Denken, unsere Liebe, unser Licht und unsere Absicht in eine Frequenz verwandeln, die uns guttut. Das gilt auch für Kaffee, Schokolade, Süßigkeiten. Aber solange wir diese Macht noch nicht vollständig wahrnehmen können, wird unser Körper Vorlieben für bestimmte Nahrungsmittel und Abneigungen gegen andere empfinden. Rohes, biologisch angebautes Obst und Gemüse, Nüsse, Sprossen und Bohnen enthalten am meisten natürliches Licht. Wir brauchen aber kein Nahrungsmittel zu verwerfen, auch Fleisch nicht. Hör einfach auf deine Seele und darauf, was dein Körper wirklich will, und richte dich danach. Heute gibt es viele sehr gute Nährmittel, die den Körper beleben und aufrichten können.

Viel reines Wasser scheint jetzt wichtig zu sein. Unser Körper ist ein elektrisches System, und Frequenz und Helligkeit können sich mit Hilfe von Wasser viel leichter verwandeln.

Gibst du deinem Körper die Bewegung, die er wünscht und die ihm Spaß macht? Gibst du ihm Licht - zumindest bei schönem Wetter? Gibst du ihm liebende Berührung, Umarmungen, Vergnügen? Läßt du sexuelle Erfüllung in deinem Leben zu, wenn dir der Sinn danach steht?

Sex verdient besondere Erwähnung. Viele spirituelle Lehrer sind der Ansicht, daß Sex besonders den männlichen Körper schwächt und früher altern läßt. Aber es gibt eine höhere Wahrheit: Wenn Sex mit dem ganzen Sein als göttlicher Liebesakt vollzogen wird, wenn ein Energieaustausch stattfindet und die sexuelle Energie durch die Chakren bis zum Kronenchakra hochgeführt wird, dann kann Sex das ganze Wesen in Ekstase versetzen und zum mächtiges Instrument der Erleuchtung werden.

Und dein Atem? Atmest du tief und frei? Erlaubst du der Lebenskraft in der Luft, dich zu nähren und zu stärken? Im Zustand der Transzendenz empfand ich einmal die Luft um mich herum so pulsierend und lebendig, so liebevoll, daß es mir vorkam, daß allein schon das Atmen meinen Körper verjüngen würde. Es ist gut, die Eigenschaften einzuladen und anzunehmen, die wir von der Luft wollen. Damit ist meist eine Wandlung unseres Denkens und Fühlens verbunden, was übrigens für das Annehmen aller körperlichen Wohltaten gilt. Nichts ist "nur physisch". Die körperliche Ebene ist eine Manifestation des Denkens und Fühlens aus der Seele und aus unserem Geist.

Die Entscheidung für Verjüngung und Unsterblichkeit

Stell dir die radikalste Möglichkeit vor: eine so grundlegende und stetige Verjüngung, daß du niemals stirbst. Der Tod wäre dann nicht mehr automatisch das "Aus" fürs Leben. Alles würde sich vollständig ändern. Möchtest du es?

Denk darüber nach. Wie würde es sich auf deine Familiensituation auswirken? Deine Freundschaften? Deine Arbeit? Möchtest du wirklich eine solche Veränderung? In der Vergangenheit bedeutete Verjüngung immer nur Verjüngung auf Zeit. Das ist natürlich auch eine Möglichkeit, und was läßt sich schon dagegen einwenden, daß wir uns besser fühlen, gesünder sind und länger leben? Verjüngung als fortwährender Prozeß ist dagegen ein Gedanke, der eher zwiespältige Gefühle in uns auslöst.

Die wichtigste Frage: "Bist du so glücklich, daß du ohne Tod leben möchtest? Ist dein Leben in jedem Augenblick von Freude erfüllt? Lernst du, das zu erschaffen, was du willst? Lernst du, dir deine Wünsche zu erfüllen? Sind deine Beziehungen glücklich, vergebend, aufbauend? Lebst du so, wie du möchtest, wie es deinem Herzenswunsch entspricht? Wenn du alle Fragen bejaht hast, kannst du sofort anfangen. Wenn nicht, läßt deine Lebensqualität noch zu wünschen übrig.

Stimm dich auf dein inneres Selbst ein. Stell dir vor, du bist unsterblich oder verjüngt und schau, was passiert. Was empfindest du bei dieser Vorstellung? Berührt sie deine Seele? Begeistert sie dich, hebt sie deine Stimmung? Gibt sie dir das freudige Gefühl, daß du dich ausdehnst? Wenn ja, spricht deine Göttlichkeit zu dir: "Ja! Das ist dein Weg, dein wahrer Wunsch. Widme ihm deine Energie." Wenn sie dich nicht berührt, gibt es für dich im Moment andere Prioritäten. Vielleicht läßt du dich später oder im nächsten Leben darauf ein. Wenn es aber schon jetzt für dich ansteht, dann wirst du den Weg gehen, so wie es dir entspricht.

Alle guten Wünsche auf diesem Weg!

6 Das Abenteuer der Verjüngung

Den unmöglichen Traum träumen...gegen den unsichtbaren Feind kämpfen...egal, wie hoffnunglos, egal, wie weit...den unerreichbaren Stern erreichen!

Über meinen eigenen Verjüngungsprozeß zu reden, solange es noch keine endgültigen Beweise gibt, erfordert Mut, und ich bringe ihn gerade erst langsam auf. Alle Zweifel, die ich hatte, alle Schwierigkeiten, mir selbst das zu glauben, was ich erzählen werde, alle Rückschläge und alles vorübergehende Vergessen werde ich in dieses Kapitel hineinweben. Aber nach etwa 15 Jahren des Wünschens, Arbeitens, Vergessens, Versagens und Gelingens habe ich jetzt das Gefühl, die Fähigkeit, mich vollständig zu verjüngen, zu etwa 90 Prozent entwickelt zu haben.

Das Folgende ist also ein Abenteuer im Prozeß des Jüngerwerdens. Es ist meine Geschichte. Ich lade dich dazu ein, sie mit mir zu erleben und dir herauszunehmen, was du gebrauchen kannst. Bahn dir deinen eigenen Weg und lehre mich deine Erfahrungen. Ich möchte Freunde bei diesem Abenteuer, Reisegefährten. Gemeinsam werden wir gewinnen.

Trotz der Rückschläge

Von Leonard Orr, dem Vater der Rebirthing-Bewegung, habe ich zum ersten Mal von "physischer Unsterblichkeit" und der Möglichkeit der Verjüngung gehört. Es war 1980 bei einem Vortrag in dem berühmt-berüchtigten Theta-Haus in San Francisco. "Der Typ ist ein Trottel", sagte ich zu mir selbst. "Der muß doch auch wissen, daß der Tod unabwendbar ist. Hat der sich überhaupt mal umgeschaut in der letzten Zeit? Du Meine Güte!"

Ein paar Monate später hörte ich eine Stimme. Sie kam nicht aus meinem Bewußtsein, sondern von irgendwo tiefer in mir. Sie sprach ruhig, stark, wissend und liebevoll. "Es stimmt schon", sagte sie. "Unsterblichkeit ist real. Verjüngung ist real." Die Welt mit den fünf

Sinnen wahrnehmen ist eine Sache, und dieses tiefe innere Wissen ist eine ganz andere. Ich spürte, wie sich etwas in mir veränderte. Dauerhaft.

Ein paar Jahre später ging mir der Gedanke an Verjüngung wieder durch den Kopf. Ich war in meinen 40ern, und der Gedanke ans Älterwerden riß mich nicht gerade vom Hocker. Je mehr ich über Verjüngung nachdachte, desto mehr begeisterte ich mich dafür. Schließlich sagte ich zu mir: "Also los, dann tun wir's eben."

Ich machte mich voller Enthusiasmus und Freude daran. Jeden Tag dachte ich an meinen Körper und wie er jünger, lebendiger und schöner würde. Und nach kurzer Zeit, nach einer Woche oder zwei, begann ich es zu spüren. Auf einmal fielen mir wieder Erlebnisse aus der Junior Highschool ein, und mein Körper fühlte sich an wie 13.

Eine junge Frau, die ich in meiner Wohnung in San Francisco beriet, schaute mich verdutzt an. "Weißt du, Joanna, du wirst - du wirst - immer jünger", sagte sie. "Wie machst du das bloß?"

"Oje", dachte ich. Ich hatte weder ihr noch jemand anderem davon erzählt. Es funktionierte also.

Der Prozeß hielt noch ein paar Wochen an, kam aber dann plötzlich zum Stillstand. Ich wußte nicht, warum, und wenn ich es zu sehen versuchte, sah ich nichts als Nebel. Ich mußte aufhören. Alle Bemühungen in diese Richtung veliefen ganz einfach im Sande.

Ich wartete eine Weile und begann dann von neuem. Mein Enthusiasmus war durch meine erste Erfahrung nur leicht gedämpft. Was wahr ist, ist schließlich wahr, sagte ich mir. Wenn ich das Ebenbild der Gottheit bin, kann ich alles tun, was ich will, wenn ich meine Absicht und Energie einsetze. Aber diesmal hielt der Verjüngungsprozeß nicht ein paar Wochen an; schon nach einigen Tagen traf ich auf die gleiche Barrikade. Ich spürte nur, daß mir die Barrikade sagte: "Du mußt aufhören. Du kannst nicht weitermachen. So ist es nun mal."

In den folgenden Jahren versuchte ich immer wieder, mich zu verjüngen, aber nie gelang es mir. Schließlich gab ich auf. Ich dachte: "Ich kann's nicht. Ich weiß nicht, wie ich es anstellen soll. Vielleicht ist es möglich, aber offensichtlich nicht für mich." Mehrere Jahre kümmerte ich mich dann nicht um Verjüngung, obwohl ich noch ganz wie am Anfang überzeugt war, daß es zu schaffen war.

Während der ganzen Zeit gab es nur einen kleinen Hoffnungsschimmer. Eines Tages schaute ich in den Spiegel und dachte: "Ich wünschte, meine Kieferpartie wäre etwas schmaler."

Ein paar Jahre später kaufte ich mir ein Eis bei Gelato Classico in der Chestnut Street, wo ich besonders gern hingehe. Der Inhaber sagte: "Joanna, hast du abgenommen?"

"Nein."

"Deine Kieferpartie ist schmaler geworden."

Zu Hause unterzog ich mein Gesicht einer Prüfung. Es stimmte. Der Unterschied war merklich. Mir wurde klar, daß ich einfach nur an eine kleine Veränderung gedacht hatte und mir kein einziger Gegengedanke in die Quere gekommen war. Deshalb hatte sich der Gedanke so schnell manifestiert.

Sich den Ängsten stellen

1989 war ich eingeladen, auf dem World Congress on Illumination zu sprechen. Es war das erste Mal, daß ich auf einer Konferenz dieser Größe und Qualität sprach. Ich hatte gegen schreckliche Ängste anzukämpfen, als ich meine Arbeit auf einmal so sehr "nach außen", in die Öffentlichkeit bringen wollte. (In vergangenen Leben war ich ein Lehrer gewesen und wurde auf dem Scheiterhaufen verbrannt.) Dieser Mut und die intensive Absicht und Energie in unserer Gruppe veränderten etwas in mir. Kurz danach hörte ich eine innere Stimme: "Versuch's noch einmal mit der Verjüngung."

Als ich es tat, verzog sich der Nebel, und ich sah - eine Mauer. Nicht viel besser als Nebel, könnte man sagen. Aber ich wußte: Wenn ich es durch die Mauer schaffe, kann ich weiterkommen.

In meinen Meditationen flog ich auf die Mauer zu, die aus der Ferne niedrig und schwarz wirkte, und war erstaunt, daß sie nicht massiv war. Ich flog geradewegs durch sie durch. Ich sah runde Gebilde, die in der Mitte schwarz waren und einen grauen Ring hatten. Ich nahm allen meinen Mut zusammen, tauchte in eins dieser Gebilde ein und sah dort - Todesangst. Ich hatte nicht gedacht, daß ich mich vor dem Tod fürchtete, denn ich wußte ja, daß das Leben nach dem Tod in einer helleren, glücklicheren Form weiterbesteht.

Ich blickte tiefer und sah mich, wie ich - ich war ein Pirat - ohne die geringsten Gewissensbisse Tausende von Menschen ermordete. Als ich starb, warteten mehrere von ihnen auf mich! Lange Zeit lebte ich in Schrecken und war unfähig, mich mit meinem höheren Selbst zu verbinden, wie es normalerweise nach dem Tod geschieht. Dieses Erlebnis hatte sich in meinem Unterbewußten als tiefes Grauen vor dem Tod verankert.

Fast alle von uns fürchten sich vor dem Tod, auch wenn es uns nicht bewußt ist. In Büchern wie *Leben nach dem Leben* und *Embraced By the Light* lesen wir, daß nach dem physischen Tod alles ruhmreich und schön ist, und meistens ist es auch so. Aber wir haben schon so viele Leben hinter uns und kennen den gewaltsamen Tod, den Tod durch Krankheit etc. Wie ich haben viele von uns Erinnerungen daran, verwirrt in einem Zwischenstadium steckenzubleiben, nicht imstande zu sein, sich mit dem höheren Selbst zu verbinden - manchmal viele Jahre lang. Diese Erlebnisse haben sich im Unterbewußten eingenistet und sind noch nicht bewältigt. Um unsere Möglichkeiten der Verjüngung und der Entwicklung zum höherem Selbst wahrnehmen zu können, müssen wir zuerst die alten Erlebnisse klären.

Wenn etwas in uns verschüttet ist, was uns Angst einflößt, müssen wir uns ihm stellen und es klären. Das erfordert Stärke, und Stärke kann Zeit in Anspruch nehmen. Ich brauchte Jahre, bis ich die Schwierigkeit erkennen konnte, und so lange stagnierte mein Verjüngungsprozeß. Wie kam das? Mir wurde bewußt, daß meine Todesangst so stark war, daß ich sie anzog. Ein starkes verschüttetes Gefühl steuert unser Leben. Während ich also versuchte, mich zu verjüngen, kam mir diese unbewußte Last dazwischen, die mit dem Tod verbunden war, und stoppte mich: "Auf keinen Fall! So haben wir nicht gewettet." Erst als ich stark genug war, der Angst ins Auge zu blicken, konnte ich sie lösen.

In den nächsten Wochen stellte ich mich meiner Todesangst. Immer wieder flog ich in die schwarze Mauer und in die grau-schwarzen Gebilde hinein. Sie platzten, während ich in sie hineinflog, und verschwanden. Nach ein paar Wochen war meine Todesangst verschwunden (bis auf die Bangigkeit, die jeder spürt, wenn er das "Zuhause" seines alten Körpers verläßt). Eine neue Ära begann für mich.

In die Tiefe gehen

Die Schleusen des Vestehens öffneten sich, und mir wurde klar, wie alles abläuft, wenn wir kühn sind und es mit der Verjüngung versuchen. Mächtige Emotionen und Erinnerungen aus vielen Leben formten das - bewußte und unbewußte - Wissen, daß die durch Alter und Tod gesteckten Grenzen real sind. (Ob Wissen auf Wahrheit basiert, spielt keine Rolle. Wenn wir etwas wissen, erschaffen wir es.) Daß wir zusehen müssen, wie unser Körper altert und unsere Lieben sterben, kommt noch dazu. Wir gehorchen praktisch alle dieser Dynamik. Sobald wir stark genug sind, rückt alles Unbewußte ins Bewußtsein, und der Prozeß der Bewältigung kann beginnen.

Obwohl sich die planetaren Energien der göttlichen Liebe und des göttlichen Lichts täglich intensivieren und die Klärung alter Überzeugungen erleichtern, sind wir immer noch in einer Umwelt, in der 99 und mehr Prozent unserer Mitgötter und Mitgöttinen wissen, daß sie altern und sterben werden. Das prägt uns. Es hat Äonen gedauert, bis sich diese alten Überzeugungen in uns verwurzelt haben, und sie sind in fast allen von uns zum Absolutum geworden. Es lohnt sich, sie auszuwechseln. Du wirst wahrscheinlich Tiefenarbeit mit deinem inneren Selbst machen müssen, brauchst Unterstützung von deinen Freunden und Geduld und Ausdauer über Jahre hinweg. Gestehe dir die Zeit und Energie zu, die du zu diesem Prozeß brauchst, und laß es zu, daß er so leicht und schnell abläuft, wie es dir möglich ist.

Umkehrung der Todeshormone

Etwa ein Jahr, nachdem ich meine Todesangst geklärt hatte, arbeitete ich mit einer Frau auf dem Mt. Shasta am höheren Selbst. Ich hatte gehört und dafür auch die innere Bestätigung erhalten, daß die Hypophyse ein "Todeshormon" produziert. (Die Hypophyse ist die "Generaldrüse" und befindet sich fünf bis 7,5 cm unter der Schädeldecke.) Mit der Produktion des Todeshormons dient sie einem Geist, der an Altern und Tod glaubt. Ich hatte diese Information nie weiterverfolgt.

Als wir am zweiten oder dritten Tag zur Verjüngung kamen, öffnete sich plötzlich eine neue Tür. Ich wurde angeleitet, mich unmittelbar und leidenschaftlich an die Hypophyse zu wenden:

"Meine geliebte Hypophyse, ich danke dir und erkenne deine Leistung an, die in der Vergangenheit darin bestand, das Todeshormon zu produzieren. Das hatte ich dir befohlen, und du hast mir vollkommen gedient.

Du sollst wissen, daß ich mich jetzt daran erinnere, wer ich bin. Ich bin ein unbegrenztes göttliches Wesen mit der absoluten Freiheit, alle Erfahrungen in meinem Leben zu bestimmen. Ich habe beschlossen, diesen geliebten Körper zu verjüngen.

Deshalb ist es an der Zeit, daß du aufhörst, das Todeshormon zu produzieren, und ein Lebenshormon produzierst. Ich bitte dich darum, es jetzt zu tun."

Meine Schädeldecke schien aufspringen zu wollen. Licht strömte durch mein Kronenchakra nach innen, und meine Hypophyse war in Ekstase. Ich hörte sie sehr deutlich: "Danke! Danke, daß du mich von einer Aufgabe erlöst hast, die ich gehaßt habe, danke, daß ich jetzt meine eigentliche Arbeit tun kann, die den Körper jeden Tag lebendiger und stärker und schöner macht." Das war eine große Offenbarung für mich.

Danach verband ich mich eine Zeitlang häufig mit meiner Hypophyse, um sie bei ihrer neuen Tätigkeit zu unterstützen. Seitdem steigen und fallen die Spiegel des Lebenshormons entsprechend meiner Aufmerksamkeit. Aber die Hypophyse ist nie wieder in ihre alte Tätigkeit zurückgefallen.

Als ich mich über die anderen innersekretorischen Drüsen und ihre Verbindung mit den Chakren informierte, rief ich auch sie zur Verjüngung auf.

Neue Entdeckungen

Es gibt fünf tibetische "Riten" oder Verjüngungsübungen. Sie sind in dem Buch *Die fünf Tibeter* und in anderen Büchern nachzulesen. Bei einigen Menschen haben sich durch die Ausübung Gesundheit und Aussehen stark verbessert. Ich mache die Übungen ab und zu und fühle mich dann auch tatsächlich jedesmal stärker.

In dem Buch heißt es auch, daß die Drehbewegung unserer Chakren sehr schnell ist, wenn wir jung sind, und sich mit der Zeit verlangsamt. Wir können sie wieder beschleunigen und zu unserer Jugendlichkeit zurückkehren. Dies bewirken die "fünf Tibeter".

Meine Seele sagt mir, daß neue Zellen schon bei ihrer Entstehung defekt sein können, und selbst wenn sie perfekt sind, werden sie vielleicht vom Körper nicht akzeptiert, der ja aufs Altern programmiert ist. Diese Zellen (etwa 100 Millionen pro Minute) werden von Thymusdrüse, Milz und Knochenmark produziert. Ich rufe jetzt die Produktion göttlich ganzer und vor Leben sprühender neuer Zellen hervor, die vom ganzen Körper mit Freude akzeptiert werden.

Ich visualisiere meinen Blutstrom als winzige kristallene Lichtpyramiden. Unser Blut scheint im Laufe unseres Prozesses zur Meisterschaft heller zu werden. Vielleicht wird es schließlich golden sein.

Die RNA-DNA meines Systems besteht jetzt aus einer Doppelhelix und soll - wie dies ursprünglich bei den Gottwesen auf der Erde war - wieder zwölfsträngig werden. Die zwölf Stränge entsprechen den sieben Chakren entlang der Wirbelsäule und den fünf weiteren Chakren in unseren helleren Aspekten.

All das gehört zum mentalen Aspekt der Verjüngung und gibt uns bei der Befreiung des Körper aus einem eingefahrenen Denksystem und bei der Veränderung physischer Prozesse einen Fokus und eine Handhabe. Ich mache die Übungen nicht jeden Tag, auch nicht jede Woche. Oft beteuere ich mir einfach, daß der Verjüngungsprozeß im Gange ist.

Ich habe mich noch nie nach einem Programm oder nach einer Diät ernährt. Obwohl ich kaum Fleisch esse, lasse ich mich nicht in die Vegetarierschublade stecken. Ich weiß, ich kann mich von Licht ernähren, aber ich esse gern! (Ich habe ein paar Freunde, die nicht essen.) Ich habe die verschiedensten Nahrungsergänzungen probiert, doch scheinen sie bei mir wenig zu bewirken. Ich mache Yoga, wenn mein Körper es möchte, und gehe gern im Wald spazieren. Seit kurzem mache ich dreimal am Tag eine 30sekündige Übung zur Balancierung der Energie und einmal pro Tag eine einminütige Lymphmassage. Bei mir vollzieht sich die Verjüngung offenbar mehr durch das Bewußtsein als durch körperliche Aktivitäten.

Wir können uns möglicherweise schon allein dadurch verjüngen, daß wir unseren Geist (auch den unbewußten) davon überzeugen. Aber für mich geht es bei der Verjüngung in Wirklichkeit um Selbsterkenntnis: Wir sind göttlich und haben die Fähigkeit, alles zu tun, was wir wollen. Wenn wir ganz von dem Wissen durchdrungen sind, daß die Gottheit hier auf der Erde ewig und vollkommen ist und daß sie Körper, Geist und Emotion - daß sie alles ist, dann kehren wir wirklich nach Hause zurück.

Jünger aussehen

Wenn ich es richtig sehe, erlebe ich soeben die Erneuerung oder Verjüngung meiner Körperzellen und -systeme, in denen sich alles kräftigt, vitalisiert, ausgleicht und für die Unsterblichkeit bereitmacht. (Die wissenschaftliche Verifizierung hat mich noch nie sonderlich interessiert, und da ich mich schon seit etwa 30 Jahren keiner gründlichen ärztlichen Untersuchung unterzogen habe, gäbe es auch kein Vergleichsmaterial, wenn ich es jetzt tun würde. Du kannst mir also entweder glauben oder auch nicht!)

Für mich ist die Verjüngung des Aussehens ein separater Prozeß, weil ich mich hier von anderen Gedankenformen lösen muß. Das eine ist sicherlich nicht schwieriger als das andere. Es kommt nur davon an, woran wir gerade arbeiten. Ich habe schwer daran gearbeitet, meine Blockierungen (Zweifel, Skepsis) zu verstehen und aufzulösen, und spüre jetzt, daß ich die Verjüngung meines Aussehens zulassen werde.

Meine Seele sagte mir einmal: "Das Alter ist eine Illusion. Schönheit ist wahr." Mir ist jetzt völlig klar: Wenn du bereit bist, ein jugendliches Aussehen zu manifestieren, siehst du nichts anderes. Du ignorierst den Spiegel und konzentrierst dich nur auf das, was du hervorbringst, gibst nur diesem Macht.

Alles in allem

Da wir in der Suppe der Gedankenformen, dem Strom der menschlichen Erwartung von Alter und Tod flußaufwärts schwimmen, müssen wir konsequent sein, wenn wir wirkliche Fortschritte mit unserer Verjüngung machen wollen. Sonst werden wir bald mit allen anderen wieder flußabwärts schwimmen. Es dauerte eine ganze Weile, bis ich das gelernt hatte. (Bei mir scheint der Lernprozeß immer eine Art "Endspurt" zu brauchen)

Gedanken, Bilder und die Erwartung, daß wir altern, schleichen sich ganz von selbst ein. Der Erfolg bei Verjüngung, Regeneration und Unsterblichkeit liegt im Zurückkehren zur Wahrheit - immer und immer wieder. Inzwischen kann ich die gesamte Regenerierung meines Körpers und die Unsterblichkeit ziemlich konsequenz affirmieren, spüren und sehen. Und da ich meine Gedanken und Emotionen ständig auf einer tiefen Ebene kläre, fühle ich mich jetzt so stark und tatkräftig, wie seit vielen Jahren nicht mehr.

Ich hoffe, daß ich dir mit der Darstellung meines Prozesses nützen kann. Ich wünsche dir Segen auf deinem Weg!

7 Alle Leben klären

Nichts muß geheilt werden. Die Illusion, daß etwas zu heilen ist, muß aus unserem Bewußtsein gelöscht werden. Ernest Holmes, Vater der Church of Science of Mind und der Church of Religious Science, sagte, ein Therapeut muß im Grunde nur wissen, daß alles vollkommen ist. Mehr kann er für seine Patienten nicht tun. Damit hilft er, die Illusion der Krankheit zu klären und das bereits vorhandene Wohlbefinden von innen heraus zu manifestieren. So funktionieren die Spontanheilungen von tödlichen Krankheiten, die den Medizinern bis heute ein Rätsel geblieben sind. Auch Jesus heilte so. Er sah nur Ganzheit, er sah alles als göttlich. (Denk an seine Worte: "Steh auf.."!)

Der göttliche oder vollkommene Plan unseres Seins, zu dem Körper, Geist und Herz gehören, ist eine manifeste Wirklichkeit auf einer lichteren Ebene als der unseren Augen zugänglichen. Von dort wird die Energie auf die physische Ebene nach unten transformiert, wo unser Glaube an die Begrenzung mentale, emotionale und physische Probleme hervorbringt. Aber der göttliche Plan ist immer gegenwärtig, immer erfahrbar, wenn wir ihn erfahren wollen und können.

Noch sind die meisten von uns nicht genügend mit der Vollkommenheit vertraut, um die Illusion der Beschädigung aus Körper, Geist und Herz zu löschen. Bei einigen Problemen erfordert die Lösung besonders viel Aufmerksamkeit, und darum geht es in diesem Kapitel. Wenn wir aber allzu ernsthaft sind, erscheinen uns die Probleme schnell als real, und das sind sie in unserem göttlichen Selbst eben nicht. Am besten, wir tun alles, was zur Beseitigung eines Problems wirklich notwendig ist. Ansonsten sollten wir es möglichst ignorieren - aber nicht unterdrücken! - und uns unsere Göttlichkeit in Erinnerung rufen, sie spüren und zum Ausdruck bringen.

Was muß geklärt werden?

Wir können Tausende von Leben in der Illusion der Begrenzung leben, und wir haben es getan. Solange wir an Grenzen glauben, werden sie unsere Wirklichkeit sein, und das ist gar nicht so schlimm. Aber allmählich wachsen wir und kommen schließlich an einen Punkt in unseren Herzen, wo eine uralte Sehnsucht pulsiert. Wir wissen, daß es noch etwas anderes gibt, und fangen an, uns dafür zu öffnen.

Das ist eine große Wende. Wir beginnen, in die Göttlichkeit unseres Seins einzutreten. Die Engel frohlocken! Jetzt gibt es nur eine Schwierigkeit: Unser Wunsch nach Ausdehnung stößt auf die tief verankerte Erinnerung an die Begrenzung in allen bisherigen Leben. Alles, was im Ego wurzelt, muß weggeräumt werden: Angst, Schuld, Ärger, Kummer... Erst dann werden wir unsere Göttlichkeit erkennen und zum Ausdruck bringen. Meistens verläuft dieser Prozeß Schritt für Schritt.

Die Elemente, die wir klären müssen, lassen sich nicht klar voneinander trennen, aber ein paar Formen zeichnen sich ab:

1. mächtige, angsterregende Emotion (Trauma)
2. dauerhafte Umstände, z.B. eine Kindheit in Armut
3. augenblickliche Situationen
4. Überzeugungen; besonders unser "Wissen", daß die Begrenzung Wirklichkeit ist
5. Beziehungen

Warum brauchen wir Zeit für die Klärung? Erstens, da wir göttliche Wesen sind, ist unser Glaube an die Begrenzung allmächtig. Seit Äonen sehen wir den Körper altern und sterben. Unser Wirklichkeitssinn, unsere Redlichkeit und Integrität, unsere Identität selbst sind mit dieser Erfahrung verwoben. Zweitens wäre der Schock für das System normalerweise zu groß, wenn ein so gewaltiger Brocken auf einen Schlag losgelassen würde. Und drittens sind unsere Erfahrungen im Unbewußten und in jeder Zelle unseres Körpers verankert. Deshalb braucht der Körper mehr Zeit für Veränderungen. Unser Nervensystem und die subtilen Schaltkreise unseres Körpers brauchen Zeit, um die Stärke und Feinheit zu entwickeln, die zum Transport höherer Energien nötig sind, besonders wenn wir uns hin zur Meisterschaft entwickeln und unseren ganzen Körper ins Licht bringen.

Klärung ist im Grunde Vergebung, wirkliches Loslassen. Was geklärt ist, bleibt im Gedächtnis, aber die Belastung, die damit verbunden war, ist vergessen. Als hätte es sie nie gegeben.

Wie klären wir?

Wir klären durch den Wunsch und die Absicht. Es beginnt in Kopf und Herz und fließt von dort aus in den Körper. Liebe, Licht und die Heilkraft unserer Seele sind sofort verfügbar. Die Meister, Engel und viele andere Helfer stehen uns zur Seite.

Wir klären durch bestimmte Praktiken, und wir klären im Alltag. Wenn wir uns beim Beurteilen ertappen, können wir uns dafür lieben und es im Rahmen unserer Möglichkeiten auf der Stelle ändern. Wir können auch einfach dadurch klären, daß wir im Leben immer offen sind, etwas dazuzulernen.

Das Klären durch den Atem hat den Vorteil, daß wir uns nicht bis zur Ursache eines Problems hinunterwühlen müssen. Rebirthing ist ein sehr wirksames Hilfsmittel, und das gleiche gilt für die verschiedenen Formen von Pranayama: abwechselnd durch ein Nasenloch atmen und beim Atmen zählen (zum Beispiel: einatmen 8, Atem halten 4, ausatmen 8, halten 4, und andere Muster). Jedes gute Buch über Yoga oder andere östliche Praktiken enthält Pranayama-Techniken.

Auch in der Natur können wir klären, denn sie hat alle Eigenschaften des Göttlichen. Ich habe zum Beispiel gelernt, mit dem Wind zu kommunizieren, ihm meine Liebe zu geben und ihn darum zu bitten, sanfter oder auch stärker zu wehen. Er hat mein Gesicht und meinen Körper so sanft und persönlich liebkost, daß es mich fast erschreckte. Ich habe mit bestimmten Bäumen kommuniziert, die meine Freunde geworden sind.

Die vier Elemente - Erde, Luft, Feuer und Wasser - scheinen von ihrem Wesen her gebend und reinigend zu sein. Auf der Erde liegen oder auf ihr gehen, reines Wasser trinken oder darin baden, die Luft tief einatmen, sich von einem prasselnden Feuer hypnotisieren lassen: Jedes der vier Elemente hat auf seine eigene Art eine tiefe Wirkung auf Körper und Geist. Feuer und Luft scheinen mehr die männlichen Qualitäten des Lebens zum Ausdruck zu bringen, Wasser und Erde die weiblichen. Alle vier Elemente sind im physischen Körper vertreten. Wir atmen die Luft, die in den Lungen "verbrannt" wird. Unser Fleisch besteht zum allergrößten Teil aus Wasser, und Knochen und andere Gebilde setzen sich aus Bestandteilen der Erde zusammen.

Je mehr wir uns gestatten, die Elemente zu erfahren, desto ausgeglichener und ganzheitlicher werden wir in Körper, Herz und Geist sein. Im vertrauten Umgang mit der Natur erkennen wir die Göttlichkeit der physischen Schöpfung und damit auch die Göttlichkeit unserer eigenen Gestalt.

Mit der violetten Flamme klären

Der Erzengel Zadkiel gab uns durch den Meister St. Germain die violette Flamme, ein wunderbares Werkzeug der Klärung: Diese Flamme der Reinigung und Vergebung können wir immer herbeirufen. In den "Green books" gibt es viele Praktiken mit der violetten Flamme.

Schuld oder Unschuld?

Als ich lernte, die Botschaften meines höheren Selbst zu hören, empfing ich als erstes folgende Worte: "Ich möchte dir helfen, Schuld loszulassen." "Schuld?" dachte ich. "Welche Schuld?" In den folgenden sechs Monaten wurde mir eine Sache nach der anderen gezeigt, zum Beispiel, daß ich glaubte, ich hätte im Alter von 16 Monaten die Krankheit meiner Mutter verursacht. Ich hatte mir nie erlaubt, das zu sehen, geschweige denn zu fühlen. Ich habe mit vielen Leuten gearbeitet, die sich die Schuld an der Scheidung ihrer Eltern gaben. Und wenn deine Eltern wollten, daß aus dir mal ein Arzt wird, weil schon dein Vater und dein Großvater Ärzte waren, und du ihnen diesen Wunsch nicht erfüllt hast, wirst du es mit einer ganzen Menge Schuldgefühle zu tun haben. Ich habe kaum eine Mutter getroffen, die nicht das Gefühl kannte: "Ich war als Mutter nicht gut genug." Doch schon seit der Zeit, als wir unser Einssein mit Gott vergaßen, schleppen wir in unserem Innersten tiefe Schuldgefühle mit uns herum.

Die Beispiele zeigen uns, daß Schuldgefühle oft irrational sind. Das scheint sie aber nicht abzuschrecken!

Ich habe nie einen Menschen ohne Schuldgefühle getroffen. Doch sind diese Gefühle so quälend, daß sie normalerweise verschüttet sind und auf andere projiziert werden, die wir dann verantwortlich machen. Wir müssen uns unsere Schuldgefühle bewußt machen und uns und allen und allem vergeben. Vergebung ist für unsere Rückkehr in die Göttlichkeit unerläßlich. Doch wäre allein schon der Schuldbegriff ein Ding der Unmöglichkeit, wenn wir wüßten, wer wir sind.

Kann es sein, daß wir unschuldig und gut sind? Wenn wir Teil von Gott/Göttin sind, welche andere Möglichkeit gibt es dann? Nur das irrige menschliche Denken, das uns abgetrennt vom Göttlichen (das doch unser Atem, unser Leben selbst ist!), sieht, konnte uns zu dem Glauben verleiten, daß irgend etwas Gott/Göttin ändern kann. Allem Anschein zum Trotz kann nichts, was wir je getan haben oder je tun könnten, etwas an unserer Unschuld ändern, die in unserem Wesen liegt und ewig ist.

Gott/Göttin beurteilt uns nie, kann gar nicht beurteilen. Jede gegenteilige Überzeugung ist purer Irrtum, ob sie nun von den höchsten Kircheninstanzen oder vom einzelnen vertreten wird. Das Göttliche und alle Engel und Meister sehen uns als die prachtvollen, ewigen Sternenwesen der Gott-Liebe und des Lichts, die wir in Wahrheit sind.

Wie kommt es dann, daß wir Krieg und andere Verbrechen geschaffen haben? Gott/Göttin hat uns in Liebe erlaubt, göttliche Energie nach unserem Gutdünken zu lenken, Das bedeutet freier Wille! Als wir uns entschieden, uns von Gott getrennt zu fühlen, schufen wir eine Matrix, die Krankheit und Disharmonie hervorbrachte. Darin liegt der Ursprung aller unserer Schwierigkeiten.

Das Trauma der Trennung wiederholt sich mit jeder Geburt, wenn eine Seele aus lichteren Gefilden in die Dichte des Erdenlebens kommt. Dabei vergessen wir, wer wir sind und woher wir kommen. Unsere Körper sind winzig und hilflos; wir übernehmen die Beschränktheit und Disharmonie, die uns umgibt. Wir wachsen auf und beurteilen uns und die anderen, und dann fühlen wir uns schuldig, was alles nur noch zusätzlich kompliziert. Aus diesen Erfahrungen schöpfen wir aber große Weisheit, die wir nie wieder vergessen werden. Und natürlich haben wir auch ein bestimmtes Maß an Liebe und Glück im Leben. Doch wenn wir einmal erkennen, welch grenzenlose Freude und Liebe wir hinter uns gelassen haben, wird uns der Wahnsinn klar, der auf unserem Planeten herrscht.

Vergangene Leben und ihre unbewältigten Erfahrungen sind lebendig und gegenwärtig und warten darauf, daß wir uns um sie kümmern. Schuldgefühle spielen dabei eine wichtige Rolle. Wenn wir uns schuldig fühlen, wählen wir im nächsten Leben vielleicht außergewöhnlich schwierige Umstände. Diese sind nicht gottgegeben, sondern selbst gewählt! Nach meinem Piratenleben, in dem ich so viele Menschen tötete, wurde mir die Ungeheuerlichkeit meiner Taten bewußt. Ich konnte mir nicht vergeben und war im darauffolgenden Leben eine armselige, mißgestaltete, ausgestoßene Bettlerin in London. Ich war ein so ekelhafter Mensch, daß mir niemand helfen wollte. Mein Leben war elend, aber tief innen empfand ich Freude, denn ich leistete Sühne. Auch noch die beiden nächsten Leben spiegelten - etwas abgemildert - meinen Bedarf an Sühne wider. Hätte ich mir vergeben können, dann wären diese schwierigen Leben nicht notwendig gewesen.

Vergebung

"Als Licht der Welt ist meine Funktion Vergebung."

Ein Kurs in Wundern

Uns und anderen zu vergeben, wird durch folgende beschränkende Überzeugungen erschwert:

1. Seit wir von dem Wissen, daß wir eins mit Gott/Göttin sind, abgefallen sind, sind wir von Grund auf schlecht und schuldig. (Dieser Glaube wird von vielen Kirchen gefördert.) Wir betrübten und verärgerten Gott, der über uns urteilt. Oder auch: Sex ist die "Erbsünde".

2. Wenn wir etwas getan haben, was wir später bedauern, hätten wir es anders machen können. Schuldgefühle sind die angemessene Reaktion.
3. Wenn wir etwas tun, was einen anderen verletzt, sind wir ganz besonders im Unrecht.
4. "Schlechte" Dinge können grundlos geschehen und führen zu nichts Gutem.
5. Die karmischen Gesetze sind rigide und streng. Was wir tun, wird uns früher oder später selbst widerfahren.
6. Wir sind Opfer. Für unser Leid sind andere verantwortlich.
7. Überschwengliche Freude, großer Wohlstand, sexuelle Vergnügungen, ja alle großen Freuden werden offen oder insgeheim als unverdient und falsch verurteilt.
8. Es ist verdächtig, wenn man sich selbst gut findet!

Hier eine entsprechende Liste, die mehr im Sinne von "Wir sind Gott/Göttin" ist. Als Beispiele dienen einige Geschichten.

1. Als wir unser Einssein mit Gott/Göttin vergaßen, taten wir unser Bestes. Die physische Ebene ist verführerisch! Auf einer bestimmten Ebene entschieden wir uns, in die dichteste Dunkelheit hineinzugehen und allmählich zum Licht zurückzukehren, um so die Weisheit zu gewinnen, die sich nur auf diesem Pfad gewinnen läßt. Wir sind ewig unschuldig und gut. Gott/Göttin läßt sich nicht betrüben oder verärgern und urteilt nicht. Am Ende eines Lebens können wir die Hölle oder die Vorhölle erwarten, wenn wir daran glauben und dies der Frequenz entspricht, die wir im Leben hatten und nach dem Tod beibehalten. Aber wir können uns auch immer mit unserem höheren Selbst verbinden und empfangen von ihm dann nicht etwa unser Urteil, sondern allumfassende Liebe. Egal, wer wir waren und wie wir gelebt haben! Es geht mit uns die Ziele dieses Lebens durch, und das, was wir getan haben und was wir jetzt tun möchten. Wir bewegen uns auf die lichtere Ebene zu, die uns am besten dient. Und was den Sex betrifft: Die Liebe, mit der wir ein Kind streicheln, und die Liebe, mit der wir uns mit einem

Liebhaber vereinen, sind ein und dieselbe. Sexualität ist in ihrem Wesen unschuldig.

2. Jetzt und in jedem Augenblick: Wir tun immer unser Bestes, wir handeln immer nach unserem besten Wissen. Es ist falsch, mit Bedauern zurückzublicken. Weisheit bedeutet, uns selbst zu vergeben und zu lernen. Dann können wir es beim nächsten Mal besser machen. Weisheit entfaltet sich am leichtesten, wenn Schuld kein Thema ist.

3. Wir sind Mitschöpfer bei allem, was mit einem anderen geschieht. Wir haben beide genau diese Interaktion gewählt; sie ist für uns beide perfekt. Wir sind ein Tanz des Einsseins. Im Grunde können wir weder Schaden zufügen noch erleiden. Gefühle können gekränkt, die Psyche beschädigt, der Körper verletzt oder getötet werden. Doch unsere ewige Präsenz ist immer unversehrt und in vollkommenem Frieden. Erfahrungen sind etwas Persönliches. Zwei Menschen können ein und dasselbe Ereignis ganz unterschiedlich wahrnehmen. Niemand hat die Macht, uns zu ängstigen, zu verletzten, zu verärgern, und wir haben auch über andere nicht diese Macht. Bei allem, was geschieht, sind wir für unsere Gedanken und Gefühle selbst verantwortlich.

Das ist kein Freibrief für rücksichtsloses Verhalten. Zum Wohl des Ganzen gehen wir den Weg der Freundlichkeit. Wenn unsere Worte oder Handlungen jemanden schmerzen, tun wir alles, was in unserer Macht liegt, um es zu heilen. Doch eins gilt immer: Wir sind beide unschuldig. Einige Geschichten sollen das illustrieren:

Vor ein paar Jahren stahl mir eine Freundin ein paar Sachen aus meiner Wohnung, die ich von Überseereisen zurückgebracht hatte. Es waren Schätze, die mir sehr am Herzen lagen und die sich nicht ersetzen ließen. Als meine Freundin sich weigerte, sie zurückzugeben, brach ich die Freundschaft ab. Ich brauchte Jahre, bis ich ihr vergeben konnte. Schließlich wurde mir klar, daß sie sich sehr unsicher und unwürdig fühlte, und daß ihr diese schönen Dinge unendlich viel bedeuteten. Sie brauchte sie mehr als ich. Ich sah auch tief in meiner Psyche die Erwartung, von schönen Frauen betrogen zu werden, und konnte nun unsere gemeinsame Schöpfung verstehen. Bis ich das schließlich geschafft hatte, mußte ich ein ganzes Stück wachsen. Jetzt ginge es viel schneller, aber jetzt würde es auch nicht mehr passieren! Ich lernte, ich vergab, und es gibt keine Notwendigkeit für eine Wiederholung.

Barbara hatte unbewußt tiefe Schuldgefühle, weil sie ihre Tochter verlassen hatte. Sie kann sich nicht vergeben und möchte (wieder unbewußt) alles wieder gutmachen, indem sie sich bestraft. Zu diesem Zweck braucht sie eine Beziehung. Von der anderen Seite der Stadt antwortet Ron, der sich von seiner Mutter mißbraucht fühlte, hilflos und voller Wut ist und sein Machtgefühl zurückgewinnen muß. Sie treffen sich an einem sonnigen Nachmittag "zufällig" im Park, heiraten und halten sich an die Rollen, die ihnen zugewiesen wurden. Barbara fühlt sich als Opfer und macht Ron Vorwürfe, Ron hat Schuldgefühle. Aber beide tun ihr Bestes. Sie dienen einander bestens, indem sie einander genau das bieten, was jeder von ihnen lernen möchte: Barbara, daß sie unschuldig ist und Liebe verdient; Ron, daß er Macht haben und liebenswürdig sein kann.

Ich fuhr zur Post und wollte nur schnell noch meine Briefe abholen, und da ich keinen Parkplatz finden konnte, stellte ich meinen Wagen auf dem Behindertenparkplatz ab. Als ich zurückkam, stand ein älterer Mann hinter meinem Auto. Er war fuchsteufelswild. Er drohte mir mit einer Anzeige und wünschte mir seine Behinderung an den Hals, damit ich wüßte, wie das ist. Diese unerwartete Attacke überraschte mich dermaßen, daß ich nur eine Entschuldigung vor mich hinmurmeln konnte und schnell davonfuhr. So etwas kommt bei mir nur sehr selten vor. Während mir der Vorfall den ganzen Tag durch den Kopf ging, merkte ich endlich, daß ich mich wegen irgend etwas schuldig fühlte. Bei näherem Hinsehen wurde mir klar, was es war: Ich hatte mich soeben auf eine sexuelle Beziehung eingelassen, und meine alten Nonnenleben erhoben mahnend den Finger. Ich hatte eine Kränkung für diese unerkannten Schuldgefühle eingeladen, damit ich sie sehen und loslassen konnte. Ich ließ sie los! Ich erkannte den Schmerz des Mannes, vergab ihm und segnete ihn.

4. Die meisten Schwierigkeiten, denen wir begegnen, wurden von unterdrückten Bewußtseinsbereichen geplant. Die meisten Situationen und Ereignisse holen wir nach dem Gesetz der Anziehungskraft herbei. Das gilt für Autounfälle, die vom anderen Fahrer verursacht werden, Stürze, Unfalltod, aber auch für Rügen, die wir einstecken müssen. Wenn du etwas fürchtest oder dich gegen etwas wehrst, holst du es zu dir.

Zwischen den Leben wählten wir und unsere Eltern einander in Liebe. Wir wählten damit für alle Beteiligten eine vollkommene Situation, um die Liebe und das Wachstum zu empfangen, für die wir bereit waren. Selbst Ereignisse im großen Maßstab wie Kriege werden in Zusammenarbeit von allen Beteiligten erschaffen. Für alles, was geschieht, gibt es einen Grund, und dieser Grund ist letztlich ein heilsamer: Wir haben die Erfahrung zu uns gerufen, und wir verfolgten einen Zweck damit. Wenn wir in der Lage sind, uns und die Situation zu segnen, sind wir auf dem Weg des Aufstiegs. Warum wir etwas erschaffen haben, brauchen wir nicht immer zu wissen, aber das Wissen kann nützlich sein.

Es kann vorkommen, daß sich für Eltern auf ihrem Weg eine unerwartete, schwierige Wendung ergibt, die nicht vorherzusehen war, als sich Eltern und Kind füreinander entschieden. In einem solchen Fall ist es möglich, daß das Kind in der Schöpfung seiner Eltern steckenbleibt und diese ein Teil dessen wird, was das Kind klären muß.

Es kann auch vorkommen, daß du völlig arglos in der Weltgeschichte herumläufst und auf einmal eins übergebraten bekommst. Als würdest du die Straße überqueren und keine Ahnung haben, daß man auf den Verkehr achten muß. In einem solchen Fall hast du die betreffende Situation nicht eingeladen, sondern mußtest herausfinden, wie die Dinge hier funktionieren, damit du dich in Zukunft schützen kannst.

Manchmal ist altes Karma im Spiel. 1983 geriet ich in einen Auto"unfall". Jemand anderer fuhr, und ich wurde verletzt. Ich hatte seit meiner Kindheit Babaji als meinen Beschützer angesehen und war nun ernsthaft böse mit ihm. "Wie kannst du es wagen, mich nicht zu beschützen?" wollte ich wissen. "Wie konntest Du nur zulassen, daß das geschah?"

Er zeigte mir darauf sofort eine Szene aus dem Buch *Autobiographie eines Yogi*. Eines Abends saß Babaji mit ein paar Schülern um ein Lagerfeuer im Himalaya. Babaji holte ein brennendes Holzscheit aus dem Feuer und berührte damit einen der Männer an der Schulter. Ein anderer sagte: "Wie grausam!" Babaji erwiderte ruhig: "Wäre es dir lieber, wenn er ganz verbrannt wäre? Das war nämlich sein Karma."

Er zeigte mir ein vergangenes Leben. Ich war meinem gegenwärtigen Bewußtsein sehr nahe gekommen und starb bei einem Unfall in einer Kutsche. Mein Unterbewußtes setzte nun diesen Bewußtseinsgrad mit dem Tod gleich. Weil ich Babaji um Schutz gebeten hatte, durfte er den Schaden an meinem Körper stark abmildern. Da ich das Karma noch nicht aufgegeben hatte, sondern immer noch damit verhaftet war, durfte er den Unfall aber nicht gänzlich verhindern. Das ließe sich nicht mit meinem freien Willen vereinbaren, und deshalb wird kein wahrer Meister so etwas tun.

Das war eine gewaltige Lernerfahrung für mich. Ich erklärte sofort, daß ich mich von allen in meinem Unbewußten eventuell noch verborgenen Skeletten auf der Stelle befreien wollte.

5. Wenn die letzten zwei Punkte zutreffen, sind wir für alles verantwortlich, was in unserem Leben geschieht. Diese Lernerfahrung gehört zu dem Befreiendsten, was uns widerfahren kann. Wenn ich etwas erschuf, dann kann ich es neu erschaffen! (Lernen, das zu bekommen, was wir wirklich wollen, ist eine Kunst für sich.) Laßt uns Verantwortung übernehmen, ohne uns zu beurteilen. Voller Liebe Verständnis und Vergebung uns selbst gegenüber.

6. Karma ist das Gesetz von Ursache und Wirkung, das heißt von dem, was (von uns) ausgeht und zurückkommt. Im gegenwärtigen Leben zeigt sich Karma meist in Form "karmischer Beziehungen" mit Menschen, die wir aus der Vergangenheit kennen und mit denen wir etwas noch nicht vergeben und nicht gelöst haben. (Wir kommen auch zu liebevollen und erfüllten Beziehungen zurück, weil sie uns

Freude bereiten.) Manche Muster, wie zum Beispiel das "Täter/Opfer"-Muster, wiederholen sich immer wieder zwischen zwei Menschen. Die beiden können entweder ihre Rollen beibehalten oder vertauschen, bis sie schließlich zur Liebe und zur Vergebung durchbrechen können.

Meister können Karma von ihren Schülern übernehmen, wenn das notwendige Vertrauen vorhanden ist. Das ist eine Möglichkeit, Karma zu tilgen. Am besten gefällt mir folgende Methode: Wenn wir uns für alles vollständig vergeben - selbst wenn wir den Körper eines Menschen getötet oder etwas anderes Extremes getan haben -, wenn wir davon lernen, was wir lernen mußten und anderen nun in Frieden und Güte begegnen können, kann das Karma nicht mehr zurückkehren. Yogananda sagt in der *Autobiographie eines Yogi* daß sich alles Karma verflüchtigt, wenn du einmal ganz erkannt hast, wer du bist.

Aus allem unserem Karma wollten wir immer nur die tiefe, ewige Wahrheit des Lebens und unseres Seins lernen: Wir sind Gott/Göttin. Wir brauchen uns vor nichts zu fürchten. Wir sind ewig unversehrt, und alle anderen sind es auch. Alles ist eins, und dieses Eine ist Gott/Göttin.

7. Freude! Lachen! Vergnügen! Überfluß! Überschwenglichkeit! Spiel! Alles ist Teil des Göttlichen. Wenn wir das wissen, wird sich unser Leben aufs herrlichste verändern. Ich stelle mir vor, wie die Leute ganz normal ihre Besorgungen in der Stadt machen und dabei vor Freude und Liebe strahlen, daß sie nur so umherfedern, hie und da aus Spaß an der Freunde einen Hüpfer tun und jeden lieben, dem sie begegnen. Eines Tages wird es so sein. Ich weiß es.

8. Wenn du weißt, wer du bist, wirst du dich ganz natürlicherweise auch gut finden. "Ja, ich bin großartig! Ich bin wunderbar. Ich bin schön. Ich bin eins mit Gott/Göttin. Man kennt mich. Ich werde geliebt. Für mich ist gesorgt. Ich bin all das, was Gott/Göttin ist. Ich erschaffe mein Leben allmächtig." Solche Wahrheiten, die wir in Freude und im Einssein mit den anderen erfühlen, erhellen alles - uns selbst, unsere Umwelt, die Menschen um uns herum, unser gesamtes Leben.

Annehmen

1975 stieg ich aus meiner karriere-orientierten Arbeit in der "realen" Welt aus und gab meine Lehrstelle an einem College auf. Weshalb? Ich wußte es nicht genau. Diese Zeit war eine Art Vakuum. Das Alte war zu Ende, und das Neue war noch nicht da. Ich hatte mir alles selbst beigebracht, was ich als Sekretärin in einer Anwaltspraxis brauchte, und nach fast drei Jahren machte ich immer noch Zeitarbeit in San Francisco, obwohl meine spirituelle Entwicklung schon voll im Gange war, und das ärgerte mich. Es machte mir etwas aus, daß ich früh aufstehen und den Menschen dabei helfen mußte, sich gegenseitig zu bekämpfen. Frau A. stolperte und verklagte jetzt Herrn B. deswegen.

Eines Tages wachte ich auf. Hier war ich, in einer der schönsten Städte der Welt. Ich verdiente einigermaßen, hatte genug zu essen und ein Zuhause. Ich kleidete mich gut und schminkte mich und machte dem Anwalt Smith das Leben leichter. Ich nahm mir frei, wenn ich Lust dazu hatte. Ich wurde angeleitet, meine Arbeit zu schätzen, und sie mit Liebe auszuführen.

Das tat ich nun. Jeden Tag sagte ich mir: Hier bin ich. Ich sehe gut aus und stelle Herrn Smith zufrieden. Das ist in Ordnung. Ich ehre mich dafür, daß ich mich im Moment dafür entschieden habe. Alles ist gut.

Nach einer Woche bot mir Berkeley's Tibetan Buddhist Nyingma Institute einen Job in seiner Pressestelle an. Es war die erste Arbeit, die mir wirklich etwas bedeutete. Und das war erst der Anfang. Ich sah: Wenn ich schätzen und genießen - und damit wahrhaft dienen - konnte, wo ich mich gerade befand, dann wurde ich von dort herausgehoben und in etwas Schöneres hineinversetzt.

Später wurde mir klar, daß ich Zeitarbeit machte, weil mir ein Gedanke im Wege stand: "Man kann sich mit spiritueller Arbeit nicht den Lebensunterhalt verdienen." Ich hatte diesen Gedanken noch gar nicht völlig erkannt, doch indem ich die Situation liebte und segnete, konnte sie sich auflösen. Das ist die Macht der Liebe.

Dich selbst anzunehmen, wo immer du bist, ist ein wunderbares Werkzeug auf dem Weg zur Erleuchtung. Liebe dich, wenn du deprimiert bist, und wenn deine Handlungen oder Gedanken deinen Vorstellungen nicht entsprechen. Es ist gut, wenn du etwas verändern möchtest. Du kannst es beschleunigen, wenn du deine Vergangenheit als perfekte Lernerfahrung würdigst, die dich an diesen Punkt gebracht hat, und deine Gegenwart als Tor, das dich in die Zukunft deiner Wünsche führt, weil du sie annehmen kannst.

Die Menschen und Situationen um dich herum anzunehmen, ist nichts anderes, als dich selbst anzunehmen. Wenn es Spaß macht, dann genieße es. Wenn nicht, dann danke dir und allen Beteiligten, daß du jetzt mit Hilfe dieses Spiegels lernen und wachsen kannst, so wie du es dir gewünscht hattest. Du kannst nun lernen, etwas zu lieben, was bis dahin ungeliebt war.

Der tiefste Sinn und der tiefste Wunsch in jeder Situation ist immer, so viel Liebe wie möglich zum Ausdruck zu bringen, aber es gibt auch immer Gelegenheit zum Lernen. Je schwieriger eine Situation, desto mehr können wir lernen. (Das heißt aber nicht, daß wir einen schwierigen Ort suchen oder dort bleiben müßten. Wenn du in einer destruktiven Beziehung bist, dann steig jetzt aus und akzeptiere sie später!)

Wir können uns der Lernerfahrung verweigern und werden dann immer wieder in ähnliche (meist intensivere) Situationen geraten, oder wir können sie annehmen. Wir nehmen sie an, indem wir uns dafür lieben, daß wir sie geschaffen haben, indem wir wissen, daß die Situation perfekt ist, indem wir vergeben. Wenn wir noch nicht vergeben können, lieben wir uns auch dafür. So lösen wir die Ursache auf und betreten eine neue Ebene der Liebe.

Für Menschen in wirklich schwierigen Situationen - Obdachlosigkeit, Mißbrauch, Hunger - ist alles so intensiv, daß es besonders schwer ist, den Spiegel zu erkennen und zu lieben. Auch wenn jeder seine Situation selbst geschaffen hat und verantwortlich dafür ist, braucht man manchmal Hilfe, um zu Kräften zu kommen und der Situation entwachsen zu können.

Heilung einer schwierigen Situation

Es gibt so viele Möglichkeiten, wie sich Situationen verändern können. Ich arbeitete mit Brenda, die in ihrer eigenen Firma ein paar Sekretärinnen beschäftigte. Eine dieser Mitarbeiterinnen zog auf krankhafte Weise das Unglück an: Feuer, Gewalt, Erdbeben. Brenda war überzeugt davon, daß Ediths Bewußtsein ein Feuer verursacht hatte, das im Büro ausgebrochen war. Brenda und ich bekräftigten gemeinsam: "Friede und Harmonie herrschen jetzt in diesem Büro." Während der nächsten Tage wiederholte sie dies immer wieder für sich. Am Ende der Woche kündigte Edith!

Jede Situation spiegelt dir deine (bewußten und/oder unbewußten) Gedanken zurück. Sie dient dir auf vollkommene Weise, und du bist 100prozentig dafür verantwortlich, wie du sie wahrnimmst. Wenn du deine Gedanken änderst, wird sich die Situation entweder um dich herum verändern oder sie verschwindet aus deinem Leben. Wenn du dich liebst, können dich auch die anderen leichter lieben. Wenn du die Leute in deiner Umgebung als die Gottwesen sehen kannst, die sie sind, Wesen der Liebe, Stärke, Freude, Freiheit und des Lichts, dann lädst du sie ein, sich in deiner Gegenwart zu verändern.

Vergangene Leben klären

Es ist eigentlich egal, ob wir daran glauben, daß wir schon einmal gelebt haben. Früher glaubte ich nicht daran. Falls wir aber schon einmal oder öfter gelebt haben, dann müssen wir die vergangenen Leben zusammen mit unserem gegenwärtigen klären. Darauf kommt es an. Vielleicht interessiert es dich, wie sich meine Einstellung änderte?

Kurz nach meiner Scheidung suchte ich Arbeit als Kellnerin in einer Cocktail-Bar in Memphis. Ich schaute mich in mehreren Clubs um und bekam schnell eine Anstellung. Und geriet sofort in eine mißliche Situation. Ich hatte nämlich große Angst, mich sexy zu kleiden, und obwohl ich Hose und T-Shirt bei der Arbeit tragen durfte, erschreckte mich die Möglichkeit, mich zum Sexobjekt zu machen.

Ich ging in den Wald im Overton Park. Es war Winter, die Bäume waren kahl. Ich brach einen Zeig von einem Gebüsch, und als ich in Gedanken versunken dasaß, strich ich geistesabwesend mit dem Zweig über mein Gesicht. Es war Gifteiche. Mein Gesicht schwoll an, bis es doppelt so dick wie im Normalzustand war. Natürlich konnte ich nicht zur Arbeit gehen.

Als ich ein paar Tage später wieder arbeitete, verließen zwei Typen an einem meiner Tische das Lokal, ohne zu zahlen, und der Koch sagte mir, daß der Betrag von meinem Trinkgeld abgezogen würde. Ich bekam einen Wutausbruch und kündigte auf der Stelle.

Ich dachte über alles nach. Besonders meine Mutter hatte eine ziemlich aufgeklärte Einstellung zur Sexualität, und mein Vater schien sich neutral zu verhalten. Mein eigenes eheliches Sexualleben war ganz gut gewesen. Alan liebte gern, und wir hatten gute Zeiten miteinander gehabt. Woher kamen dann diese unwahrscheinlichen Ängste? Ich konnte sie mir nicht erklären. (Nein, ich bin als Kind nicht sexuell belästigt worden.) Damals wurde mir klar, daß ich schon einmal gelebt haben mußte.

Nicht lange nach dieser Erkenntnis sah ich zum ersten Mal eins meiner vergangenen Leben im Traum. Ich ging mit einer spirituellen Gruppe zu Fuß nach Rußland. Dort hatte ich die weibliche Hauptrolle in einem Theaterstück, das wir probten. Auf der Bühne traf ich den männlichen Hauptdarsteller. Das heißt, wir starrten einander minutenlang schweigend an. Er war nicht groß, etwas über 1,70m, auf eine drahtige Art kräftig und hatte unwahrscheinlich blaue, durchdringende Augen. Ich wußte alles über ihn. Er war Seemann. Er lebte für die See. Seine Beziehungen waren armselig. Ich wußte, er war ich gewesen.

Danach kamen meine Leben eins nach dem anderen zurück. Ihr Grundmuster war das Einzelgängertum. Unter anderem war ich mehrmals Nonne, Priester, spiritueller Lehrer und Prostituierte gewesen. (Da ich Sexualität und Spiritualität nicht miteinander vereinbaren konnte, wechselten diese ständig. Ich fühlte mich aber im Zusammenhang mit Sex immer schuldig.) Daß ich diese Leben sah, gab mir ein tiefes Verständnis für das Schöne und das Schwierige in meinem gegenwärtigen Leben, und auch dafür, wie ich Unbewältigtes klären kann.

Bei vielen meiner Klienten habe ich ein besonders hartnäckiges Muster festgestellt. Sie waren in vergangenen Leben Lehrer, die mißbraucht oder gar getötet wurden, weil sie ihre Wahrheit sagten. Ich wurde auf dem Scheiterhaufen verbrannt, und alle meine Schüler wurden überfallen und ermordet. Es gibt mehr von diesen hübschen Vorkommnissen, und ähnliches ist vielen von uns widerfahren. Deshalb werden die meisten von uns in diesem Leben und besonders jetzt durch Ängste behindert oder sogar ganz gestoppt, wenn sie über ihre Wahrheit sprechen wollen. Viele erlauben sich nicht einmal zu wissen, warum sie hier sind. Eine traurige Selbstverleugnung.

Warum arbeiten wir mit vergangenen Leben? Warum heilen wir nicht einfach, was hier ist? Das kann funktionieren, wenn sich sämtliche Muster aus vergangenen Leben im gegenwärtigen wiederholen. Aber normalerweise läßt sich nicht alles von der Gegenwart aus erklären oder berühren. Psychologen, die das nicht verstehen, arbeiten nur mit einem Teilbereich. Traumata aus vergangenen Leben sind noch tiefer in unserem Unbewußten verschüttet als die Kindheit unseres gegenwärtigen Lebens, und von dort aus steuern sie unser Leben. Unser Weg zur Meisterschaft ist nicht frei, wenn vergangene Traumata unbewältigt sind.

Wiederholungsmuster

Wir beobachten oft, wie sich in unserem Leben bestimmte Muster wiederholen. Hast du schon einmal bemerkt, daß Leute wie du und ich immer wieder die gleiche Beziehung mit verschiedenen Partnern inszenieren? Über viele Leben hinweg wiederholen wir oft beide Seiten eines Beziehungsmusters, oft mit dem gleichen Menschen.

Immer wenn wir etwas denken, wird eine Energieform geschaffen; wir nennen sie eine Gedankenform. Sie bleibt uns, bis sie geklärt wird, und weil sie uns beeinflußt, ohne daß wir uns dessen bewußt sind, erhöht sie die Wahrscheinlichkeit, daß wir den Gedanken wiederholen werden. Wenn wir es dann tun, wird noch eine Gedankenform geschaffen, und auch diese bleibt uns. Wenn das so weiter geht und der Gedanke negativ ist, können wir uns ganz schön einmauern. Zu wissen, daß solche Gedankenformen existieren, und zu lernen, wie wir sie klären können, ist von großer Hilfe bei unserer Befreiung.

Traumata zu überwinden, ist am schwersten - herauszufinden, was wir lernen wollten, und das Muster zu durchbrechen. Stell dir zum Beispiel vor, daß du in deiner Unschuld zum ersten Mal in einen Krieg verwickelt wirst. Du bist so traumatisiert, daß sich das Erlebnis in deinen Emotionen als etwas Furchteinflößendes einnistet, und du wartest nur darauf, daß es wieder geschieht. Und dann geschieht es wieder. Viele Männer waren Leben um Leben als Soldaten im Krieg. General Patton erkannte zum Beispiel, daß er einmal ein Führer im Römischen Reich gewesen war.

Wir wiederholen so lange ein Muster, bis wir die Wahrheit darüber erfahren. In unserem Beispiel mit dem Krieg wäre die Wahrheit: "Ich bin in Sicherheit. Gott ist meine Zuflucht, und ich bin immer beschützt. Nichts kann mir Schaden zufügen." Daniel wußte es in der Löwengrube, aber es könnte sein, daß er erst ein paar Zusammenstöße mit Löwen hatte, bevor er es verstand.

Ich brauchte lange, bis ich der Angst ins Gesicht sehen konnte, die an die Oberfläche kam, als ich als Kellnerin arbeitete. Schließlich war es mir möglich zu sehen, daß ich in vergangenen Leben mehrere Male vergewaltigt worden war, besonders einmal als zweijähriges Mädchen. Ich habe das jetzt geklärt.

Es ist nicht immer nötig, die blutigen Einzelheiten der Traumata oder Schwierigkeiten vergangener Leben zu sehen, aber normalerweise brauchen wir zumindest eine grobe Vorstellung von dem, was wir klären wollen, wenn wir eine Wirkung sehen möchten.

Eine andere Möglichkeit, ein schwieriges Muster zu klären, besteht darin, daß wir es so satt bekommen, bis wir ganz einfach sagen müssen: "Verschwinde jetzt! Ich mach' das nicht mehr mit." Wenn wir es ernst meinen, dann sprechen wir in unserem Gott/Göttin-Aspekt, und das Universum wird sofort darauf reagieren (auch wenn sich dies erst durch die Illusion der Zeit entfaltet). Die ganze Macht Gottes ist in uns und gebietet über jede Situation.

Gefühle transformieren

Emotion ist das tiefste, mächtigste Element, das zu klären ist. Wir alle sind Experten im Vermeiden bestimmter Gefühle. Sucht hat ihren Ursprung meist in dem Bedürfnis, Gefühle wie Schuld oder Leere zu betäuben. Dabei stumpfen aber auch alle anderen Gefühle ab. Unsere Lebendigkeit selbst stumpft ab, und das ist der Preis, den wir zahlen. In dem Buch *Der Prophet* sagt Khalil Gibran, daß die Tiefe unseres Kummers den Höhen unserer Freude entspricht. Auch von anderen großen Lehrern hören wir das. Im Grunde geht es darum, ob wir bereit sind, Gefühle zu haben. Das scheint auf diesem Planeten unser Hauptthema zu sein.

Oft begraben wir unsere Gefühle so tief, daß wir keine Ahnung von ihnen haben. Als ich Mitte zwanzig war, schaute ich mir in einem Geschäft Pullover für meinen Vater an, der Geburtstag hatte. Plötzlich überkam mich eine Wut. Ein Geschenk für ihn kaufen? Auf keinen Fall! Ich drehte mich auf dem Absatz um und verließ den Laden.

Meine eigene Reaktion hatte mich verblüfft, und ich versuchte, meine Gefühle zu verstehen, mit meinem Vater zu kommunizieren und ihm zu vergeben. Es dauerte eine Weile (der Prozeß ist vielschichtig!), aber jetzt haben wir eine gute und klare Beziehung.

Wir erschaffen Gefühlsmuster, die durch bestimmte Emotionen leben und tief in unserer Psyche arbeiten. Oft halten wir an schmerzhaften alten Gefühlen fest, denn wenn wir von ihnen ablassen, kann es uns vorkommen, als würden wir sterben.

Diese Muster lassen sich durch Liebe transformieren. Unsere Gefühle und Gedanken sind wie unsere Kinder: Wir erschufen sie, und sie brauchen unsere Aufmerksamkeit, unsere Liebe und unser Verständnis, damit sie sich entfalten können. Wenn wir ein schwieriges Gefühl bedingungslos lieben, wird sich in unserem Leben viel bewegen. Wir transformieren dadurch das Gefühl und uns selbst.

Wenn wir große Angst vor einem Gefühl haben, wird es uns so lange verfolgen, bis wir den Mut haben, ihm ins Gesicht zu blicken. Wenn wir etwas direkt anschauen, hat es keine Macht über uns. Aufmerksamkeit geben heißt Liebe geben.

Larry hatte schreckliche Angst vor der Einsamkeit, vor dem Gefühl der Einsamkeit. Er tat alles, um diesem Gefühl aus dem Weg zu gehen: Er deckte sich mit Aktivitäten ein, ob sie ihm Spaß machten oder nicht, oder vergrub sich in seiner Arbeit. Eines Abends fühlte er, wie ihn die Einsamkeit überkam. Er hatte es satt, vor ihr davonzulaufen. Er saß nur da und ließ sie kommen. Er spürte sie, er erkundete sie, und schließlich merkte er (und konnte es kaum fassen), daß er sich wohl fühlte. Die Einsamkeit war verflogen und hatte einem inneren Frieden Platz gemacht.

Vielleicht bist du noch nicht bereit, bestimmte Bereiche in der Tiefe deiner Psyche anzuschauen. Laß dich von deiner Seele leiten. Dann tauchen die Dinge auf, wenn du stark genug bist, dich mit ihnen zu befassen. In seinem Buch *Man and His Symbols* erzählt C.G.Jung von einem Mann, der bei ihm studieren wollte. Eine Voraussetzung dafür war, daß der Mann einen Traum erzählte. Der Mann führte ein normales Leben und kümmerte sich um seine Sachen, aber das konnte er nicht tun. "Ich träume nicht", sagte er. Von Jung zum Träumen ermutigt, träumte er schließlich folgendes: Er betrat ein riesiges, dunkles Gebäude (sein Unbewußtes) und fand in der Mitte des Gebäudes ein schwachsinniges Kind, das in seinem eigenen Kot saß. Jung erkannte eine latente Psychose und erfand einen Vorwand, damit er ihn nicht als Studenten annehmen mußte. Ansonsten wäre die Psychose ausgebrochen, bevor der Mann bereit war, sich mit ihr zu befassen.

In *Heimat im Licht* von Kyriacos Markides spricht auch Daskalos davon. Er sagt, Psychiater erkennen die Gefahr für einen Patienten nicht, wenn verschüttete Gedankenformen zu früh ans Licht kommen.

Die meisten von uns müssen ein paar schlimme Vorfälle aus diesem und anderen Leben klären. Geh also sanft mit dir um, wenn du mit deinen Gefühlen arbeitest. Gönne dir Pausen. Steigere dich nicht allzu sehr in Schwierigkeiten hinein. Behalte deinen Humor. Sei geduldig. Vergiß nicht, daß sich alles zur rechten Zeit ergibt, so wie es richtig ist für dich. Und bekräftige dir jedesmal, wenn du mit deinen Gefühlen gearbeitet hast, die Wahrheit über dich selbst und über dein Leben.

Den Gefühlen eine Stimme geben

Hast du schon einmal auf ein Ziel hingearbeitet, und nichts wurde draus? Vielleicht hast du gespürt, wie sich Unbehagen, Widerstände, Ängste dagegen erhoben hatten. Solche Gefühle können außerordentlich subtil sein. Es ist gar nicht so einfach, sie tatsächlich aufzuspüren. Wenn du ein solches Gefühl identifizierst, bemerkst du vielleicht, daß du es schon dein ganzes Leben mit dir herumträgst. Es ist so sehr ein Teil von dir, daß du es bisher nicht sehen konntest, weil dir der nötige Abstand dazu fehlte. Ich glaube, das gilt für uns alle. Es ist wichtig, diese Gefühle herauszufordern und aufzuspüren, weil unser Geist riesig ist. In manche Bereiche ist vielleicht noch kein einziges deiner Worte vorgedrungen. (Ich habe das erlebt!) Auch die kaum wahrnehmbaren Gefühle können dir als Schlüssel dienen, wenn du die Widerstände in deinem Innern klären möchtest, die zwischen dir und deinen Wünschen stehen. Du kannst guten Glaubens ein Projekt verfolgen, und dabei entgeht dir vielleicht völlig, daß ein Teil von dir es einfach nicht zuläßt.

Wenn du merkst, daß dich etwas davon abhält, ein Ziel zu erreichen oder einen Wunsch zu erfüllen, dann verschaffe dir Ruhe und stell dir vor, du hättest es bereits erreicht. Laß dann alle Gefühle in dir hochkommen. Identifiziere sie. Arbeite mit ihnen.

Das magische Kind

Eine erfolgreiche Beziehung mit unserem inneren kleinen Kind ist an sich schon ein Meisterstück. Wir müssen uns ihm zuwenden, wie man sich eben einem kleinen Kind zuwendet. Das Kleine hat Emotionen und kümmert sich nicht im geringsten darum, ob wir irgend eine Logik in ihnen erkennen.

Einmal fuhr ich in eine Stadt, wo ich abends einen Vortrag halten sollte. Allmählich bemerkte ich, daß etwas in mir in immer größere Aufruhr geriet. Als ich mich schließlich darauf einließ und ihm eine Stimme gab, sagte mein kleines Kind, das ich Josie nenne: "Mir stinkt das! Ich habe keine Lust, irgendwo hinzugehen, wo ich keinen Menschen kenne!" Ich sprach mit Josie, sagte ihr, daß ich sie lieb habe und ihre Gefühle verstehe. Wir waren dort eingeladen, würden liebevoll empfangen werden, könnten ein paar gute Sachen sagen und am nächsten Tag wieder nach Hause fahren. Sie war versöhnt. Sie wollte nur gehört und geliebt werden.

Gedanken transformieren

Gedanken und Gefühle gehören zusammen, aber meist sind die beiden nicht im gleichen Maße zugänglich. Wir sind entweder mehr verstandes- oder gefühlsorientiert. Durch das Denken kommen wir zu unseren Gefühlen und umgekehrt.

Es ist nicht leicht, das Denken wirklich zu verändern, und ein Teil der Schwierigkeiten rührt daher, daß 70 Prozent des menschlichen Denkens negativ ist. Wenn wir einen positiven Gedanken erschaffen, schwimmen wir in unserer "Gedankenformsuppe" immer gegen den Strom.

Hast du schon einmal bemerkt, wie eine einschränkende Gedankenform - zum Beispiel Mangel -, sich immer wieder einschleicht? Du beschäftigst dich eine Zeitlang mit ihr, vergißt sie für eine Weile, und dann kommt sie zurück. Es sieht fast aus, als wären wir süchtig danach, als müßten wir immer mal wieder unsanft daran erinnert werden, wer wir sind. Dies scheint eine der hartnäckigsten Barrieren zu sein, wenn wir unsere Gedanken transformieren wollen. Eine Zeitlang kann es dir ganz gut mit einem neuen Gedanken gehen, doch dann kommt beinahe unweigerlich der alte wieder, und das kann entmutigend sein.

Doch muß man hinzufügen: Du kannst auch dann von deinem Ausgangspunkt aus vorwärtskommen, wenn der einschränkende Gedanke noch im Umlauf ist. Als ich zum Beispiel von San Francisco (wo alles geht, no problem!) nach Mt. Shasta zog, kamen Erinnerungen aus einem anderen Leben zurück, in dem ich in einer Kleinstadt Verfolgungen ausgesetzt war. Ich hatte solche Angst, in unserer verrückten kleinen Parade zum 4. Juli mitzumarschieren, daß ich krank wurde. Auch im nächsten Jahr hatte ich noch Angst davor, mich zu zeigen und auf einer Weltkonferenz vor Hunderten von Leuten zu sprechen. Eine Gedankenform kann hartnäckig sein, aber sie kann dich nicht daran hindern zu wachsen - es sei denn, du läßt es zu. Ich liebe den Satz: "Spür die Angst und mach' es trotzdem." Äußerst wertvoll!

Wenn wir über die Jahre hinweg dranbleiben, verlieren die einschränkenden Gedanken immer mehr ihre Macht über uns. Sie tauchen weniger häufig auf, wir glauben ihnen weniger und widerlegen sie leichter mit der Wahrheit.

Ein radikaler Umschwung

Eine echte Umstellung vom begrenzten zum unbegrenzten Denken und Fühlen ist radikal und bringt eine völlig neue Perspektive mit sich. Die Veränderung eines einzigen Musters verändert im Grunde alles. Du brauchst dir also keine Sorgen zu machen, wenn du nur eine bestimmte Sache angehst, denn diese eine Sache wird schließlich auch alle anderen bewegen.

Da unser Denken und Fühlen untrennbar miteinander verwoben sind, kann es lange dauern, bis sich in der Tiefe wirklich etwas tut. Es ist, als wollte man ein Spinnennetz lösen, das an Hunderten von Fäden hängt. Du schneidest einen Faden durch, und es bewegt sich ein bißchen, aber wirklich lösen kann es sich erst, wenn alle Fäden durchgeschnitten sind.

Aber es ist auch möglich, alles auf einmal lösen. Das geschieht zum Beispiel bei den Zusammenkünften der Evangelisten, wenn jemand den langen Weg zum Altar schreitet und dann "gerettet" ist. Wenn er Christus oder Gott in diesem Augenblick tatsächlich erlaubt, durch ihn zu kommen, verändert sich alles. In diesem Moment verändert sich sein ganzes Leben. Er kann zurückfallen - viele tun es -, aber er kann auch in diesem Zustand bleiben.

Daß ein radikaler Umschwung möglich ist, läßt sich nicht leugnen. Das Göttliche in uns oder auch ein geliebter Meister haben die Fähigkeit, unser Bewußtsein zu verändern.

Oft kann ein einziges Erlebnis einen radikalen Umschwung bewirken. Eine plötzliche Eingebung, die absolute Erkenntnis, daß wir eins mit allem sind, ein Trauma wie der Tod eines Gefährten, eine Verletzung oder Krankheit, die beinahe tödlich verlaufen wären, eine

Nahtoderfahrung: Viele haben darüber geschrieben, wie eine tiefe Erfahrung ihr Leben verändert hat. Da nichts zufällig geschieht, hatten wir die Erfahrung herbeigerufen, um unserem Leben einen tieferen Sinn und mehr Freude zu geben.

Wer lieber einen leichteren Weg geht, und dazu gehören besonders wir Verstandesorientierten und analytisch Denkenden, wird mit einem radikalen Umschwung vielleicht größere Schwierigkeiten haben. Vielleicht sind wir erst dann dazu bereit, wenn uns unsere Situation langweilig wird. Aber wir können nachhelfen, indem wir eine Entscheidung treffen und diese immer wieder bestätigen. Vielleicht beschließt du, den ganzen Tag lang deine Göttlichkeit zu leben, so gut du es vermagst. (Cary Grant sagte, daß er vorgab, das zu sein, was er sein wollte, bis er es schließlich geworden war. Ich finde das herrlich!) Vielleicht beschließt du zu lieben - lieben, so gut du kannst, lieben in jeder Situation. Vielleicht beschließt du, allen Menschen und Orten, die du besuchst, gut zu tun. Vielleicht beschließt du, dein Leben der Gottheit zu geben.

Eine solche Entscheidung hat die Kraft, dein gesamtes Leben zu verwandeln. Wenn es für dich stimmig ist, dann erforsche dein Inneres: Welche Entscheidung möchtest du gern treffen und bist du bereit zu treffen? (Beschließe nichts, was zum Scheitern verurteilt ist!) Es kann Tage oder auch Wochen dauern, bis du zu deiner Entscheidung kommst. Du brauchst nichts zu überstürzen. Du kannst im kleinen beginnen, zum Beispiel damit, daß du in einer bestimmten Beziehung so viel Liebe gibst, wie du nur kannst. Später kannst du größere Entscheidungen angehen. Wenn du dich wirklich bereit fühlst, dich für eine drastische Veränderung zu entscheiden, dann tu es!

Wenn du eine solche Entscheidung triffst, dann unterstütze dich selbst darin. Sei dein eigener bester Freund, sei ehrlich, aber gleichzeitig vergebend. Wie ist es dir heute damit ergangen? Vergib dir alle Ausrutscher, erkenne deine Erfolge an und lobe dich dafür, so wie du einen Freund oder eine Freundin loben würdest. Wenn du willst, kannst du einen Entschluß für den folgenden Tag, die kommende Woche, den kommenden Monat fassen. Wenn es notwendig ist, modifiziere deine Entscheidung. Halt sie lebendig, laß sie für dich arbeiten.

Die Vergangenheit klären

Die persönliche Konditionierung klären

Wir sind alle mit bestimmten Denkmustern aufgewachsen. "Bei uns in der Familie machen wir das so." Das gilt für alles, von der Frisur bis zu den Beziehungen. Größtenteils sind diese Denkmuster unbewußt und wurden nie überprüft: "Das ist eben so." "Wir haben nur soundsoviel Geld zur Verfügung." "Wir sind in dem Maße glücklich und in dem Maße unglücklich." "So gehen Männer und Frauen miteinander um." "So verdienen wir uns unseren Lebensunterhalt." "Wir gehören zur Mittelschicht, und wir werden immer zur Mittelschicht gehören."

Ganz so statisch ist es natürlich nicht, besonders in Amerika. Auch in der Vergangenheit, als die Muster noch eingefahrener waren als jetzt, haben sich viele Leute den eigenen Weg gebahnt, das sei zu ihrer Ehre gesagt. Der Vater meines Vaters war Alkoholiker, mein Vater ist es nicht. Alles ändert sich rapide. Die Mobilität der vergangenen Jahrzehnte mag ein paar Nachteile haben, aber sie ist eine große Hilfe für Menschen, die sich selbst neu erschaffen. In traditionelleren Kreisen wird die alte Programmierung auch von der neuen Generation wieder gelöffelt. Aber das wird ein Ende haben.

In jeder Familie gibt es wunderbare Eigenschaften, die wir erhalten wollen. Ich bewundere den Mut und die Aufrichtigkeit meiner Eltern, ihren Dienst an der Gemeinde, ihre Offenheit und ihr Bemühen, einander noch mehr zu lieben und noch besser zu verstehen. Unsere Familienbesuche sind jetzt immer sehr liebevoll. Wenn wir unsere Familien ehren und wertschätzen, weil sie uns gewählt haben, und weil sie ihr Bestes taten und die Freude nicht ausgehen ließen, dann haben wir Reife erlangt im Leben.

Aber wir wollen uns ja aus unserer Begrenztheit befreien. Irgendwo habe ich gelesen: "Überprüfe alles, was man dir beigebracht hat, und gib alles auf, was deine Seele beleidigt!" Ich verkörpere die Gaben meiner Eltern, aber ich entscheide mich für die Meisterschaft auf der Erde, und anstatt zu sterben, verwirkliche ich lieber mein höheres Ich.

Es ist schwer, sich von Familienmustern zu lösen, weil wir glauben, daß wir aus Liebe alles so machen müssen, wie unsere Eltern und Großeltern es gemacht haben. Wenn wir Traditionen wie das Altern und den Tod zurückweisen, empfinden wir uns vielleicht als lieblos, respektlos und unloyal. Wir müssen uns klarmachen, daß wir unseren Eltern und unserer Familie das größte Geschenk machen, wenn wir uns von den Beschränkungen lösen, die uns beigebracht wurden. Jedes Wesen ist unsterblich! Wir helfen unseren Nächsten in ihrer seelischen Entwicklung noch viel mehr als dem Rest der Menschheit. Weil meine Mutter und mein Vater das unbegrenzte Szenario schon einmal kannten, das ich ihnen jetzt übergestülpt habe, werden sie in ihrer nächsten Inkarnation einen Vorsprung haben. Auch wenn deine Eltern dich jetzt nicht hören können, verstehen sie dich tief im Innern und profitieren sehr von deinem Wachstum. Und da Familien oft gemeinsam durch Reinkarnationen reisen und dein Kind in diesem Leben vielleicht einmal deine Großmutter war, nützt du auch unmittelbar deinen Vorfahren damit.

Das Lösen von familiären Beschränkungen ist für mich mit viel Nachdenken verbunden. Ich möchte mit intelligentem und offenem Blick das anschauen, was ist, und mich neu entscheiden, wenn mir etwas nicht dient. Je größer die zeitliche und örtliche Entfernung zwischen dir und deiner Familie ist, desto leichter wird es dir fallen.

Gesellschaftliche Konditionierung klären

An unserem wahren, unbegrenzten Leben gemessen sind die Überzeugungen, die in der Gesellschaft als normal gelten, seltsam - im Grunde genommen wahnsinnig. Deshalb ist die Entscheidung oft schwer, wo man beginnen soll. Jede Überzeugung, daß wir etwas, was wir uns wünschen, nicht schnell, leicht, in vollkommener Unschuld und Übereinstimmung mit unserer Seele tun, bekommen oder sein können, ist völlig unangebracht. Und 90 Prozent unserer Überzeugungen gehen in diese Richtung! Zumindest theoretisch haben wir uns auch einige Überzeugungen angeeignet, die von Wahrheit erfüllt sind. Dazu gehört zum Beispiel, unseren Nächsten wie uns selbst zu lieben, nicht zu töten und nicht zu stehlen. Doch meistens sind diese Überzeugungen negativ formuliert: Du sollst nicht! Höflichkeit und Nettigkeit sind ein gesellschaftliches Gebot und ölen unseren Umgang mit der Außenwelt, aber sie kommen meist nicht von Herzen. (Unser Umgang mit der Außenwelt kann aber auch liebevoll sein.)

Um diesem Labyrinth einschränkender Überzeugungen zu entrinnen, müssen wir sie uns bewußt machen und uns neu entscheiden. Das entwickelt sich mit der Zeit. Geduld ist angesagt. Eine große Hilfe ist die Erkenntnis, daß Zeitungen und Fernsehen (und besonders die Nachrichten im Fernsehen) keine Tatsachen bringen, sondern uns zeigen, worauf sich unsere Gesellschaft verlegt hat. Und die Betonung ist meistens auf dem Negativen! Wenn wir unsere Aufmerksamkeit von den Medien abwenden, können wir uns entspannen, durchatmen, uns aus ihrem Bann lösen und Platz für befriedigendere Dinge machen. Ich lese zur Zeit zum Beispiel nur die Sonntagszeitung, um auf dem laufenden darüber zu bleiben, wie die Gesellschaft denkt, und schaue mir nur selten die Nachrichten im Fernsehen an.

Wieder erkennen wir, daß die Wahrheit nicht vom Verstand kommt. Sie übersteigt den Verstand. Im *Tao Te King* heißt es:

Das Unnennbare ist die ewige Realität.

Der Klärungsprozeß hat sich in den letzten drei Jahrzehnten enorm beschleunigt. Viele haben von der Psychologie gelernt, die auf Erfahrung beruht und Macht verleiht, von Körperarbeit und Bewegung, bewußtem Atmen, Zusammenschluß in Gruppen und anderen Methoden, die aus der inneren Weisheit kommen. Zudem wurde das kollektive Unbewußte der Menschheit in einem für eine so kurze Zeit fast unwahrscheinlichen Ausmaß geklärt und gehoben. Als Leonard Orr zum Beispiel mit Rebirthing begann, kam es beim Atmen oft zu Krämpfen und zu großem emotionalem Schmerz. Ein paar Jährchen später hatte das stark nachgelassen. Jedesmal wenn wir etwas heilen, tragen wir zur Heilung aller Menschen auf dem Planeten und zur Heilung des Planeten selbst bei.

Die neuen Klärungsmethoden bauen auf den alten auf, und jetzt gibt es Hilfsmittel, mit denen wir den Klärungsprozeß beschleunigen können. Dazu gehören besonders das Neurolinguistische Progammieren und seine Ableger. Alle Methoden - alte und neue - haben ihre Kraft und ihre Berechtigung. Dein bisheriger Klärungsprozeß ist perfekt. Du bist bei jedem Schritt richtig geleitet.

Es gibt noch eine Menge zu tun, und wir müssen uns ein Herz fassen und daran glauben, daß wir es tun können, daß wir schon dabei sind, es zu tun, und daß wir es zur Meisterschaft im Leben bringen werden - hier auf der Erde und in den lichteren Sphären. Als ich einmal besonders entmutigt war, kam der Meister Serapis Bey innerlich zu mir. Er rügte mich ernsthaft und gleichzeitig liebevoll. "Keine der Schwierigkeiten, die du erfährst", sagte er, "war für diejenigen, die jetzt Meister sind, weniger schwierig."

Jeder Meister war einmal ein Mensch wie du und ich. Was sie oder er getan hat, können wir auch.

8 Zur eigenen Macht stehen

Macht ist ein Teil des Göttlichen; du selbst bist die Macht. Auch wenn du nicht daran glaubst, bist du mächtig, vollkommen mächtig. Alle deine starken Überzeugungen manifestieren sich und erschaffen deine Realität. Welche dienen dir nicht mehr? Forme dir neue Gedanken und erschaffe das, was du dir wirklich wünschst. Macht ist Liebe, und Liebe ist Macht. Die beiden sind eins.

Sich neu definieren

Du bist unendlich kostbar, wirst unendlich geliebt. Die Gottheit, von der du ein Teil bist, sieht nur die Wahrheit deiner Göttlichkeit und Unschuld. Es gibt keinen schöneren Grund, dich selbst zu lieben, zu achten und dir zu vertrauen, als das Wissen, daß du ein Teil Gottes bist. Du bist Liebe und Licht, Weisheit und Macht Gottes.

Aber dein Leben ist gleichzeitig auch Ausdruck deines Selbstbildes. So wie du dich wahrnimmst, werden sich deine Wirklichkeit und deine Erfahrungen gestalten. Deshalb ist es wichtig, daß wir uns unsere Denkmuster bewußt machen und sie verändern.

Stell dir eine Königin und eine Dienerin vor, die sich durch ihre jeweiligen Rollen im Leben definieren. Wenn sie bei der Geburt vertauscht worden wären, würde sich die Dienerin jetzt als Königin definieren und umgekehrt.

Das große Hindernis der Menschheit ist der Selbstzweifel, der Mangel an Selbstachtung. Die Überzeugungen der Vergangenheit sind in unserem Leben so fest verankert, daß wir sie kaum erkennen, geschweige denn ablegen und durch die Wahrheit ersetzen können. Aber dazu sind wir hier! Bevor wir an eine Flucht aus unserem Gefängnis denken können, muß uns erst einmal klar sein, daß wir Gefangene sind. Wir müssen uns unseren ganzen logischen Untersatz bewußt machen.

Im Grunde sitzen wir alle im selben Boot: Königin und Dienstmagd, Millionär und Bettler sind in der Vorstellung gefangen, daß wir nichts weiter sind als unsere Körper - die Rolle, die wir gerade spielen -, und daß die Materie die ganze Realität unseres Lebens ist.

Unser Denkmuster ist simpel: Ich bin das und das; das kann ich, das kann ich nicht; so ist mein Leben. Oft spiegeln sich auch gängige gesellschaftliche Denkmuster in unseren Gedanken wider: Du wirst geboren, du wächst auf, alterst und stirbst; halte an dem fest, was du hast, denn das gibt Sicherheit, und das Unbekannte macht nur Angst... Es ist nicht einfach, diesen Mustern auf den Grund zu gehen und uns von eigenen und gesellschaftlichen Definitionen zu trennen, die uns einschränken. Doch wenn wir hier Fortschritte machen, werden wir unser göttliches Selbst mit immer größerer Freiheit leben und zum Ausdruck bringen können.

Einige Lehrer empfehlen, ein Tagebuch zu führen. Da sich unsere Gedanken ständig ändern, kann uns ein objektiver Blick auf unser Denken die Augen öffnen!

Jedesmal, wenn wir denken, daß wir etwas nicht tun können, belügen wir uns. Als ich 'Ascension Mastery International' gegründet hatte und nach einem Logo suchte, sah ich in meiner Vorstellung eine Pyramide und einen Kreis. Ich ließ mir von einer professionellen Designerin ein paar sehr hübsche Entwürfe machen, doch keiner entsprach so richtig meiner Vorstellung. Ich machte ein paar Vorschläge, aber daraus wurde auch nichts.

Schließlich setzte ich mich selbst hin. Ich zeichnete und radierte, zeichnete und radierte, und auf einmal hatte ich das Logo. Meine Seele hatte es mir gezeigt. (Der Designerin gefiel es nicht, weil es mein Werk war und nicht das ihre!)

Niemals hatte ich mir das Wissen zugestanden, daß ich genauso gut zeichnen kann wie andere, da ich ein Teil von Gott/Göttin bin. Nun erkannte ich, daß wir alles tun, sein und haben können, was wir wollen - manchmal sofort, manchmal mit der Zeit, nach bestimmten Vorbereitungen oder einer bestimmten Ausbildung. Und wir alle können die Meisterschaft erlangen.

Die Angst vor der Macht überwinden

Die meisten von uns fürchten sich aus allen möglichen Gründen vor ihrer eigenen Macht. Am verbreitetsten ist wohl die Furcht, daß wir unsere Familie und Freunde an Status, Einkommen, Wissen, Erfolg oder durch die Entfaltung eines besonderen Talents übertreffen und deshalb nicht mehr geliebt werden oder nicht mehr dazugehören. Die anderen könnten denken, daß wir etwas Besseres sind (oder es geht ihnen auf einmal auf, daß auch sie zu etwas Großem geboren sind und es nicht eingelöst haben), und das würden sie uns übel nehmen. (Ist es nicht seltsam, daß jeder denkt, Filmschauspieler oder gefeierte Sportler seien anders oder 'etwas Besseres', weil sie eine besondere Fähigkeit entwickelt haben?)

Dazu kommt die Furcht, daß wir niedergemacht werden, sobald wir die Aufmerksamkeit auf uns ziehen. Gründe für diese Furcht gibt es in der Geschichte zur Genüge.

Die meisten von uns, die in der Vergangenheit manchmal "böse" waren, haben sich deswegen zur Rechenschaft gezogen oder auch verurteilt. Wir haben selbst gesehen, wie wir anderen Schmerz zufügten, und nun trauen wir uns nicht mehr zu, verantwortlich mit Macht umzugehen.

Da solche Gefühle normalerweise verschüttet sind, merken wir gar nicht, daß sie uns steuern und uns daran hindern, unsere Größe zum Ausdruck zu bringen. Immer wenn wir uns entschließen, uns in irgendeinem Bereich weiterzuentwickeln, haben wir Gelegenheit, unsere unterschwelligen Ängste kennenzulernen und zu überwinden.

Als Nelson Mandela 1994 sein Amt als Präsident von Südafrika antrat, sagte er in seiner Ansprache:

Im geheimen fürchten wir uns nicht vor unserer Unzulänglichkeit. Im geheimen fürchten wir uns davor, daß wir unermeßliche Macht besitzen. Wir erschrecken nicht vor unserer Dunkelheit, sondern vor unserem Licht. Wir fragen uns: Warum soll ausgerechnet ich brillant, großartig, talentiert, fabelhaft sein? Und warum sollst ausgerechnet du es nicht sein? Du bist ein Kind Gottes. Daß du dich klein machst, dient der Welt nicht. Du hilfst niemandem, wenn du schrumpfst, nur um niemanden in deiner Nähe zu verunsichern. Wir wurden geboren, um den Glanz Gottes zu manifestieren, der in uns ist. Er ist in uns allen und nicht nur in einigen wenigen Leuten. Indem wir unser eigenes Licht leuchten lassen, geben wir unbewußt anderen die Erlaubnis, das gleiche zu tun. Wenn wir uns von unseren eigenen Ängsten befreit haben, befreien wir mit unserer Gegenwart automatisch die anderen.

Wir sind beschützt

Wir können unsere Macht nicht spüren, wenn wir uns unsicher fühlen. Die Menschheit hat immer noch so viel verschütteten Schmerz in sich, daß - physischer und emotionaler - Mißbrauch im Leben vieler Menschen eine Rolle spielt. Wer als Kind mißbraucht wurde, wird es besonders schwierig finden, sich völlig beschützt zu fühlen.

Um Schutz zu bitten - von unserer göttlichen Gegenwart, von einem geliebten Meister oder jemandem, der für uns richtig ist -, kann Wunder wirken. Dieser Schutz ist real und wirkt auf allen Ebenen. Der Schlüssel liegt im Wissen, daß er real ist, und im Annehmen.

Ich fuhr mit ein paar Freunden und einem Führer auf einem Floß den Klamath River hinunter. Ich hockte auf der rechten Seite, als wir in eine Stromschnelle kamen. Wir versuchten, unser Gleichgewicht zu halten, waren aber so nah am Ufer, daß wir zusätzlich auch noch überhängenden Ästen ausweichen mußten. Als sich das Floß nach links drehte, verlor ich plötzlich das Gleichgewicht und fiel rückwärts ins Wasser. Da schob mich eine unsichtbare Hand sanft und doch kraftvoll zurück auf das Floß.

Eine Frau erzählte mir die folgende Erfahrung. Sie fuhr mit ihrem Wagen auf einer zweispurigen Landstraße hinter einem langsamen Lastwagen her. Als sie glaubte, daß die Gegenspur frei war, setzte sie zum Überholen an. Aber plötzlich kam ihr ein Wagen entgegen, den sie vorher nicht gesehen hatte, und alles sah nach einem Frontalzusammenstoß aus. Die Bäume auf beiden Seiten der Straße machten ein Ausweichen unmöglich. Und dann war sie auf einmal irgendwie an dem anderen Auto vorbei. Es schien, als ob beide Fahrzeuge durch einander durchgefahren waren!

Wenn wir Schutz herbeirufen und ihn annehmen, dann sind wir beschützt. Das gilt auch für die psychische oder emotionale Ebene. Mit dem Gefühl, emotional beschützt zu sein, ist es vielleicht etwas komplizierter, weil es voraussetzt, daß wir mit furchteinflößenden Beziehungen umgehen können. Du mußt bereit sein, all deinen Mut zusammenzunehmen und dich gegenüber jemandem behaupten, von dem du dich bedrängt fühlst. Du muß wissen, daß du unverletzlich bist. Das kann ein ungeheurer Lernprozeß sein.

Ein wichtiges Mittel, sich psychisch zu schützen, ist das Schließen der Aura. Sag dir, daß sie göttliche Liebe und Licht ist und daß nichts anderes in deine Nähe kommen kann. Damit wird ein Übergriff in deine psychische Intimsphäre unmöglich gemacht. Sag einfach still oder laut, aber mit Nachdruck:

"Ich schließe jetzt meine Aura und lasse nur göttliche Liebe und Licht an mich heran." Du kannst diesen Gedanken natürlich auch mit eigenen Worten formulieren.

Unterscheidungsvermögen

Ein besonders wichtiger und nützlicher Aspekt unseres Einsseins mit dem Göttlichen ist die Souveränität, die uns aus dem Unterscheidungsvermögen entsteht. Unterscheidungsvermögen ist in erster Linie eine Funktion des feinen Gespürs, das wir in der Tiefe unserer Psyche besitzen; wir entwickeln es, indem wir lernen, diesem Gespür zu vertrauen. (Intelligentes Beobachten und Analysieren können ein wichtiger erster Schritt sein; allmählich werden sie dann Teil unseres Gefühls "aus dem Bauch".)

Wenn unser Unterscheidungsvermögen funktioniert, spüren und wissen wir, ob eine Entscheidung, eine Beziehung, ein Weg, ein Lehrer für uns stimmig sind. Wir lassen uns nicht mehr hinters Licht führen, wenigstens nicht auf die Dauer. Wie die Stehaufmännchen, die ein Gewicht in ihrer Basis haben und deshalb niemals umfallen können, haben wir einen eingebauten Gleichgewichtsmechanismus. Wir sind in unserer eigenen Wahrheit, unserem eigenen Wissen zentriert.

Diese Grundvoraussetzung ist das Fundament für unser spirituelles Leben. Denn wir können nur dann dem eigenen Herzen folgen, wenn wir nicht hin- und hergerissen sind durch Erwartungen oder Wünsche, die andere an uns herantragen, durch beschränkte gesellschaftliche Denkmuster, durch Lehrer oder Botschaften, die uns kurzzeitig mitreißen. Unser Unterscheidungsvermögen zeigt uns immer den richtigen Weg.

Kleiner Hinweis: Wenn ein Lehrer dich an sich binden will - und wenn es noch so subtil geschieht -, wenn er dir zu verstehen gibt, daß er über dir steht, wenn er versucht, dich abhängig zu machen, wenn er alle Antworten für dich hat und in dir nicht die gleiche Göttlichkeit und Fähigkeit sieht wie in sich selbst, dann kannst du das als großes rotes Warnlicht interpretieren.

Es gibt Beziehungen im alten Stil zwischen Guru und Jünger wie zwischen Yogananda und seinem Guru Sri Yukteswar, die dem obengenannten Szenario verdächtig ähnlich sehen. Yukteswar erwartete tatsächlich Gehorsam, auch wenn er nie darauf bestand. Aber er war ein reiner, zutiefst vertrauenswürdiger Lehrer, und Yogananda wußte das, denn er besaß dieses feine Gespür für die Unterschiede.

Wenn dein Lehrer dich bloßstellt, erkennst du manchmal in einem einzigen Augenblick, manchmal aber auch erst nach einem jahrelangen Lernprozeß, daß du ihm oder ihr ebenbürtig bist und daß du am besten weißt, was für dich richtig ist. Alles hat seinen Ort und seine Zeit, und im Grunde können wir gar keine Fehler machen. Denn alles, was uns anzieht, liegt auf unserem Pfad und ist eine notwendige Lernerfahrung, die sich immer zum Guten auswirkt.

Wenn ein Lehrer dir dagegen hilft, zur eigenen Macht zu stehen, den eigenen Weg zu finden und die eigene Göttlichkeit zu erkennen, wenn er oder sie dich in deinem Wissen bestätigt, daß deine Antworten in dir selbst sind, und dich auf deinem eigenen Weg fördert, dann ist es ein richtiger Lehrer für dich.

Die meisten Lehren sind zwiespältig, weil sie sowohl Wahrheiten als auch Unwahrheiten enthalten. Einmal wurde ich mit einer Lehre bekannt gemacht, die ich sehr attraktiv fand. An den Wänden hingen

Bilder von aufgestiegenen Meistern, und es gab gechannelte Bücher, die mir wertvoll erschienen. Kurz danach erhielt ich eine Botschaft vom Meister El Morya, den ich durch diese Lehre kennenlernte. Ich rief den Mann an, der mich eingeführt hatte, um ihm zu danken und erzählte ihm von der wunderbaren Botschaft. "Nein!" rief er. "Das war ein Betrüger! Nur (sein Geistführer) kann El Morya channeln." "Vielen Dank", sagte ich und legte auf.

Auch eine Lehre, zu der du dich hingezogen fühlst, obwohl du sie als zwiespältig erkennst, kann dir manchmal das geben, was du im Augenblick gerade brauchst. Aber nach Möglichkeit sollten wir uns zu unserem eigenen Besten an einen reinen Lehrer oder eine reine Lehre halten. Es gibt nicht allzu viele davon, aber es gibt sie!

Jede Lehre, jede Disziplin wie Astrologie, Handlesen oder Graphologie, kann Wahrheit enthalten, denn alles ist ein Hologramm: Jeder Teil des Ganzen steht für das Ganze. Maßgeblich ist immer, mit welchem Bewußtsein diese Hilfsmittel eingesetzt werden. Wenn der Anwender hoch entwickelt ist und sich am Göttlichen orientiert, kann er/sie anderen damit einen großen Dienst erweisen.

Das Leben neu definieren

Erst wenn wir die Gesetze des Lebens verstehen, können wir wirklich fühlen, mächtig sein und überzeugend sprechen, denn dann sprechen wir die Wahrheit. Hier einige dieser Gesetze:

* Ich bin eins mit meiner Göttlichkeit. Ich bin göttlich. Ich vereine in mir alle Aspekte des Göttlichen.
* Alles ist göttlich, alles ist eins.
* Gedanken/Gefühle sind schöpferisch.
* Meine vorherrschenden - bewußten und unbewußten - Gedanken erschaffen meine Wirklichkeit. Mein Leben entspricht genau dem Plan, den ich auf einer bestimmten Ebene meines Daseins gemacht habe.
* Wir erschaffen gemeinsam, indem wir uns gegenseitig als Spiegel dienen. Damit helfen wir einander, an Weisheit zu wachsen. Ich bin kein Opfer.

* Die Göttlichkeit in mir ist die schöpferische Kraft meines Lebens. Was erschaffen wurde, kann neu erschaffen werden.
* Wir alle sind unserem Wesen nach gut, unschuldig und Teil der Gottheit. Gemessen an unserem Wissen tun wir unser Bestes. Wir alle verdienen Liebe und Vergebung.
* Indem ich das Leben bejahe, es annehme und im Fluß bleibe, habe ich die Macht, Veränderungen vorzunehmen, wenn ich es wünsche.
* Manchmal ist energetisches Handeln angebracht. Am besten für alle Beteiligten ist immer, wenn ich die Liebe zu meiner Richtschnur mache.
* "Gottgeschickte" Ereignisse, zum Beispiel Überschwemmungen, sind keine Zufälle, sondern Reaktionen auf die Gedankenformen der Betroffenen.
* Alles geschieht zum Besten. Mein Leben ist gut.
* Es gibt in Gott keinen Verlust. Ich lasse das Vergangene los. Etwas Besseres wird an seine Stelle treten.
* Indem ich mich auf meine Göttlichkeit besinne, sorge ich dafür, daß mein Erfolg in der Form und zu dem Zeitpunkt kommen wird, die für mich richtig sind. Das gleiche gilt für alle.

Die Macht des Denkens

Wenn wir einen Gedanken bemerken, der uns schwächt, können wir ihn gezielt verändern.

Ein Teil unseres Denkens läßt sich unmittelbar verändern. Ein Hollywood-Produzent wußte ganz einfach, daß in New York alle Taxifahrer mürrisch und unhöflich sind und ihn gern übers Ohr hauen. Deshalb machte er Jahr für Jahr diese Erfahrung. Als er wieder einmal in New York war, beschloß er, daß diesmal alle Taxifahrer freundlich und ehrlich sein würden. Und so war es dann auch während des gesamten Aufenthalts. Seine alte Überzeugung hatte sich mit einem Schlag geändert, und er blieb dabei.

Der größte Teil des Denkens wandelt sich jedoch langsamer. Geduld ist angesagt! Wenn du zum Beispiel den Gedanken ändern möchtest, daß du nicht viel wert bist, dann liebe dich, behandle dich gut und sprich freundlich mit dir. Halte dich von Leuten fern, die dich herunterziehen. Ermutige dich. Halte dich an Menschen, die so sind, wie du sein möchtest, oder die das getan haben, was du gern tun würdest. Es gibt keinen Unterschied zwischen dir und ihnen. Du kannst so sein wie sie. Du kannst tun, was sie getan haben. Denk an die Leute, die sich aus dem Ghetto oder aus Mißbrauch herausgearbeitet haben und nun groß sind. Das schaffst du auch!

Ziehe deine Seele zu Rate, auch wenn du meinst, daß du keine gute Verbindung zu ihr hast. Bitte um schöpferische Ideen, die dich in deine neue Richtung bringen. Sei dann offen für alles, was kommt. Vielleicht erhältst du einen Vorschlag von Freunden, vielleicht kommt dir auf einmal selbst ein Einfall.

Die Magie des Wortes

Was ist ein Wort? Ein paar aneinandergereihte Laute, die nichts bedeuten - oder nur deshalb etwas bedeuten, weil wir ihnen Bedeutung geben. Was heißt "sevgi"? Klingt türkisch! Was heißt "Nott"? Gar nichts. Mach aus dem "N" ein "G" - dann verstehe ich dich.

Obwohl ein Wort an sich nichts bedeutet, wird die Bedeutung unseres Wortes vom ganzen Universum gestützt, wenn wir es - laut oder leise - mit Absicht sprechen.

Nichts verleiht dir größere Macht, als wenn du auf der Grundlage der Lebensgesetze die Wahrheit über dich und dein Leben sprichst. Auf diese Weise wirst du dich nie als Opfer fühlen. Wenn du Verantwortung für die schwierigen Dinge übernimmst, die sich in deinem Leben ereignen, und dabei nicht aufhörst, dich (und die Menschen in deiner Nähe) zu lieben, wird sich deine Lage verbessern.

Wenn du dich auch dann lieben kannst, wenn du Erfolg hast, wenn du deinen Erfolg wohlwollend annimmst, bescheiden bleibst, dich nicht über die anderen erhebst und diese Haltung auch in deinen Worten zum Ausdruck kommt, dann ist deine Göttlichkeit in Aktion!

Ich habe die Macht des gesprochenen Wortes erfahren, aber auch seine Ohnmacht. "Lieber Gott, ich will im Lotto gewinnen, und zwar jetzt!" Oje. Durch Versuch und Irrtum erkennen wir, daß unser Wort in dem Maße Macht besitzt, in dem wir Klarheit haben, das heißt vollständig in unserem Wort sind. Wenn sich etwas nicht manifestiert, dann wünschen wir noch nicht klar genug, daß es sich manifestiert. Oft reicht unsere Konzentration einfach nicht aus. Andere Stimmen in uns wollen etwas anderes oder wir konzentrieren uns nicht lange genug auf unseren Wunsch, so daß er sich nicht in der physischen Welt manifestieren kann. Als ich zum Beispiel wieder einmal umziehen wollte, war ich mir in Wirklichkeit nicht im klaren, ob ich mein neues Zuhause annehmen würde. Deshalb wartete es auf meine Klarheit.

Klarheit ist ein beständiger Lernprozeß. Er bezieht unser Unbewußtes ein, unsere vergangenen Leben sowie das gegenwärtige, den emotionalen und mentalen Körper und unsere Bereitschaft, verschütteten Ängsten ins Auge zu blicken und einschränkende Überzeugungen auf der tiefsten Ebene zu verwandeln oder alle Überzeugungen hinter uns zu lassen. Aber wenn wir einmal Klarheit in bezug auf einen Wunsch gewonnen haben, dann wird sich dieser mit Sicherheit manifestieren.

Was sagen wir?

Unser gesprochenes Wort ist schöpferisch, denn das Universum, Gott/Göttin, alles ist hier und jetzt schöpferisch. Was wir im Jetzt sagen, wird gehört, und alles, was ist, handelt sofort in diesem Sinne. "Ich bin erkältet." So sei es. "Ich habe nicht genug Geld, um das zu tun." So sei es. "Ich weiß nicht." So sei es. "Ich kann das nicht." So sei es.

Solche Sätze sind in unserer Kultur gang und gäbe, so daß sie uns praktisch gar nicht zum Bewußtsein kommen. Meist sprechen wir unbewußt. (Die beiden letzten Sätze setzen wir jetzt in die Vergangenheit!) Aber das Universum ist völlige Bewußtheit. Was immer wir sagen und glauben: Ja, es ist da. Es ist vor unseren Augen, bevor wir noch kapiert haben, daß wir selbst es dahin gestellt haben.

Mach dir bewußt, wie du denkst und sprichst. Was hört das Universum von dir (und erschafft es dann für dich)? Das Universum antwortet dir auf alles, was du glaubst, mit einem eindeutigen Ja!

Hier ein paar Vorschläge, um solche gängigen Äußerungen zu verändern:

* "Ich fühle mich körperlich nicht wohl. - Ich bin die unerschöpfliche Energie und Ganzheit des Universums."
* "Ich bin der unerschöpfliche Reichtum Gottes. Ich habe genug Geld, um alles zu tun, was ich tun möchte. Ich manifestiere dies jetzt."
* "Ich weiß. Ich bringe mein Wissen ans Licht. Ich werde bald wissen."
* "Ich bin Teil des Göttlichen, deshalb bin ich allmächtig. Ich kann alles, was ich will."
* "Früher hatte ich Probleme (mit einer Sache), aber jetzt ändert sich das. Es fällt von Tag zu Tag leichter. Es fällt mir jetzt leicht."

Affirmationen, die die Wahrheit enthalten und mit den Worten "Ich bin" beginnen, sind ganz besonders kraftvoll.

Sei geduldig mit dir und deinem Wandlungsprozeß. Wenn du Wahrheiten affirmierst, damit die Dinge in Gang kommen, aber im Grunde noch gar nicht an sie glauben kannst, dann stell dir einfach vor, daß du jetzt die Arbeit des Säens verrichtest. Wenn die Zeit reif ist, wirst du die Früchte ernten. Der Wandel wird sich vielleicht nicht über Nacht einstellen, aber du weißt, daß du dich mitten im Verwandlungsprozeß befindest.

Schau dir an, was du schon gemeistert hast. Hast du ein Zuhause? Hast du genug zu essen? Ja? Dann bist du ein Meister in diesen Bereichen. Viele Menschen auf der Erde haben das noch nicht geschafft. Schau dir an, wie du darüber denkst. Nimmst du Meisterschaft, wo du sie schon erreicht hast, als gegeben hin?

Auch in den Bereichen, die du dir jetzt vornimmst, wirst du es zur Meisterschaft bringen, wenn du dich ihnen ernsthaft widmest und Geduld übst.

Sanskrit zum Beispiel

Es gibt sakrale Sprachen auf der Erde, und die sakralste ist wahrscheinlich das Sanskrit. In dieser Sprache trägt der Klang der Wörter die Frequenz oder Schwingung des Bezeichneten selbst. So schwingt zum Beispiel das Wort *vidya*, Weisheit, in der Frequenz der Weisheit.

Das Chanten oder wiederholte Rezitieren eines Mantras (d.h. eines Satzes oder Wortes) in Sanskrit oder einer anderen sakralen Sprache (zum Beispiel der hebräischen) stellt ein Gegengewicht zur Kakophonie des modernen Lebens dar und verhilft dem Körper und dem ganzen Wesen zu Frieden und Macht. Ein bekanntes Mantra ist "Om Namah' Shivay", das soviel wie "Gott ist in mir" bedeutet. Das Chanten des universellen schöpferischen Wortes "Om" allein ist schon sehr kraftvoll.

Ob in Sanskrit, Englisch, Deutsch oder in einer anderen Sprache: Dein Wort ist allmächtig. So sei es.

Macht in Aktion

Kraftvolles Handeln setzt ein paar Fertigkeiten voraus. Wir müssen spüren, daß wir mächtig sind, denken, daß wir etwas "tun können", kraftvoll sprechen und uns nicht davor fürchten, daß wir etwas in der Welt bewirken. Damit sich Macht segensreich ausdrücken kann, ist auch eine gute Portion Weisheit erforderlich.

Dazu kommt die Macht der klaren, ehrlichen Rede, in der sich Respekt und Ebenbürtigkeit mit den anderen ausdrückt. Ein wenig mehr davon würde allen unseren Beziehungen guttun. Kraftvolles Handeln in der Welt setzt eine klare Kommunikation voraus.

Ein leidenschaftlicher Wunsch gibt uns immer auch die Mittel an die Hand, mit denen er sich erfüllen läßt. Der Sänger Bruce Springsteen sagte von seinen Eltern: "Sie haben nicht verstanden, daß ich alles will."

Der Wunsch zu dienen kann kraftvolles Handeln hervorbringen. Es gibt viele bewegende Geschichten von Menschen, die den Entschluß faßten, Leidenden zu helfen, weil sie selbst oder ein geliebter Mensch mit dem gleichen Leiden oder Problem kämpften. Wahrhaft große Politiker, denen es um das Wohl der Menschen geht, haben gelernt, in einem noch nicht erleuchteten System durch Liebe zu dienen.

Der Wunsch nach Erleuchtung bringt kraftvolles inneres Handeln hervor. Ein junger Mann kam einmal zu einem großen tibetischen Lama und wollte bei ihm studieren. Der Lama führte ihn zu einem Bach, tauchte ihm den Kopf unter Wasser und hielt ihn dort fest. Der junge Mann schlug wild mit den Armen um sich und versuchte, sich freizukämpfen. Als der Lama den Kopf des Möchtegern-Studenten endlich aus dem Bach hob, sagte er: "Wenn du die Wahrheit so sehr willst, wie du die Luft wolltest, dann komm zu mir."

Die Macht, Prophezeiungen zu verwandeln

Das Zeitalter des Lichts! Unsere Herzen werden sich unwiderruflich verwandeln. Alles wird sich verändern, nichts wird mehr wiederzuerkennen sein: unser Geist und Körper, unsere heutigen Gesellschaftsstrukturen und unsere Umwelt.

Ist es unumgänglich, daß die Geburt dieses wunderbaren Zeitalters Verheerungen mit sich bringt, die ganze Städte auslöschen und ganze Landstriche im Meer versinken lassen? Vielleicht, vielleicht aber auch nicht.

Viele von uns haben sich von ihrer Macht abgetrennt. Unser Glaube an Prophezeiungen vom nahenden Untergang entspringt der Furcht und nicht der Liebe.

Einige Propheten des "Umbruchs auf der Erde" sind in Kontakt mit der Seele, andere mit Quellen von untergeordneter Bedeutung. Aber spielen wir einmal die Möglichkeit durch, daß jede Prophezeiung auf Wahrheit beruht. Was würde das für uns bedeuten?

Ich will diese Frage mit einer anderen beantworten: Wer sind wir? Wenn wir unsere innere Weisheit annehmen, wissen wir, daß wir göttlich sind - Teil des Christus, der seinen Ursprung in Gott hat. Wir besitzen große Schöpferkraft und können die Zukunft beeinflussen, indem wir entscheiden, wie wir sie haben wollen.

Es hat schon genug Trauma und Schmerz im Drama der Menschheit gegeben. Es ist Zeit, daß wir uns beruhigen und endlich das Göttliche hier auf der Erde zum Ausdruck bringen, daß wir die Erde in ein Paradies verwandeln. Große Verheerungen würden für Millionen von Menschen bedeuten, daß sie noch mehr Karma umzuwandeln haben, bevor sie zu ihrer Göttlichkeit zurückkehren können. Findest du, das wäre ein gutes Szenario?

Gute Propheten wissen, daß sie zukünftige Möglichkeiten aufzeigen, die sich aber nur dann manifestieren, wenn wir die eingeschlagene Route beibehalten. Die Aufgabe eines Propheten besteht nicht nur darin, uns auf diese Möglichkeiten hinzuweisen; er/sie muß auch die Kräfte wecken, die uns helfen können, die Richtung zu ändern. An uns liegt es dann, die Richtung tatsächlich zu ändern, damit diese Möglichkeiten nicht eintreten können. Gute Propheten müssen sich zum Narren machen können, und das möglichst oft. Dann verdienen sie es, daß wir ihnen anerkennend auf die Schulter klopfen.

Ein bekannter Prophet, dessen Voraussagen oft eintrafen, sagte ein gewaltiges Erdbeben für den 9. Mai 1993 vorher, das aber ausblieb. Wir hatten daran gearbeitet, es zu verwandeln, und konnten es gemeinsam mit den Menschen in Los Angeles verhindern.

Der aufgestiegene Meister Mafu sagt in seinem Video "The Journey Home", daß er bestimmte Katastrophen angekündigt hatte, die aber nie eintraten, weil wir uns gegen sie entschieden hatten.

Das Paar, das die Landkarte "Ich bin Amerika" zeichnete, auf der Kalifornien als Inselkette dargestellt ist, besuchte mich auf einer Reise durch Mt. Shasta. Die beiden sind liebenswürdige und vom Licht erfüllte Leute. Als ich ihnen sagte, daß ich nicht an eine solche Entwicklung glaube, antworteten sie: "Wir hoffen auch, daß es nicht geschieht. Wir sind aber angeleitet, diese Informationen bekannt zu machen." Ihre Landkarte hat sich übrigens im Lauf der Jahre beträchtlich verändert.

Vielleicht lassen sich nicht alle dramatischen Veränderungen abwenden. Eine Freundin von mir sah vor ein paar Jahren in einer Vision das große Erdbeben von Mexico City voraus. Gleichzeitig erfuhr sie durch ihre Seele, daß es unvermeidlich war. Die Menschen hatten sich dort unbewußt dafür entschieden, weil sie etwas aus der Erfahrung lernen wollten. Es mag andere unabwendbare Ereignisse dieser Art geben, aber wir sollten angesichts einer Prophezeiung niemals verzagen. Viele Voraussagen konnten schon abgewendet werden, und wir können noch viel mehr tun!

Ein Herr, der in Los Angeles lebt, entdeckte zum Beispiel, daß er dem Licht als Anker diente und dadurch mithalf, das Erdbeben von Los Angeles abzuwenden. Viele von uns beten allein und in Gruppen für einen sanften Wandlungsprozeß der Erde und affirmieren diesen. Ein sanfter Wandlungsprozeß ist genauso machtvoll, wird aber allen Beteiligten mehr Freude bereiten.

Wir sind nicht allein! Die aufgestiegenen Meister, Avatare und alle anderen Geburtshelfer unseres neuen, herrlichen Planeten arbeiten mit großem Eifer daran, diesen erstaunlichen Übergang harmonisch zu gestalten.

Macht im Alltag

Da es in unserer Welt noch Disharmonie gibt, ist unsere Macht noch Teil eines psychischen Schutzschildes. Wenn wir wissen, daß wir unverwundbar sind, wird das Lebens viel natürlicher fließen. Wenn wir es nicht wissen, werden wir auf die Probe gestellt!

Im Alltag manifestiert sich deine Macht, wenn du folgendes kannst und willst:

* klar und ehrlich kommunizieren
* zu dir stehen, die Stirn bieten, wenn dich jemand schikaniert
* dich behaupten, für deine Ideen, Wünsche und Bedürfnisse einstehen
* nein sagen, ja sagen
* eine Situation verlassen
* in einer schwierigen Situation bleiben, wenn du dazu angeleitet bist
* dich gegen die Erwartungen deiner Familie und der Gesellschaft behaupten
* mutig das tun, was du gern tun möchtest

* dich nicht durch die Werbung verführen lassen
* in einer Krise gelassen bleiben
* wissen, daß du beschützt bist
* dich weder von Lob noch von Tadel beeindrucken lassen
* dich und andere auf die angemessenste Weise vor Angriffen und Mißbrauch schützen
* dich und dein Leben unterstützen und harmonisch von anderen unterstützt werden
* delegieren, wenn es ansteht
* in der Welt herumkommen, ein Auto fahren
* Pläne effektiv ihn die Tat umsetzen
* das größere Gute annehmen, anstatt es zu sabotieren.

Wenn wir uns in irgendeinem dieser Bereiche entwickeln, in denen wir uns schwach fühlen, werden wir im Leben ein ganzes Stück weiterkommen.

Sei so, wie du sein möchtest!

Cary Grant sagte einmal in einem Interview, daß er so lange vorgab, das zu sein, was er sein wollte, bis er es schließlich war. "So tun als ob" wirkt sich immer auf die Realität aus: Du bist so, wie du dich verhältst, wie du dich fühlst. Wie oft sagte mir meine Seele: "Sei der aufgestiegene Meister, der du bist. Sei es jetzt. Spüre es. Sage es. Verhalte dich so. Geh so."

Viele erfolgreiche Menschen haben es ähnlich wie Cary Grant gemacht. Wenn wir uns kraftvoll im Leben ausdrücken, wenn wir in unserem Handeln Macht und Liebe vereinen, dann werden wir zu unserem Handeln, dann sind wir es.

Wirklich mächtig sein setzt Kühnheit und Fürsorge voraus sowie eine Verpflichtung dem Leben gegenüber und Vertrauen ins Leben. Das Leben wandelt sich beständig. Wenn wir ihm dahin folgen, wohin es uns führt, wenn wir unserem Herzen folgen, treiben oder springen wir immer ins Unbekannte. Manche Menschen haben Macht in den Augen der Welt, bewegen sich aber in Wirklichkeit auf einem eingefahrenen Gleis. Sie sind selbstgefällig geworden oder haben Angst vor dem Unbekannten und sind nicht wirklich lebendig. Versetz dich in deine Macht und begrüße das Neue, das Unbekannte!

Du hast in dir alles, was du brauchst, um ganz deine göttliche Macht zu sein.

9 Die Lebensziele erreichen

Ich bin hier, um zu erkennen, wer ich in meiner Einzigartigkeit bin, und um dieses zum Ausdruck zu bringen.

Dem Glücksempfinden folgen

Bist zu mit dem, was du tust, zufrieden? Führst du ein glückliches Leben? Entfaltet sich dein Leben jeden Tag neu? Bietet es dir Abenteuer? Bietet es dir das Risiko des Unbekannten? Wächst du, breitest du deine Flügel aus, vereinst du dich mit deiner Seele? Ja? Dann folgst du deinem Herzen. Nein? Dann solltest du ein paar Dinge überprüfen.

Das oberste Lebensziel jedes einzelnen ist die Erfahrung der eigenen Göttlichkeit und umfaßt viele Teilziele, die mit unseren Beziehungen, Aktivitäten usw. zu tun haben. Der Zweck unseres Kommens und die Art und Weise, wie wir ihn erfüllen, sind unendlich einzigartig. Wir sind hier, um unserem Herzen und unserem Glücksempfinden zu folgen, wo immer uns das hinführt und wie immer es aussehen mag.

Unsere Gesellschaft hält an einem ganzen Bündel von Überzeugungen fest, die uns das Recht auf diese elementare Freude absprechen:

* Im Leben geht es nicht um Freude.
* Du mußt dich abschuften, um gerade mal soviel (oder auch nicht soviel) zu verdienen, daß du über die Runden kommst.
* Wenn ich täte, was ich wirklich tun möchte, würde ich verhungern.
* Mein Vater hat das so gemacht, und meine Familie ist darauf angewiesen, daß ich in seine Fußstapfen trete. Also bleibt mir nichts anderes übrig.
* Ich bin ein Mann/eine Frau, ich habe einen bestimmten Hintergrund, gehöre einer bestimmten Gesellschaftsschicht an. Deshalb kann ich nicht tun, was ich eigentlich tun möchte.

Hier die "Gegenmittel":

* Im Leben geht es um Freude. Ich bin hier, um so glücklich wie nur möglich zu sein.

* Ich mache nur, was ich wirklich gern möchte. Mein Leben wird auf die vollkommenste Weise unterstützt.

* Mein Vater hat seine Ziele, ich habe meine. Wenn ich meinem eigenen Ruf folge, mache ich dem Leben, mir selbst und auch ihm das größte Geschenk.

* Mein Geschlecht, mein ethnischer Hintergrund, meine Herkunft, meine "gesellschaftliche Schicht" sind unwesentlich. Ich kann alles tun, was ich tun möchte.

Ziele und Beziehung

Die allererste Dynamik in unserem Leben ist unsere Beziehung zur Mutter und nach der Geburt die zur ganzen Familie. Fast immer ist die Klärung "karmischer" Beziehungen - Beziehungen, die seit vielen Leben zu unserem Reisegepäck gehören - ein Grundanliegen in unserem Leben. Wir verweisen hier ausdrücklich auf Beziehungen, weil viele Menschen ungelöste Beziehungsprobleme aus Kindheit, Ehe usw. mit sich herumschleppen und deshalb ihre Lebensziele nie erreichen können.

Die meisten von uns waren auch früher schon mit ihren Eltern oder zumindest mit einem Elternteil zusammen. Deine Mutter war in einem früheren Leben vielleicht einmal deine Schwester, dein Kind oder dein Freund. Die Beziehung zu deinem Mann, deiner Frau, deinen Kindern ist höchstwahrscheinlich karmischer Natur. Das gleiche gilt für enge Freundschaften und Geschäftsverbindungen. Manche Beziehungen sind selbst nicht karmisch, gehören aber zum karmischen "Typ". Das heißt, wir kennen den betreffenden Menschen selbst nicht von früher, aber ähnliche Menschen wie ihn.

Karmische Beziehungen können glücklich oder schwierig sein. Die schwierigen sind dazu da, damit wir etwas zum Abschluß bringen, damit wir etwas lernen, was wir bisher noch nicht gelernt haben. Bevor wir geboren wurden, beschlossen wir voller Liebe füreinander, daß wir zusammenkommen würden. Keine Beziehung ist zufällig. Wir müssen alles vergeben und loslassen, was zwischen uns ungelöst ist. Darin kann ein ganzes Lebenswerk bestehen.

Zum Glück sind die meisten von uns imstande, viele Ziele zu erreichen, ohne daß alle Beziehungen verarbeitet sein müssen. Unsere gesellschaftlich gängigen Überzeugungen in bezug auf intime Beziehungen und Ehe sind so wirr, daß nur sehr wenige diese gemeistert haben. Es gibt geniale Menschen in gräßlichen Beziehungen! Im Grunde sind wir alle genial, denn das Einssein mit Gott/Göttin macht uns dazu. Aber wir wollen nicht nur genial, sondern auch glücklich sein, und dazu müssen wir zumindest ein Minimum an Erleuchtung in unsere Beziehungen bringen.

Wenn uns von einem Elternteil eingehämmert wurde, daß wir vollkommen sein müssen, und wir diesen Gedanken übernommen hätten, können wir es in der Welt zu etwas bringen, können vielleicht sehr berühmt werden und uns dabei innerlich ganz schön elend fühlen. Denn unsere Leistungen entspringen dann nicht der Fülle und dem Glück, sondern der Notwendigkeit, unsere Vollkommenheit zu beweisen. Das ist nur eine von vielen Gedankenformen, die von Beziehungen übrigbleiben, die unsere Leistungen, unsere Gaben in der Welt mit Traurigkeit tränken können. Wahrscheinlich kennst du selbst oder vom Hörensagen solche Leute. Als Teil des Göttlichen sind wir immer schon vollkommen, und deshalb ist es nicht nötig, irgend etwas zu beweisen.

Zumindest wollen wir die "großen Brocken" klären: Gedankenmuster aus der Kindheit und aus anderen wichtigen Beziehungen, die uns und unser Leben betreffen und uns daran hindern, mit Freude zu leben, zu lieben und zu geben.

Gefühle und Ziele

Unsere Ziele sind tief mit unserem Fühlen verbunden. Wenn wir mit einer Sache zufrieden sind oder das Gefühl haben, daß sie für uns stimmig ist - wo wir leben, mit wem wir zusammen sind, wie wir eine wichtige Entscheidung vorantreiben - sind wir in Harmonie mit unserem Ziel. Es kann ganz einfach so sein, daß wir uns von einer bestimmten Sache oder Aktivität angezogen fühlen.

Wenn wir viel ungelösten Schmerz mit uns herumtragen (der oft in unserem Unbewußten verschüttet ist), dann kann uns unser Gefühl aber auch in die Irre führen. Das ist der Fall, wenn sich Menschen anderen gegenüber grausam verhalten, weil sie einen bestimmten Glauben haben oder einer religiösen Sekte angehören, weil sie weiß oder schwarz sind oder eine bestimmte Nationalität haben. Grausamkeit, das Gefühl, von den anderen abgetrennt zu sein und Bereicherung zum Schaden anderer sind niemals von der Seele geleitet. All das hat seine Berechtigung, wenn sich jemand im Lernprozeß befindet. Aber uns geht es hier darum, wie wir unsere Herzenswünsche entdecken und ihnen folgen können.

Manchmal verfangen wir uns in einem engen Rahmen und begrenzen dadurch unsere Möglichkeiten. Das geschieht häufig, wenn wir noch in Familienbindungen und -erwartungen verhaftet oder einfach nur festgefahren sind. Dann kommt es vor, daß wir das, was andere oder auch wir selbst für richtig halten, mit dem verwechseln, was in Wahrheit für uns am besten ist.

Wenn wir hier Klarheit schaffen, wird uns unsere Seele helfen, das zu fühlen, was unser Herz will. Dann wird uns unser Gespür für Glück und Stimmigkeit unseren Zielen mit absoluter Zuverlässigkeit näher bringen.

Findest du in der folgenden Liste einige deiner eigenen Ziele wieder? Was sagt dir dein Gefühl?

* Karma mit Eltern, Mann oder Frau, Kindern und anderen Verwandten klären, die du schon aus anderen Leben kennst
* Kinder großziehen
* ausruhen und versorgt sein (Ich war überrascht, als ich erfuhr, daß Ausruhen ein echtes Ziel sein kann.)
* reisen
* dich phantastisch mit Computern auskennen
* mit Kindern, alten Menschen, Kranken oder psychisch Kranken, mit Tieren, für die Umwelt arbeiten

* für einen Posten in der Politik kandidieren
* Sachen reparieren
* durch Kunst, Schreiben, Musik, Erfindung, Schauspielerei etc. etwas schaffen
* viel Geld verdienen oder erben
* schwierige oder schöne Wirkungen von vergangenem Karma erfahren
* irgendwas völlig anderes

Wenn du nicht weißt, was du willst

Und wenn du das Gefühl hast, daß du eigentlich gar nicht weißt, wer du bist oder was es heißt, dem eigenen Herzen zu folgen? Diese Fragen können einem ganz schön zusetzen. Es gibt in unserer Gesellschaft so viele Klischees darüber, was ein Mensch ist und was wir tun oder nicht tun können, daß wir vielleicht gar nicht mehr durchblicken. So geht es vielen von uns! Ich hatte keinen Begriff von einem Lebensziel und keine Ahnung, wer ich bin oder was ich hier soll, bis ich beinahe 40 war. Laß dich nicht entmutigen, wenn du dich mit deinem Nichtwissen herumquälst. Du wirst Klarheit bekommen!

Alte Arbeit, neue Arbeit

Für viele ändert sich jetzt die Bedeutung von Arbeit. Wir beenden ein altes ungeliebtes Arbeitsverhältnis, wo wir vielleicht nur ein Rädchen in einer großen Maschinerie waren, und schaffen uns einen Rahmen, in dem wir gern arbeiten - in einer anderen Firma, einem eigenen Unternehmen oder auch freiberuflich schöpferisch. Diese große Veränderung entspringt dem Zeitalter des Lichts, unserer Verbindung mit der Seele, einem uralten Wissen, das nun zurückkehrt.

Wenn wir unsere Lebensziele nicht kennen oder sie kennen, aber nicht ausdrücken können, sind wir vielleicht unzufrieden mit unserer gegenwärtigen Situation. Wenn uns aber bewußt wird, daß wir diese selbst ausgesucht haben, damit wir wachsen können, werden wir auch in ihr Glück und Erfüllung finden. Dann kommt der nächste Schritt.

Ein Pizzalieferant zeltete einmal draußen und hörte den Rufen der Zugvögel zu, als ihm auf einmal ein Einfall kam. Er wollte die Vogelstimmen auf Kassette aufnehmen und dann die Zahl und die Arten der Zugvögel herausfinden. Er entwickelte ein Computersystem, an dem die Ornithologen bisher ohne Erfolg herumgetüftelt hatten. Später erzählte er: "In dieser Nacht sah ich, was ich für den Rest meines Lebens tun wollte." Viele von uns beginnen, souveräner und genußfähiger zu leben, bringen ihre einzigartigen Talente ein und verdienen sich sogar den Lebensunterhalt damit.

Geld kann zu einer Sorge werden, wenn wir unserem Herzen folgen. Geld ermöglicht den problemlosen Austausch, doch in anderer Hinsicht ist es nicht unbedingt hilfreich. Wir alle sollten unbekümmert und mit allen nötigen Mitteln versehen, tun und lassen können, was wir wollen. So ist das Leben gedacht! Wenn wir unserem Herzen folgen, sollte es selbstverständlich sein, daß wir so wohnen und leben können, wie es unseren Vorstellungen entspricht, auch wenn wir kein Geld damit verdienen. Das heißt nicht, daß die Regierung für unseren Unterhalt aufkommen sollte; diese Zeit geht jetzt langsam zu Ende. Aber unser Umgang mit Geld muß und wird sich in unserer Gesellschaft grundsätzlich ändern, und darauf können wir uns freuen. Die Anfänge sind bereits gemacht.

Doch auch jetzt unterstützt uns das Universum mit seinem großen Überfluß, wenn wir nur das tun, was wir gern möchten. Das ist das göttliche Wirken im Leben.

Nicht nachlassen

Wenn du etwas tust, was dir dein Herz eingegeben hat, dann lade ich dich jetzt ein, ganz ehrlich mit dir zu sein. Fühlst du dich wirklich lebendig mit dieser Tätigkeit? Bringt sie dein Herz zum Singen? Bist du noch immer schöpferisch? Bist du noch immer offen für andere Dinge, die dir dein Herz eingeben mag?

Bei allem, was deinem Herzen Freude macht, ist es wichtig, daß deine Verbindung mit der Freude nicht abreißt. Wenn du offen bist, wird dir die Schöpferkraft der Seele, die du bist, immer wieder Neues vor Augen führen.

Wie wunderbar, etwas zu entdecken, was wir wirklich gern tun! Voller Freude widmen wir uns ihm, voller Tatkraft und Kreativität. Jetzt können wir wachsen, Risiken eingehen, uns ausdehnen.

Und dann gehen viele von uns in die Falle. Wir vergessen das Schöpferische, das Herz unseres Unternehmens und werden bequem. Oder wir denken nur noch an das Geld, das dabei herausspringt. Oder wir bringen es zu Anerkennung, Erfolg und zu einem Einkommen; man macht sich ein Bild von uns, erwartet, daß wir ihm entsprechen - und wir tun es.

Hingabe, Mut, Liebe zu uns selbst und zum Leben halten uns frisch. Wir müssen uns davor hüten, der Schwerkraft oder der Macht der Gewohnheit zu erliegen, wenn wir immer weiterwachsen wollen.

Es lohnt sich, wenn du in diesem Punkt absolut ehrlich mit dir bist. Mir wurde irgendwann einmal bewußt, daß mich die spirituellen Workshops, die ich abhielt, im tiefsten Innern schon seit Jahren langweilten, während ich oberflächlich noch Freude empfand. Ich hatte mir bis dahin nicht erlaubt, das zu sehen, denn ich hatte mich und mein Leben in diesem Rahmen definiert und ging davon aus, daß alles so weiterlaufen würde. Meine Seele mußte mich erst nach Indien schicken, bevor ich das begriff. Als ich mir dann erlaubte, den nächsten Schritt zu tun, kamen Freude und Kreativität in mein Leben wie nie zuvor. Wenn ich wieder Kurse geben sollte, dann wird es in diesem Geist sein.

David Niven erzählt in einem seiner Bücher folgende Geschichte: Auf dem Höhepunkt ihrer Karriere und Popularität zog sich Greta Garbo aus dem Filmgeschäft zurück. Als David sie bei einem Picknick nach dem Grund fragte, schwieg sie eine ganze Weile. Er dachte schon, dabei würde es bleiben, aber schließlich sagte sie: "Ich habe genug Grimassen geschnitten."

Wenn wir an einem Ort genug Grimassen geschnitten haben, können wir weitergehen. Wir können einen ganz neuen Beruf ausüben oder alles hinter uns lassen. Es ist dein Leben! Ehre es!

Ein Ziel ist erreicht, wenn wir unserem Herzen in eine positive Aktivität folgen, die für uns und alle anderen und für das ganze Leben ein Segen ist. Es geht nicht darum, was wir tun, solange wir unserer

Freude folgen. Dann beschenken wir das Leben, uns selbst und die anderen, denn wir sind alle eins.

Ich unterhielt mich mit einer Freundin über unsere Ziele, und sie sagte mir: "Ich bin ich, und dafür werde ich bezahlt." Sie weiß, wer sie ist, und gibt so großzügig von sich, daß sie diese Erfahrung machen kann.

Das Leben der Gottheit weihen

Wenn du einen bestimmten Punkt erreicht hast, wird dir langsam bewußt, was zu tun ist - von deinem einzigartigen Standpunkt aus und zum Besten aller. Dann verschmelzen Ziel und Dienen zu einem, und du siehst, was in jeder Situation deines Lebens, in der Gesellschaft und in der Welt von nöten ist.

Du kannst bewußt Gott/Göttin, der Großen Weißen Bruderschaft aufgestiegener Meister oder auch einem geliebten Meister dienen. Darin liegt große Freude. Wenn du mit Sicherheit sagen kannst, daß deine Botschaften aus der großen Quelle kommen, aus der Liebe und dem Licht, wirst du vielleicht auf einmal Dinge tun, die zunächst gar keinen Sinn ergeben, weil sich das Verstehen erst später einstellt.

Wenn wir davon sprechen, daß wir unser Leben der Gottheit weihen, unterstellen wir aber immer noch eine Trennung zwischen uns und dem Göttlichen, die es in Wirklichkeit natürlich gar nicht gibt. Irgendwann werden wir eins mit allem sein und unsere Göttlichkeit ganz zum Ausdruck bringen. Dann wird das Leben zu einem mühelosen Dahinfließen von Liebe, Freude und Dienen. Wir werden nie mehr darüber nachgrübeln müssen, was wir als nächstes tun oder sagen sollen. Wir werden es einfach tun.

10 Die Göttin wecken

O Göttin! Göttliche Mutter! Ehre sei dir!

Da ist sie, da tanzt sie in den Himmeln und auf der Erde. Die Schöne, die Blendende, die Freudenreiche. Weiblicher Pol der Gottheit, Göttin. Göttliche Mutter von allen, Matrix der Schöpfung und gleichzeitig die Energie und Macht, durch die sich die Schöpfung manifestiert. Die Göttin weiß und braucht keine Worte. Sie lebt aus dem Gefühl, sie ist ewige Schönheit, Anziehungskraft, Prinzip der Empfänglichkeit. Freudentanz der Schöpfung, ihres gemeinschaftlichen Werks mit dem Männlichen.

Um diesen kurzen Abschnitt zu schreiben, mußte ich meine Inspiration anrufen. In Wirklichkeit weiß ich über Weiblichkeit so gut wie nichts. Das kommt davon, daß die Gesellschaft das eine Geschlecht höher bewertet als das andere. Gegenwärtig bringen die meisten Menschen ihre maskulinen Aspekte zum Ausdruck. Von Kindheit an habe ich bei mir Führungsqualitäten, Intelligenz und Unabhängigkeit gefördert. Ich wollte mir meinen eigenen Weg in der Welt bahnen und mich bei Bedarf auch behaupten. Wenn ich jetzt meine Gefühle und meinen weiblichen Körper würdige, betrete ich praktisch Neuland. Die meisten Frauen sitzen im selben Boot. Ich bewundere zutiefst die Frauen - unter ihnen sind Film- und Musikstars -, die es der Abwertung des Weiblichen zum Trotz gewagt haben, als Göttinnen zu glänzen. Wie mutig!

Gott selbst - jenseits aller geschlechtlichen Zuordnung - polarisierte sich im Akt der Schöpfung und brachte das männliche und das weibliche Prinzip hervor. Das Zentrum der Schöpfung ist nichts anderes als ewige göttliche Liebe und ewiger göttlicher Orgasmus dieser beiden Prinzipien. Im Hinduismus und im Buddhismus haben alle Gottheiten ihre ergänzende Hälfte, einen Gemahl/eine Gemahlin, ohne die sie nicht komplett sind. Viele Bilder und Statuen stellen die beiden beim Liebesakt dar. Ohne das Weibliche gibt es auch kein Männliches, keinen Geist, keine Schöpfung, nichts. Ohne das Männliche gibt es auch kein Weibliches, keine Liebe, nichts. Doch auf der menschlichen Ebene bekämpfen sich die Geschlechter nur allzu oft.

Die Anthropologen sagen, daß die Gesellschaften auf der Erde ständig zwischen diesen beiden Polen hin- und herpendelten. In matriarchalen Gesellschaften wurde der Mann abgewertet und als Sexualobjekt angesehen, und für unsere jüngste patriarchale Phase gilt das Gegenteil. Seit langem sind wir männlich orientiert, stellen den Verstand über das Gefühl, die Wissenschaft über die Intuition, das Ego des Abgetrenntseins und des Konkurrenzdenkens über die wahre Liebe und die Einheit unseres Seins. Jetzt sind wir aufgefordert, das Weibliche anzunehmen. (Das Ego hat mehr mit dem Verstand als mit dem Herz zu tun, ist aber kein männlicher Aspekt.) Wir haben oft unsere zärtlichen Gefühle begraben und besonders die Gefühle des Egos - Angst, Kummer, Ärger - gelebt. Doch das Sichtbarwerden unserer Weiblichkeit ist bereits die halbe Erleuchtung! Wir brauchen sie für unser Gleichgewicht.

Das schmerzhafte Mißverständnis zwischen den Geschlechtern geht tief. Pip Cornatt, ein Freund von mir, hat ein Gedicht geschrieben, das ich hier abdrucken darf:

Frau, durch deinen Schmerz
kam ich auf die Erde.
Wir liebten einander über alles, du und ich.
Du hast mich mit Liebe genährt, Vögel und Blumen
tanzten in unserer Welt, in unseren Herzen war Zauber.

Später lernte ich, dich zu benutzen, zu kontrollieren.
Damals starb etwas Kostbares zwischen uns.
Jahrelang war ich in zu vielen Frauen,
suchte verzweifelt nach dem, was ich,
ohne es zu wissen, verloren hatte.

Erst als ich tief genug im Schmerz der Grausamkeit schwamm,
die ich dir zufügte,
spürte ich deine Liebe wieder.
Die Reise ist vollendet.
Frau, ich liebe dich über alles.

In einem ersten Schritt, den wir jetzt tun, bringen wir in jedem einzelnen von uns und in der Gesellschaft die Ebenbürtigkeit von Weiblichem und Männlichem ins volle Licht des Bewußtseins und zum vollen Ausdruck. Unsere wahre Weiblichkeit ist Liebe - nicht nur für ein Kind oder einen Partner, sondern bedingungslose Liebe für jeden Menschen, für jede Situation, für alles. Weiblichkeit sieht keine Mauern, keine Unterschiede, sondern nur Einssein. Ihr Mitgefühl läßt uns in keinen Krieg ziehen. Sie läßt es nicht zu, daß ein Kind hungrig bleibt. Sie kümmert sich um alle mit gleicher Sorgfalt, sie sorgt für alle. Wenn wir das Weibliche hervorbringen, wird die Welt geheilt werden. Gäbe es in dieser Zeit etwas Wichtigeres oder etwas Mächtigeres? Es geschieht in uns allen oder wartet darauf, daß es geschehen kann.

Die Göttin in ihrem Glanz

Wie können Frauen und Männer die Göttin in ihnen sichtbar machen? Hier ein paar Möglichkeiten:

Intuitive Verbindung mit der Seele

Das Weibliche in uns, das Empfängliche hilft uns, unsere Göttlichkeit zu spüren, und leitet uns auf unserem Weg, dem Weg des Herzens. Wir entdecken, daß unser bester Führer nicht unser Denken ist. Am besten sind wir geleitet, wenn unser Verstand dem Herzen, der Liebe und der Freude dient. In der Meditation stimmen wir uns durch unseren weiblichen Aspekt auf unser höheres Selbst ein. Wenn wir uns hinsetzen und öffnen, gewinnen wir Einsichten und spüren die Liebe des Göttlichen tiefer. Wir erkennen unsere Verbindung mit bestimmten Meistern oder Führern, heilen uns und sehen, welche Schritte als nächstes anstehen.

Ohne diese Fähigkeit oder ohne sie in die Tat umzusetzen, sitzen wir bald auf dem Trockenen. Eine Karrierefrau, die eine halbe Million im Jahr verdient und sich elend fühlt, eine Arbeiterin in einem Fast-Food-Restaurant mit einem Schatz an unentdeckten Talenten, eine Ehe, die im Machtkampf steckenbleibt. Wir müssen uns Zeit geben, damit wir fühlen können, wer wir sind und was wir wollen. Es ist die einzige und wichtigste Ausübung zu unserer Erleuchtung.

Weibliche aufgestiegene Meister und andere Göttinnen

Zu den schönsten und inspirierendsten Wesen, die uns auf der Erde beistehen, zählen die "aufgestiegenen" Frauen und die Göttinnen. In den "Green books" finden sich die Namen einiger solcher Frauen: Nada, Pearl und Lotus aus den Vereinigten Staaten und andere Frauen, die auf der ganzen Welt dienen. Annalee Skarin ist vielleicht der berühmteste Meister aus Amerika. Unsere westliche Welt hat nicht viele Göttinnen vorzuweisen, wenn man einmal von den indigenen Kulturen absieht. White Buffalo Calf Woman ist den Indianern heilig, und die aufgestiegene Meisterin Mother Mary wird wie eine Göttin verehrt.

Dafür gibt es im Osten Göttinnen in Hülle und Fülle. Quan Yin, Göttin des Mitgefühls; die Göttin Tara, die meist mit Tibet in Zusammenhang gebracht wird, aber weit über Tibet hinaus sehr geliebt wird; Kali-Durga, Lakshmi, Saraswati und viele andere aus hinduistischer Tradition und viele viele mehr. Der Hinduismus kennt pujas (Sanskrit für "Zeremonien") zur Ehre der göttlichen Mutter in ihren verschiedenen Gestalten. Kontakt mit einer Göttin, ist eine wunderbare Sache. Lade einfach eine ein!

Ehrgefühl

Die Verbindung mit der Seele wird vor allem durch das Gefühl hergestellt und kommt aus unserer göttlichen Weiblichkeit. Wenn wir eine Handlung oder ein Projekt in Erwägung ziehen und ein tiefes Gefühl der Freude und der Stimmigkeit haben, dann wissen wir, daß es gut ist.

Das Weibliche ist mit allem Fühlen verbunden. Einige Meister sagen, daß Gefühle der Grund für unser Hiersein sind. Die Lebendigkeit, die durch alle starken Emotionen hervorgerufen wird, kann Grund genug sein, warum wir auf der Erde sind. Aber im Moment haben wir es nicht einfach. Wir fühlen nicht nur das, was gerade geschieht, sondern auch alles Verschüttete aus vergangenen Leben und das menschliche Unbewußte, das jetzt an die Oberfläche dringt, um geheilt zu werden. Oft versuchen wir allerdings auch, diese Gefühle zu vermeiden. Noch mehr fühlen? Die Finger auf den glühenden Ofen legen? Soll das etwa witzig sein? Aber wir werden unendlich belohnt, wenn wir uns mit allen unseren Gefühlen verbinden: Es macht uns ganz und gar lebendig!

Wenn wir die Göttin willkommen heißen, lernen wir auch, das zu würdigen, was wir gerade in diesem Augenblick als heilig und vollkommen empfinden. Das macht mir noch ziemlich zu schaffen; ich befinde mich mitten im Lernprozeß. Als ich mit Bob, meinem Lebensgefährten, in England war, verliebte er sich in eine bezaubernde Frau, die ich auch sehr mochte. Bis dahin hatte ich kaum einmal Eifersucht empfunden, doch plötzlich war ich wie besessen davon. Ich wand mich, wehrte mich, verurteilte das Gefühl, sagte mir alle möglichen Sprüche auf, die dagegen helfen sollten, sprach mit allen möglichen Leuten darüber, auch mit "ihr", machte Rebirthing, tat alles, nur um dieses Gefühl nicht zuzulassen. Aber gerade weil ich es unterdrückte, mußte es sich auf andere Art ausdrücken, und so bekam ich einen Ausschlag am ganzen Körper.

"Gefühle sind nur Gefühle", sagte mir diese Frau. "Du solltest mich sehen, wenn ich auf meinen Freund sauer bin. Ich tobe und werfe mit Sachen um mich. Das ist schon in Ordnung." Ich hörte, was sie sagte, war aber nicht bereit, es an mich heranzulassen. Seit damals lerne ich, mich mit allen Gefühlen zu lieben. Das hilft sehr.

Göttin des Mondes

Mond, Monate, Jahreszeiten: Alle Zyklen der Erde sind seit uralten Zeiten mit der Göttin verbunden.

Die Gebärmutter, der Raum, wo Liebe und Intelligenz Gottes/der Göttin ein göttliches Wesen erschaffen können, ist heilig - so wie alles auf der Erde heilig ist. Frauen "auf ihrem Mond" lernen (meist von weisen Indianerinnen), den Menstruationszyklus zu würdigen, das Blut, das aus ihrem Leib fließt, als heilig zu erkennen. Viele indigene

Kulturen, wie die australischen Aborigines, bewahren das Menstruationsblut für Heilzwecke auf. Es ist Zeit, den "Fluch" aufzuheben, wie die Menstruation im Englischen oft genannt wird, und die Wiedergeburt alten Wissens zuzulassen.

Jetzt ist es (auch für Männer) wichtig, dem schöpferischen Teil des weiblichen Körpers heilige Namen zu geben. "Vagina" läßt sich zum Beispiel durch das poetischere und schönere Sanskritwort "yoni" ersetzen: das heiliges Tor, das in den Schoß führt.

Mutterschaft

Die Göttin ist die große Mutter, die Nährende, die ihre Liebe und Fülle über uns alle ausschüttet. Diese Nährende ist in uns allen und sehnt sich danach, allen dienen zu können: jedem Herzen heilende Liebe und Trost zu spenden, die Hungrigen zu speisen, die Nackten zu kleiden, den Obdachlosen Unterkunft zu gewähren - Mutter Erde und das ganze Leben zu lieben und zu beschützen.

Auf physischer und persönlicher Ebene ist es ein besonderes Geschenk der Göttin in der Frau, eine Seele auf die Erde zu bringen. Es gibt viel unbewußte und nicht frei gewählte Mutterschaft. Wir brauchen aber Mütter, die die Göttlichkeit der Seele und das gegenseitige Einverständnis von Seelen verstehen, die sich miteinander inkarnieren. Es gibt viele herrliche Wesen, die der Erde dienen möchten und darauf warten, daß sie in eine bewußte Familie hineingeboren werden. Wenn das geschieht, wird die neu angekommene Seele von Anfang an in ihrer Göttlichkeit unterstützt.

Wir haben in den letzten Jahren sehr viel über den faszinierenden Prozeß erfahren, den die Reise einer Seele in eine menschliche Gestalt hinein darstellt. Hier die Beschreibung, wie dieser Prozeß idealerweise abläuft, wenn er Schritt für Schritt durch die höhere Göttlichkeit der Seele geleitet wird.

Diese Seele (nennen wir sie "Anna", da es um die Göttin geht) ruhte sich seit ihrer letzten Inkarnation auf der Erde in astralen Gefielden aus. Sie hat gelernt, was sie in der Gegenwart will und wird nun wieder auf der Erde geboren. Anna weiß, was sie in ihrer neuen Inkarnation lernen und geben möchte. Sie sucht nach einer passenden

Familie und wählt sich als Eltern Dawn und Steve aus, die in einem früheren Leben Annas Kinder waren. Sie begegnen einander im Astralen, was Dawn und Steve aber normalerweise nicht bewußt ist, und einigen sich mit großer Freude darauf, Mutter und Tochter, Vater und Tochter zu sein.

Die Zeugung findet zum rechten Zeitpunkt statt, und schon in der Schwangerschaft können Dawn und Steve diese Seele spüren, verstehen ihr Lebensziel und empfangen ihren Namen für diese Inkarnation. Das Heilige der Geburt wird tief empfunden. Es wird eine Hausgeburt, die sorgfältig vorbereitet wird und bei der eine Hebamme anwesend ist. Dawn möchte eine Geburt unter Wasser, weil es für sie am leichtesten und für das Baby am schönsten ist. Bei gedämpftem Licht und friedlicher Musik kommt Anna in eine warme Wasserwelt, in der es nicht so sehr anders als im Mutterleib ist. Sie bewegt sich sanft im Wasser, ruht sich aus, während sie noch an der Nabelschnur hängt. Steve ist bei der Geburt dabei. Nach einer Weile beginnt Anna selbst zu atmen, und erst dann wird die Nabelschnur durchtrennt. Die Arme liebevoller Eltern begrüßen diese glückliche göttliche Seele auf unserem Planeten und bereiten ihr einen wunderschönen Start in der Welt. Dawn und Steve feiern Annas Ankunft mit einem Fest.

Von Anfang an werden Annas Göttlichkeit, ihre Meisterschaft und ihre Ziele auf der Erde von Mutter und Vater anerkannt und gefördert. Sie kann die wahre Göttin sein, die sie ist, fühlt sich Männern ebenbürtig und ist ihnen wohlgesonnen. Sehr früh in ihrem Leben wird Anna zur Gebenden und kann dadurch die seelische Entwicklung der ganzen Familie beschleunigen. Anna wird zu einer Kraft für das Gute auf unserem Planeten und hilft allen bei deren "Aufstieg".

Die meisten von uns haben dieses Szenario nicht erlebt, aber es existiert schon. Ich kenne mehrere bewußte Mütter, die ihre Kinder so geboren haben. Je schneller sich diese neue Elternschaft durchsetzt, desto besser für unseren Planeten!

Wenn du eine Frau bist, die ein Leben auf diese Weise erschaffen und unterstützen kann, und wenn dieser Gedanke dein Herz erfreut, hast du etwas Wunderbares zu geben. Die Göttin als Mutter ist ein Segen für alle.

Herrin über den eigenen Bauch

Wenn wir uns wünschen, Mutter zu werden, ist die Mutterschaft ein Segen. Aber wir sollten uns auch im klaren sein, daß wir Frauen Herrin über unseren eigenen Bauch sind, und zwar ohne Geburtenkontrolle und ohne Abtreibung. Ich war sehr beeindruckt von einer Studie über eine südpazifische Kultur, in der Jungen und Mädchen nach der Pubertät begannen, sich sexuell miteinander zu vergnügen. Obwohl keine Geburtenkontrolle angewendet wurde, wurden die Mädchen vor der Heirat niemals schwanger. Ihr Bewußtsein, ihr Wissen ermöglichte das.

Es dauerte eine Weile, bis mir aufging, daß wir alles selbst in der Hand haben. Ich war dreimal schwanger, aber mir war immer klar, daß es für mich diesmal nicht ansteht, Kinder großzuziehen. Bei meiner ersten Schwangerschaft machte ich mir unaufhörlich Sorgen, bis das Wesen sagte: "Jetzt reicht's mir. Ich verschwinde." Bei der zweiten Schwangerschaft war mir meine Macht schon etwas bewußter, und ich sagte zu dem Wesen: "Ich habe dir klar gemacht, daß ich jetzt nicht bereit bin, ein Kind zu bekommen. Du mußt wieder gehen. Eine andere Frau wird sich dir zur rechten Zeit als Mutter zur Verfügung stellen." Diesmal dauerte es nur eine Woche. Beim dritten Mal dauerte es zwei Tage.

Wenn du weißt, daß du die Herrin über deinen Bauch bist, dann bist du es auch.

Göttin und Sex

In den erleuchteten Tempeln Asiens wurden Männer früher von Priesterinnen in die Sexualität eingeführt. Priesterinnen lehrten Neulinge die sexuelle Liebe durch Berührung, Atem, Augenkontakt, Worte und Visualisierung. Sie lehrten, wie man die Ejakulation kontrolliert und wie man beiden Partnern hilft, die Energien vom Wurzelchakra und vom zweiten Chakra zum Kronenchakra hinaufzubefördern und die Realisation von Gott/Göttin zu katalysieren. Diese Praktiken gehören zum Tantra, einer alles umfassenden Philosophie, die die körperlichen Sinne als Weg zur Erleuchtung anerkennt. Tantralehrerinnen wurden sehr geehrt.

Später verteufelten die Kirchen die Sexualität, sofern sie sich nicht in einen rigide festgesetzten Rahmen fügte, und fanden darin ein Mittel, mit dem sie die Menschen kontrollieren konnten. Die natürliche Unschuld und Schönheit der Sexualität verschwand aus unserem Bewußtsein und wurde durch Schuldgefühle ersetzt. Heute versuchen wir, uns aus dieser dunklen Wolke zu befreien. Wir öffnen wieder die Türen der Unschuld und der Liebe, die als Teil von Gottes Liebe in Freude, Licht, Gleichheit und Einheit ausgetauscht wird.

Heute erlebt Tantra ein Comeback. Es gibt wunderschöne Bücher über den tantrischen Zugang zur Sexualität. Mein Lieblingsbuch ist "Die Kunst der sexuellen Ekstase" von Margo Anand. Weil für die meisten Frauen Sex ohne Liebe nicht so attraktiv ist wie für Männer, sind Frauen in diesem Bereich immer noch die natürlichen Lehrer ihrer Partner. Gott/Göttin ist Liebe!

Göttin des Geschäfts

Die Göttin als Karrierefrau - wunderbare Aussichten für eine bessere Welt! Bis jetzt übernehmen die meisten Frauen in der Geschäftswelt männliche Strategien, die ohne Rücksicht auf Verluste konkurrenz- und gewinnorientiert sind. "Business as usual" bedeutet Streß im persönlichen Bereich, Degradierung des menschlichen Geistes und eine noch nie dagewesene Zerstörung der Umwelt. Eine amerikanische Firma verteilte Babynahrung an Mütter in der Dritten Welt, die sich die Nahrung nicht leisten konnten. Ihre Babys verloren die durch die Muttermilch aufgebaute Immunität gegenüber Krankheiten, kränkelten und starben. Auch als die Firma darauf aufmerksam wurde, stellte sie die Verbreitung der Babynahrung nicht ein. Kein Mann und keine Frau, die mit der Göttin in sich in Kontakt sind, würden jemals so etwas zulassen. Das Mitgefühl der Göttin, das Bewußtsein, daß Liebe allen am besten dient und langfristig gesehen auch am meisten Gewinn bringt - dieser Bewußtseinswandel ist entscheidend in der Geschäftswelt. Weil sich Männer jetzt mehr mit der Weisheit und Liebe ihres weiblichen Anteils verbinden, hat der Wandel schon begonnen. Das ist gut, aber es muß sich noch viel mehr ändern.

Göttin der Schönheit

Wenn wir Frauen mehr darauf vertrauen können, daß wir die Göttin sind, dann strahlen wir das aus und erleuchten damit unsere Umwelt.

Weiblichkeit ist Schönheit, ist die Essenz der Schönheit. Auch das Alter mindert die Essenz dieser Schönheit nicht. Göttinnen können alle Formen und Größen annehmen, und alle sind schön. Wenn du deinen Körper so würdigst und liebst, wie er ist, bist du die Göttin. (Da fällt mir gerade die Schönheit in ihren 60ern ein, die in dem Film "Zorba, der Grieche" Zorba verführt!)

Finde die Farben und den Stil, die dich kleiden und glänzen lassen. (Meine Freundin Iris gab mir einen Rat fürs Einkaufen: Wenn du dich wie eine Millionärin darin fühlst, dann kauf's!) Dich schön fühlen. Dich aufrecht und stolz halten - dazu bedarf es keiner Arroganz. Mit weiblicher Anmut und Sinnlichkeit gehen. Mit den Wölfen rennen, wenn dir das entspricht! Einen unschuldigen Geist bewahren. Herzhaft lachen. Und vor allem: dich und die anderen lieben, denn darin liegt unsere vollendetste, unsere strahlendste Schönheit überhaupt.

Wenn wir mehr von unserem wahren Einssein mit Göttin/Gott in uns hineinlassen, werden wir uns auch verjüngen und unsere jugendliche Schönheit unbegrenzt bewahren. Babaji sagte einmal zu mir: "Schönheit ist Wahrheit. Das Alter ist eine Illusion." Ein wunderbares Buch half mir bei der Entfaltung meiner Göttin: "Woman Awareness" von Anne Meyer.

Die Verschmelzung von Männlichem und Weiblichem

Das wahre Weibliche, die Göttin, gebiert in uns auch das wahre Männliche, den Gott. Das Männliche: Wille und Kraft der Initiation, schöpferischer Funke, Logik des Verstandes, die Sicht der Dinge in ihren Einzelaspekten und Teilen, mit denen dann in der linearen Zeit gearbeitet werden kann. Sucher und Beweger im Außen. Er, der das Weibliche liebt und verehrt und von ihr geliebt und verehrt wird. (Diese Definitionen des Weiblichen und Männlichen sind etwas simplistisch. In jeder Religion und im Tao finden sich verschiedene Ideen. Aber für unseren Zweck reichen die Definitionen aus.)

Bei den meisten von uns sind die männliche und weibliche Seite nicht im Gleichgewicht, und daraus entsteht Mißtrauen. Wie wir in unserer Gesellschaft Macht und Liebe sehen, ist sehr aufschlußreich. Unter Macht versteht man, daß jemand (normalerweise ein Mann) Geld und Einfluß besitzt und sich um die anderen wenig kümmert. So sind die bösen reichen Männer in vielen Filmen! Liebe gilt als süßlich, feminin - und schwach. In Wahrheit sind Macht und Liebe unteilbare Aspekte von Gott/Göttin und eins.

Unsere irrigen Vorstellungen und Barrieren müssen verschwinden, wenn wir uns kreativ, liebevoll und zuversichtlich in der Welt zum Ausdruck bringen wollen. Denn wenn das Weibliche offen ist und eine große Inspiration von der Seele empfängt, das Männliche aber gleichzeitig nicht entwickelt ist, wird die Idee verdorren, bevor sie sich jemals entfalten kann. Mitgefühl für die Armen in der Stadt führt nicht zur Tat, und das Lied bleibt ungesungen. Andererseits kann das Männliche hochaktiv sein, tut dies aber nicht im Zustand des Glücks, nicht in Weisheit und Liebe, wenn das Weibliche nicht beteiligt ist. Beide Seiten sind für unser Leben wesentlich.

Wenn unsere weibliche Göttin und unser männlicher Gott in unserem Wesen bewußt und in Liebe vereint sind, schaffen sie eine Synthese, einen Ausdruck, der in unserem Leben und im Leben anderer Wunder wirkt.

Vor kurzem las ich einen Bericht über die Verwandlung des ärmsten Stadtteils von Curitiba in Brasilien. Die engen Straßen waren mit Abfall so vollgestopft, daß sich Ratten und Krankheiten rasend schnell ausbreiteten. Die Müllentsorgung der Stadt bot sich an, Ordnung zu schaffen, verlangte dafür aber einen stolzen Preis. Der Bürgermeister, der die Bedürftigkeit seiner Leute kannte, dachte darüber nach, wieviel Nahrungsmittel man für dieses Geld kaufen konnte.

Er machte einen Plan und kaufte Lebensmittel bei den armen Bauern am Stadtrand, von denen viele am Existenzminimum lebten. Er tauschte eine Tüte mit Lebensmitteln für jeden Müllsack, der aus den Slums gebracht wurde. So löste er drei Probleme mit einem Schlag: Er half den armen Bauern, versorgte die Hungrigen mit Essen und entsorgte den Müll. Sein Mitgefühl für die Bauern und die Slumbewohner - seine weibliche Seite - hatte den Einfall gehabt, und seine männliche Seite setzte diesen Einfall in die Tat um.

Die Vereinigung des Männlichen mit dem Weiblichen in uns ist ein sehr lebendiger Vorgang. Ein weiser Lehrer sagte einmal, daß die Erleuchtung in nichts anderem als in diesem Vorgang besteht. Wenn wir an irgend einem unserer Probleme arbeiten, kommen wir oft zu diesem Ergebnis. Hier eins meiner stärksten Erlebnisse in dem Zusammenhang:

Ich war bei meiner Morgenmeditation und beteuerte mir wie üblich meine Unsterblichkeit. Vage spürte ich, wie Angst und Traurigkeit in mir aufstiegen - ein altes, vertrautes Gefühl. Ich fühlte mich sehr weiblich. Ich tauchte in das Gefühl ein, und der Nebel klärte sich. Langsam identifizierte ich die Gedanken, die darin enthalten waren. Es schien aus einem vergangenen Leben zu kommen, in dem ich Nonne war. Ich empfand Mißtrauen und Eifersucht allen gegenüber, die es wagten, sich spirituell zu erheben, da ich dies als großes Unrecht empfand. Wie konnte ich so arrogant sein, fragte die Nonne, mich über die anderen zu erheben? Was bildete ich mir eigentlich ein?

Ich sprach sehr liebevoll zu diesem Teil meiner selbst. Ich sagte etwa folgendes:

"Wir (du und ich) sehnen uns danach, der Menschheit zu helfen, damit sie sich über ihre eigenen Begrenzungen erheben kann, in denen wir seit Äonen versklavt sind. Wenn wir nicht bereit sind, es selbst zu tun, wie können wir dann anderen beistehen? Die Gebote, die dich am Boden festhalten, beruhen auf Ignoranz.

Sie ließ sich nicht beeindrucken. Aber ich gab nicht auf, kam ihr mit Bildern und Gefühlen und versuchte es mit immer neuen Formulierungen. Schließlich spürte sie, was ich ihr sagen wollte, und die Freude machte ein paar zaghafte Anläufe, ihr Herz zu erobern.

Um ihrem neuen Bewußtsein Nahrung zu geben, fragte ich sie: "Bewunderst du nicht, wie Deepak Chopra der Welt soviel gibt?"

Nach einer Pause fragte sie: "Wer ist er?" So tief kann ein Aspekt von uns verschüttet sein, so sehr in seine eigene Welt verpuppt.

Da hörte ich einen männlichen Aspekt zu mir sagen: "Du lügst. Sie darf sich nicht erheben." Ich erkannte den "Tyrannen" in mir, der mit den Jahren schwächer geworden, aber offensichtlich noch nicht völlig verschwunden war. Ich sagte ihm mit fester Stimme, daß wir eine solche Ignoranz nicht dulden würden. Er war beschämt, und mir wurde klar, daß auch er Liebe brauchte. Er hatte ja nur die Rolle gespielt, die ihm auferlegt worden war: das Weibliche vor Verletzungen bewahren, vor Mord und Mißbrauch, die in mehreren Leben dem Wagnis, sich zu erheben, auf dem Fuß gefolgt waren. Ich dankte ihm, schloß ihn in mein Herz, umarmte ihn. Ich sagte ihm, daß dieser Dienst nun nicht mehr gebraucht wurde, und er nahm dies mit großer Erleichterung auf. Er ging auf das Weibliche zu, und sie umarmten sich mit großer Zärtlichkeit und großer Freude an der Wiedervereinigung. Ich spürte, daß beide diesen Augenblick seit langer Zeit herbeigesehnt hatten.

Ich saß eine Weile dabei, und als ich schließlich aufstand, fühlte ich mich wie ein anderer Mensch. Mein ganzer Körper fühlte sich neu an, wie der Körper eines Kindes, unschuldig und frisch. Meine Gefühle waren offen und gingen auf Erkundungsreise. Ich ging zwar noch vorsichtig, aber voller Freude. Ich fühlte mich so ganz wie noch nie.

Göttin Liebe, Gott Tat

Wir werden alle einmal in der Lage sein, unser göttliches Mitgefühl in die Tat umzusetzen. Jedes gute Worte, jede praktische Hilfe, die wir geben, tragen dazu bei. Unser globales Dorf, in dem wir unmittelbar über die Leiden der anderen informiert werden, hat viele Herzen erweckt und uns dazu bewegt, im kleinen wie im großen zu geben. Die spirituellen Lehrer, die in weiblichen Körpern auf der Erde sind oder waren, wie Mutter Teresa, und die spirituellen Lehrer in männlichen Körpern wie Sathya Sai Baba, inspirieren uns, unserem Herzen zu folgen und zu sehen, was wir tun können. Wir können im eigenen Zuhause damit beginnen. Die Göttin wird die Erde heilen, und der Gott wird sie dabei unterstützen.

11 Erleuchtung in zwischenmenschliche Beziehungen bringen

Warum erschuf Gott? Um Beziehung herzustellen. Beziehungen. Unendliche Wirklichkeiten. Vollkommene Spiegel. Atemberaubende Gefilde des Lernens. Das große Geheimnis des Selbst, das sich in Beziehung setzt zu dem großen Geheimnis des Anderen. Schnellstraße zur Erleuchtung, wenn wir durch unsere Erfahrungen wachsen.

Im Strudel

Jede enge Beziehung ist in unserer Zeit eine ganz erstaunliche Sache. Die spirituellen Energien des Lichtzeitalters, die nun auf uns zuwirbeln, erschaffen einen mächtigen Strudel für die Veränderungen. Die gesamte Psyche der Menschheit befindet sich im Heilungsprozeß, doch dieser bringt auch die ganze Dunkelheit ans Licht, die bisher unerlöst und im Verborgenen war. Keine leichte Zeit. Wir alle spüren den Druck dieser Veränderungen irgendwie, und wenn wir uns im Einklang mit den Energien bewegen, sind wir mitten in einer läuternden Feuerprobe. Deshalb ist es fast schon erstaunlich, wenn eine Beziehung zwischen zwei solchen Menschen über einen längeren Zeitraum harmonisch ist.

In dieser relativ chaotischen Zeit müssen wir Beziehungen neu definieren. Selbst familiäre Beziehungen werden nicht durch ihre bloße Langlebigkeit wertvoll. Maßgeblich ist, daß wir auf unsere innere Führung hören, unseren Geist erweitern, dem Herzen folgen und die Gründe für unser Hiersein einlösen. Wenn sich das im Rahmen einer bestimmten Beziehung erreichen läßt - um so besser! Wenn nicht, dann ist es eben auf andere Art genauso gut.

Eins der stillschweigend akzeptierten Gebote unserer Gesellschaft (z.B. "Frauen müssen Kinder bekommen!") besagt, daß man "verheiratet oder zumindest in einer intimen Beziehung leben muß", wenn man als normal gelten und dazugehören will. In Wirklichkeit gibt es unzählige richtige Wege. Viele von uns kennen nur dysfunktionale Beziehungen und brauchen Zeit für sich, um ein paar Dinge zu klären, um sich in sich selbst gut und stark zu fühlen, und um bereit für etwas Besseres zu werden. Andere (zum Beispiel ich) sind seit vielen Leben allein und finden gerade erst heraus, wie man sich wahrhaft auf andere bezieht.

Mein Prozeß - ein organischer und großenteils unbewußter Prozeß der Entfaltung - besteht zunächst darin zu lernen, eine echte, ehrliche, liebevolle Freundschaft mit einer Frau zu entwickeln, dann mit einem Mann, und schließlich - wenn ich spüre, daß ich bereit bin - eine bewußte intime Beziehung einzugehen. (Ich war sechs Jahre lang verheiratet, und beide waren wir entsetzlich unbewußt. Wir sind aber noch befreundet.) Es fühlt sich zwar mies an und schmeichelt meinem Ego nicht, aber ich habe dabei gelernt, mit mir selbst und mit meinem Entwicklungsprozeß geduldig umzugehen - und zu erkennen, wie erfüllend selbst eine gute Freundschaft sein kann. In dem Buch "Der Magus von Strovolos" sagt Daskalos, daß Ehepaare normalerweise mehrere Leben miteinander verbringen müssen, bevor sie eine gute Ehe führen können.

Deshalb sollten wir uns niemals mit anderen vergleichen, egal wie unser eigener Entwicklungsprozeß aussieht. Verhalte dich einfach so, wie es dir deine Intuition eingibt.

Nicht stehenbleiben

Die größte Gefahr in einer Beziehung besteht in der Zementierung der Definitionen von uns selbst, vom anderen und von der Beziehung, die sich dann nicht mit Leichtigkeit zu einer größeren Liebe weiterentwickeln kann. Aus diesem Grund verlaufen so viele Liebesbeziehungen im Sande. Wenn wir Kreativität, Liebe, Abenteuer und Leben in uns selbst nicht wachsen lassen, dann gelingt es uns auch in einer Beziehung nicht.

Eine Frau beschwerte sich ständig über ihren Mann, der im Haushalt nicht mithalf, und lag ständig allen damit in den Ohren - ihrer Mutter, ihrer Schwester, ihrer beste Freundin.

Schließlich suchte sie eine Therapeutin auf, mit deren Hilfe ihr klar wurde, daß sie sich und ihrem Mann durch ihr Denken und Gerede überhaupt keinen Spielraum ließ.

Sie begann, anders zu reden und erzählte allen, daß sich eine wunderbare Verwandlung mit ihrem Mann vollzogen hatte. Jetzt war er auf einmal ein herrlich verantwortungsbewußter Hausmann, und sie war ganz hingerissen.

Mehrere Wochen lang tat sich gar nichts. Aber dann wandelte er sich plötzlich. Auf einmal ging er tatsächlich seinen Pflichten im Haushalt nach und pfiff dabei sogar noch fröhlich vor sich hin. Und das nach all den Jahren, in denen alles den alten Trott ging!

Ich lebte einmal mit einem Mann zusammen, der mir seine Liebe und Zärtlichkeit vorenthielt (ein Spiegel eines männlichen Aspekts meiner selbst). Als ich erkannte, wie ich mit meinem Denken das Problem nur noch verschlimmerte, begann ich eines Tages, im stillen folgendes zu sagen: "Du bist so wunderbar zärtlich. Du zeigst mir deine Liebe, und das bedeutet mir sehr viel. Danke."

Am nächsten Morgen schlich er sich an, als ich mich ankleidete, und schlang seine Arme um mich. Das hätte ich nicht zu träumen gewagt!

Der Sinn von Beziehungen

Beziehungen sind dazu da, daß wir einander helfen, uns mit unserer Göttlichkeit zu vereinen. Unsere Seele - Liebe, Offenheit, Geben und Nehmen - ist der Katalysator, das Wesen einer schönen Beziehung. Je tiefer wir mit unserem inneren Selbst verschmelzen, desto besser werden unsere Beziehungen. Unsere Verbindung mit dem Göttlichen führt zu Selbstliebe, Selbstannahme und Selbstachtung - zu einem Leben, in dem wir wachsen und uns so zum Ausdruck bringen, wie es in Wahrheit unserem Wunsch entspricht. Dann können wir den anderen unterstützen und uns unterstützen lassen.

Es ist dabei unerläßlich, daß wir lernen, uns gegenseitig als göttlich, als Teil von Gott/Göttin zu sehen.

Das bedeutet nicht immer Friede, Freude, Eierkuchen. Ich schätze die Weisheit von "Ein Kurs in Wundern": "Die Liebe konfrontiert mit allen möglichen Dingen, die ihr gar nicht ähnlich sehen." Je größer die Liebe zwischen zwei Menschen ist, desto mehr Licht kommt in die dunklen Winkel, in denen sich unser unbewältigter Schmerz eingenistet hat. Dieser Schmerz dringt ins Bewußtsein, um dort geliebt uns erlöst zu werden. Doch wenn das geschieht (häufig in Form von Feindseligkeit, die auf den anderen projiziert wird), glauben wir nur allzu leicht, daß mit uns oder unserem Geliebten oder mit der Beziehung etwas verquer ist, und lassen die Beziehung den Bach hinuntergehen oder steigen aus. Es erfordert Weisheit, diese Abläufe zu durchblicken, und es erfordert Liebe, nicht davonzulaufen. Aber wenn es uns gelingt, gewinnen wir unendlich viel: eine Liebe zwischen zwei Genesenden, die sich stetig vertieft und reicher wird.

Das ist der Sinn einer Beziehung im allgemeinen. Darüber hinaus hat jede Beziehung noch ihre eigene Bedeutung. Jeder Mensch ist zugleich Lehrer und Schüler. Hast du bestimmte "Knöpfe", auf die dein Freund/deine Freundin drückt? Lern daraus. Gibt es altes Karma zwischen euch? Finde heraus, was es ist, und nutze dein Wissen, um euch beide zu heilen. Oder beschließe ganz einfach zu lieben, ohne unbedingt verstehen zu müssen. Wenn ihr nicht gemeinsam dem Göttlichen entgegenjagt, dann schau dir die Sache mal etwas gründlicher an.

Karmische Beziehungen

Unsere tiefsten Beziehungen ziehen sich oft durch mehrere Leben hindurch und breiten sich oft über Hunderte oder Tausende von Jahren aus. Solche Beziehungen kann man "karmisch" nennen. Wir lieben einander so innig, daß wir uns wieder füreinander entscheiden, selbst wenn die Beziehung schwierig ist. Bei jeder Wiederholung sind neue Elemente mit im Spiel, doch gewöhnlich gibt es ein altes Thema und eine neue Gelegenheit zum Lernen.

Man braucht nicht erneut in eine karmische Beziehung einzusteigen. Einmal traf ich einen Mann, der bei mir eine unmittelbare Abwehrreaktion hervorrief. Er wollte unbedingt mit mir zusammen sein, und da ich damals noch nicht gescheiter war, zog ich drei Wochen später bei ihm ein. Nach zwei schweren Jahren konnte ich endlich ein gemeinsames vergangenes Leben sehen. Er war ein ungehobelter kanadischer Fallensteller und ich ein sehr junges indianisches Mädchen. Er entführte mich und ließ es nicht zu, daß ich nach Hause zurückkehrte. Wenige Jahre später starben wir beide an Windpocken.

Auch als ich das alles wußte, fand ich es noch schwer zu gehen, obwohl keiner von uns glücklich war. Schließlich ging ich, bevor ich die Beziehung in mir heilen konnte. Ich heilte sie erst, nachdem ich gegangen war. Manchmal ist das das Beste.

Inzwischen mache ich eine karmische Beziehung schon von weitem aus. Wenn wir uns zueinander hingezogen fühlen, setze ich mich hin und meditiere. "Kenne ich diese Person von früher?" frage ich. Wenn ja: "Ist alles geklärt zwischen uns?" Wenn nicht, kläre ich die Beziehung auf der Stelle. Früher brauchte ich drei Jahre dazu, heute nur noch fünf Minuten.

Sexuelle Liebe

Sex, diese große Bezauberung, bietet uns unbegrenzte Möglichkeiten, in die göttliche Liebe hineinzuwachsen. Es ist eine Schande, welchen Stellenwert die Sexualität in unserer Gesellschaft hat, und allgemeine Verwirrung, Schmerz und Schuldgefühle sind uns daraus entstanden. Ein grundlegender Heilungsprozeß ist hier vonnöten. Liebe ist immer göttliche Liebe, ist immer Teil Gottes. Die sexuelle Vereinigung kann unsere Erleuchtung fördern, und das Wissen, das mit dem Namen Tantra bezeichnet wird, kann uns viel lehren. Es gibt nur ein "Ziel", nämlich Liebe auszudrücken und einander als Gott und Göttin zu sehen. Die vollständige Anerkennung der fünf Sinne führt uns durch diese hindurch zur Seele. Ein Paar kann zu immer größerer Ekstase kommen, ohne im Orgasmus Energien freizusetzen, und sexuelle Energie läßt sich vom Wurzel- sowie vom zweiten Chakra zum Kronenchakra hinaufbewegen.

Liebe und Freiheit

Die Liebe gedeiht, wenn wir die Freiheit haben, so zu sein, wie wir sind, und uns so auszudrücken, wie es uns gefällt. Nur wir selbst können uns diese Freiheit geben; niemand außer uns hat die Macht, sie uns zu geben oder zu nehmen. Natürlich können wir das Gefühl haben, daß sich jemand unserer Freiheit bemächtigt, doch das kann nur geschehen, wenn wir sie uns selbst vorher irgendwo in unserem Inneren abgesprochen haben. Wenn wir uns Freiheit geben, ziehen wir Menschen an, die uns in unserer Freiheit lieben, und die selbst gern frei sind. Dann unterstützen wir uns gegenseitig, in unserer Seele zu wachsen, uns zum Ausdruck zu bringen und Erfüllung zu erlangen.

Die meisten Beziehungen sind mit Abhängigkeit, Erwartung, Rollenspiel, Besitzdenken und ähnlichen Mustern verbunden, die in Furcht und Unsicherheit wurzeln.

Vielleicht ist es mühsam, zu dieser Einsicht zu kommen, aber ob wir uns glücklich und geborgen fühlen, ist in Wirklichkeit völlig unabhängig davon, wie die anderen sind. Das gilt sogar für Menschen, die uns sehr nahe stehen: Ehemann oder Ehefrau, Töchter und Söhne. Wir sind glücklich und geborgen, weil wir göttliche Wesen sind. Unsere Unsicherheit verflüchtigt sich, sobald wir uns daran erinnern, wer wir sind. Das gleiche gilt für alle anderen Probleme, die unserem Glauben an die Trennung entspringen.

Dennoch brauchen wir gegenseitige Abkommen nicht auszuschließen, zum Beispiel Monogamie. Sie funktionieren, solange sie von Herzen kommen.

Grundsätze von Beziehungen

Die meisten engen Beziehungen erfordern etwas Arbeit. Ich habe hier einige Überzeugungen aufgelistet, die Freude und Liebe in zwischenmenschlichen Beziehungen unterminieren. Ihnen sind die Aussagen zugeordnet, die der Wahrheit entsprechen und als "Gegenmittel" für Verstand und Herz dienen können. Diese Gegenmittel sind bezeichnend für ein absolutes Bewußtsein, das die meisten von uns noch nicht erreicht haben. Aber wir können ja schon einmal einen Blick nach vorne wagen! Es ist ein großer "Liebesdienst", wenn wir auch nur ein einziges dieser Probleme angehen, und wenn ein Problem geklärt ist, dann geraten auch alle anderen in Bewegung, und wir werden reich belohnt. Einsichten über eine Beziehung garantieren natürlich noch nicht, daß wir uns auch entsprechend verhalten, wenn das Problem aktuell ist. Aber wenn wir es nicht sofort schaffen, können wir uns nach innen wenden und uns daran erinnern, wer wir sind. Wir können uns lieben und vergeben und einen neuen Anlauf machen, um uns von unserem alten Denken zu lösen, uns noch einmal die Wahrheit beteuern, die Dinge, falls nötig, wieder in Ordnung bringen und unsere Beziehung mit neuen Einsichten bereichern.

1. *Beliebigkeit der Beziehung*: Ich bin nur zufällig hier bei dir. (Zugehörigkeit zu einer Familie wird oft so gesehen.) *Gegenmittel*: *Freie Entscheidung*. Wir entschieden uns füreinander, bevor wir zusammen kamen, und es hat einen Sinn, daß wir zusammen sind. Wir sind hier, um gemeinsam zu lernen und zu wachsen, so wie wir beide es wünschen. Für den Augenblick sind wir für einander genau richtig.
2. *Bedürftigkeit, Eifersucht, Besitzdenken*: Wenn ich allein bin, fühle ich mich nicht in Ordnung. Ich bin auf ein ganz bestimmtes Gegenüber angewiesen. *Gegenmittel*: *Ich bin göttlich.* Ich bin vollständig, vollkommen, stark, göttlich. Mein Glück und meine Erfüllung sind nicht von einem bestimmten Menschen abhängig.
3. *Absolute Unabhängigkeit*: Ich weiß, daß ich ein göttliches Wesen bin, und deshalb brauche ich niemanden. *Gegenmittel*: *Wechselseitige Abhängigkeit.* Im gesamten Leben wirkt das Prinzip der wechselseitigen Abhängigkeit. Alles ist eins, Trennung ist eine Illusion. Wir alle brauchen die Liebe des anderen. Ich brauche enge Beziehungen, und ich weiß, du brauchst sie auch.
4. *Untertänigkeit*: Ich gehe auf alles ein, was du willst oder mir rätst, auch wenn es mir eigentlich gar nicht recht ist. (Diese Überzeugung hält sich besonders hartnäckig in Eltern-Kind-Beziehungen und zwischen Ehepartnern.) *Gegenmittel: Innere Führung*. Ich weiß, wer

ich bin und was ich will. Ich folge nur meiner Göttlichkeit, meinem wahren Herzen. Das ist nicht nur das Beste für mich, sondern auch für dich, denn wenn ich dich ermutige, ebenfalls deinem Herzen zu folgen, bist du viel reicher beschenkt als mit meiner Untertänigkeit.

5. *Abstriche machen*: Wenn und ich mit dir zusammen bin, verliere oder beschneide ich meine Individualität. Ich mache dann nicht mehr das, was ich eigentlich will, und du bist der Grund dafür. *Gegenmittel: Erfüllung.* Ich bin hier, um in deiner Anwesenheit und mit deiner Unterstützung zu lernen, meine Göttlichkeit vollständig auszudrücken. Ich mache alles, was mir wirklich wichtig ist, und unterstütze dich nach besten Kräften, das gleiche zu tun.

6. *Selbstverteidigung*: Ich muß mich gegen Ärger, Kritik, Gerede etc. wehren, weil sie mich herabsetzen können. Wer mich kritisiert, ist mein Feind. *Gegenmittel: Ich bin gut.* Jede Kritik erweist mir einen Dienst, denn sie zeigt mir einen meiner eigenen Gedanken über mich selbst. Ich bin froh, wenn ich ihn sehen kann, denn dann kann ich ihn loslassen. Nichts kann die vollkommene Ganzheit und Gutheit des göttlichen "Ich Bin" herabsetzen, deshalb brauche ich mich nie zu verteidigen. Ich entscheide mich für den Umgang mit Menschen, die mich unterstützen und ermutigen.

7. *Falsches Verantwortungsbewußtsein*: Wenn du verletzt oder ärgerlich bist, besonders wegen etwas, was ich gesagt, getan oder nicht getan habe, mache ich mich dafür verantwortlich. Ich fühle mich schuldig, rege mich auf oder werde wütend. *Gegenmittel: Wahre Verantwortlichkeit.* Was zwischen uns geschieht, ist unser gemeinsames Werk. Jede(r) von uns verantwortet selbst, wie er/sie dies wahrnimmt. Wir handeln beide nach bestem Wissen. Ich liebe mich und vergebe mir. Ich habe Mitgefühl mit deinem Schmerz und lerne, liebevoller zu sein. Wenn etwas gutzumachen ist, dann tue ich es.

8. *Schuldzuweisung*: Du hast mir nicht gegeben, was ich wollte oder brauchte, obwohl du es mir hättest geben können! Ich bin im Recht, wenn ich dir die Schuld dafür gebe. *Gegenmittel: Vergeben.* Ich weiß, daß du immer nach deinem besten Wissen handelst. Es gibt nie einen Grund für eine Schuldzuweisung. Ich bin glücklich und

erfüllt - unabhängig von dem, was du tust. Ich vergebe dir und vergesse es. Ich sage dir ganz klar, was ich will, und was ich zu brauchen glaube.

9. *Veräußerung von Glück und Freiheit*: Ich könnte glücklich oder frei sein, wenn du nur...würdest, oder wenn... anders wäre. *Gegenmittel: Ich bin glücklich.* Ich bin innerlich schon glücklich und frei, ohne daß du etwas Bestimmtes tun mußt und ohne daß es bestimmte äußere Umstände geben muß. Ich selbst bin dafür verantwortlich, ob ich mein Glück und meine Freiheit spüren kann.

10. *Den anderen verändern wollen*: Ich weiß, was du brauchst und wie du sein solltest, und das sage ich dir auch. *Gegenmittel: Annehmen des anderen.* Ich akzeptiere und liebe dich so, wie du bist. Ich würdige dein Wachstumsmuster. Du bist am rechten Ort. Wenn ich Wissen habe, von dem ich glaube, daß es dir nützen kann, gebe ich es offen und in Liebe an dich weiter. Ob du davon Gebrauch machst, ist nicht meine Sache.

11. *Wenn du wütend bist, reagiere ich natürlich darauf. Gegenmittel: Offenheit und Bescheidenheit.* Ich habe nicht das Recht, dir zu sagen, was du fühlen sollst. Ich kann dich fragen, ob meine Wahrnehmung richtig ist. Ich übernehme die Verantwortung für meine Reaktion.

12. *Manipulation:* Durch eine Erkrankung oder Behinderung stelle ich dich in meine Schuld. Ich bringe dich dazu, das zu tun, was ich will. (Meistens heißt das, daß du etwas für mich tun oder bei mir bleiben mußt.) Ich kann nicht ehrlich sein, weil ich deiner und meiner Liebe nicht genügend vertraue. *Gegenmittel: Ich setze dich frei.* Ich möchte ehrlich sein - und ich bin bedürftig! Aber ich will nicht, daß du etwas für mich tust, nur weil du dich verpflichtet fühlst. Ich setze dich frei. Ich brauche keine Angst zu haben, daß du mich verläßt, denn ich bin immer gut versorgt.

13. *Du brauchst mich*: Ohne mich bist du aufgeschmissen. Deshalb muß ich bei dir bleiben und für dich da sein, auch wenn ich das eigentlich gar nicht will. *Gegenmittel: Du bist göttlich.* Du bist ein vollständiges, göttliches Wesen, Gott sorgt für dein Leben. Ich bin so lange bei dir, wie es mir mein Herz eingibt. Wenn mir mein Herz

befiehlt, etwas anderes zu tun, wird Gott auf andere Weise für dich sorgen, und ich werde mein Bestes tun, damit das geschehen kann.

14. *Bis zur Erschöpfung geben*: Ich mache bestimmte Dinge für dich, weil ich mich dazu verpflichtet fühle, und das zehrt an meinen Kräften. Deshalb stehst du in meiner Schuld. *Gegenmittel: Mit Freude geben.* Ich gebe mit Freude, und dieses Geben erfüllt mich und macht mich rundum lebendiger. Ich brauchte nichts für dich zu tun, um etwas zurückzubekommen. Ich verdiene und empfange Liebe allein dadurch, daß ich bin. Du bist frei.

15. *Verweigerung*: Ich kann dir unmöglich immer sagen, was ich von dir denke, welche Gefühle ich dir gegenüber hege und was ich tue. Es würde dich wütend machen oder aus der Fassung bringen, und damit könnte ich nicht umgehen. Ich fühle mich nicht der Wahrheit zwischen uns beiden vepflichtet. *Gegenmittel: Kommunikation.* Ich übernehme die Verantwortung für meine Gedanken, Gefühle und Handlungen. Du bist ein unschuldiges, untadeliges Wesen, und wenn ich dich beurteile, hat das nur mit mir zu tun. Ich gebe so viel von mir preis, wie es mir durch meine Verbindung mit dem Göttlichen möglich ist. Ich weiß, daß du alles hören kannst, was ich dir sagen muß. Ich bin verantwortungsbewußt, wenn ich dir etwas mitteile, und brauche dich nicht zum Müllabladen. Ich ermutige dich, genauso zu handeln. Kommunikation ist eine große positive Kraft in unserer Beziehung. Sie gibt uns die Freiheit, unsere Liebe füreinander zu spüren. Ich verpflichte mich der Wahrheit zwischen uns.

16. *Identifikation mit dem anderen*: Wenn du (dein Haar nicht schneiden läßt, dich nicht besser kleidest, keine bessere Stelle bekommst etc.), wirft das ein schlechtes Licht auf mich. Es schmälert deinen und meinen Wert. *Gegenmittel: Ich bin ich, du bist du!* Wir beide sind göttliche Wesen und liebenswert, so wie wir sind. Unser Wert kann nicht geschmälert werden. Es ist mir egal, was die Leute über uns beide denken.

17. *Täter/Opfer*: Ich bin das hilflose Opfer, und du bedrängst mich. *Gegenmittel: Gleichberechtigung in der Liebe*! Dein dominantes Verhalten spiegelt mir einen Teil meiner selbst wider, und meine

Schwäche spiegelt dir einen Teil deiner selbst wider. Die Rolle des Dominanten ist nicht stärker als die Rolle des Opfers. Wir haben uns unsere Rollen in dieser Beziehung bei gleichen Machtverhältnissen ausgesucht, damit wir lernen, daß wir uns ebenbürtig sind und gleichzeitig liebevoll sein können. Wir haben uns gegenseitig gestützt und brauchen uns jetzt nicht mehr zu verstellen und auf die eine oder andere Art Schwäche vorzutäuschen. Wir können stark, liebevoll, ebenbürtig sein - so wie wir es in Wirklichkeit sind.

18. *Sex ohne Erfüllung*: Ich bin sexuell von dir abhängig; ohne dich gibt es für mich kein Vergnügen und keinen Orgasmus. Und ich erwarte, daß du genau weißt, was ich will. *Gegenmittel: Ich bin erfüllt.* Ich spüre und weiß es. Ich sage dir ganz offen, was mir Spaß macht und lade dich dazu ein, das gleiche zu tun. Wenn wir Sex miteinander haben, kommuniziere ich meine Liebe mit dir, ohne Erwartungen daran zu knüpfen. Der Ausdruck unserer Sexualität ist für diesen Augenblick vollkommen, und von hier aus können wir ihn erweitern.

19. *Eine "abgestorbene" Beziehung aufrechterhalten:* Ich fürchte mich davor, dich gehen zu lassen, weil ich Angst habe, daß ich nach dir vielleicht keine Beziehung mehr haben kann. Ich fürchte mich vor dem Unbekannten und vor dem Alleinsein. (Geld kann die Situation noch zusätzlich komplizieren.) Oder ich habe Angst, daß du dich mies fühlen wirst. *Gegenmittel: Wenn es vorbei ist, dann geh*! Wenn sich unsere Beziehung nicht mehr erneuern läßt, sollten wir sie hinter uns lassen; das ist das Beste für uns beide. Wir sind nie allein, denn Gott/Göttin ist in jedem Augenblick bei uns. Wenn wir uns gegenseitig loslassen, entsteht ein Vakuum, das mein größeres Gutes zu mir zieht und deins zu dir. Das Göttliche trägt mich - nicht du.

20. *Angst vor Nähe*: Wenn ich dir mein Herz und mein wahres Selbst öffne, werde ich verlassen, abgewiesen werden. Deshalb lasse ich keine wirkliche Nähe zu. *Gegenmittel: Ich vertraue mir selbst und deshalb vertraue ich auch dem Leben und dir.* Ich vertraue meiner Liebe und deiner. Je besser du mich kennst, desto klarer siehst du, wie wunderbar ich bin. (Du bist es auch!) Mein Vertrauen zieht nur

vertrauenswürdige Menschen in meine Nähe. Deshalb kann ich dir ohne Sorge nahe kommen.

21. *Der Partner in der Elternrolle:* Ich bin noch nicht ganz erwachsen. Deshalb beziehe ich mich auf dich, wie ich mich auf einen Vater/eine Mutter beziehe. (Gewöhnlich ist es der andersgeschlechtliche Elternteil.) Vielleicht kann ich sogar die gleiche Beziehung mit dir entwickeln, die meine Eltern miteinander hatten. *Gegenmittel: Ebenbürtige Erwachsene.* Ich heile meine Beziehung zu meinen Eltern und vergebe ihnen und mir selbst. Ich bin erwachsen - vollständig, frei und unabhängig. Ich bin frei für die Beziehung, die ich wirklich mit dir haben will, und ich kann dich als die Person sehen, die du bist.

22. *Wir arbeiten unser Karma ab*: Der Sinn unserer Beziehung ist es, Vergangenheit aufzuarbeiten, Karma zurückzuzahlen. Es macht zwar keinen Spaß, zusammenzubleiben, aber es ist unsere Pflicht und spirituell korrekt! *Gegenmittel: Freude und Freiheit.* Wir sind hier, um unsere Ziele auf der Erde mit größter Freude und Liebe zu erfüllen. Wir verdienen und brauchen Freude, und wenn wir sie nicht gemeinsam schaffen können, sollten wir unsere Situation lieber verändern und unseren Heilungsprozeß ohne einander vollenden.

23. *Die Liebe hat sich verflüchtigt.* Früher habe ich dich einmal geliebt, aber jetzt liebe ich dich nicht mehr. *Gegenmittel: Unveränderliche, ewige Liebe*! Schon bevor wir uns trafen, habe ich dich unendlich geliebt, und ich werde dich immer lieben, genauso wie du mich liebst. Ich kläre nach besten Kräften alles, was mich einschränkt und meine Liebe zu dir verdunkelt. Es ist Zeit, daß wir die Form unserer Beziehung verändern, doch unsere Liebe besteht ewig weiter.

24. *Angst vor dem Verlassenwerden*: Meine Angst, daß du mich verläßt, ist so groß, daß ich dich lieber verlasse, bevor du es tust. *Gegenmittel: Ich kann nie verlassen werden.* Ich bin Teil der Gottheit, und die Gottheit kann sich nicht selbst verlassen. In meinem Einssein mit dem Göttlichen bin ich immer geborgen und werde immer geliebt. Ich kann ohne Angst bei dir bleiben.

25. *Aus einem Streit geht einer als Sieger hervor*: Einer von uns ist im Recht und der andere im Unrecht. Ein Streit kann es entscheiden. *Gegenmittel: Glücklichsein ist mir lieber als Rechthaben.* Wir entscheiden uns für Frieden und Verständnis anstatt für Konflikte, bei denen einer im Recht und einer im Unrecht ist. Jeder von uns hat aus seiner Sicht recht, und wir bemühen uns, gegenseitig unsere Meinungen zu akzeptieren. Wir gewinnen jeder Situation das Bestmögliche ab und verhalten uns entsprechend.

26. *Überlegenheit/Unterlegenheit:* Ich bin besser und interessanter als du, weil ich mehr Geld habe, weil meine Position mit mehr Prestige verbunden ist, weil ich zu einer bestimmten ethnischen Gruppe gehöre oder eine bestimmte Religion habe oder weil ich aussehe als du. Oder umgekehrt! *Gegenmittel: Vollkommene Gleichheit in Gott* ist die Grundlage unserer Beziehung und ich ehre sie, egal wie unsere Differenzen aussehen.

27. *Schande.* Weil du mit mir zusammen bist, kann nicht viel mit dir los sein (weil mit mir auch nicht viel los ist), und deshalb würdige ich unser Zusammensein nicht. *Gegenmittel: Es ist eine Ehre für mich, daß du mit mir zusammen bist.* Ich würdige mich selbst und dich auch.

28. *Langeweile:* Wir sind nur ein altes Ehepaar. Viel passiert hier nicht mehr. Seit zwanzig Jahren sind wir nirgendwohin gekommen und hatten keinen neuen Gedanken mehr. *Gegenmittel: Geplante Raubzüge ins Unbekannte.* Auf physischer und spiritueller Ebene erweitern wir unsere Liebe und unser gemeinsames Leben ständig.

29. *Rollenverhalten:* Wir beziehen uns nach festen Mustern aufeinander (Geschlecht, Arbeit, ethnische Zugehörigkeit etc.) anstatt wie ganze Menschen. Wir müssen den Erwartungen entsprechen, die an unsere Rollen gestellt werden. Da wir verschiedene Rollen haben, empfinde ich keine Liebe für dich und erwarte keine von dir. *Gegenmittel: Liebe kennt keine Grenzen.* Wir können unsere Regungen frei ausdrücken. Das ist der Weg des Göttlichen. Wir sind ebenbürtig. Wir lieben einander.

30. *Fremde und andere:* Da ich dich nicht kenne, gehe ich davon aus, daß du mich nicht liebst und meine Liebe nicht brauchst. Ich muß

auf der Hut sein mit dir. Ich kann dich jederzeit mißachten und auf dir herumtrampeln, weil du mir nichts bedeutest. *Gegenmittel: Nur Freunde.* Du bist die Liebe Gottes, ich auch. Wir sind eins, Brüder und Schwestern. Du willst und brauchst meine Liebe, und ich will und brauche deine. Du bedeutest mir all das, was ich mir selbst bedeute, und ich gebe dir die Liebe, die ich bin.

Ein weiser, klarer und liebevoller Mensch in allen Beziehungen: Da atmet ein Meister!

12 Unerschöpflicher Reichtum

Wie reichlich wird für dich gesorgt, wenn du es zuläßt! Was wünschst du dir im Leben, was du noch nicht hast? Wähle und überlasse es dem Universum, es dir zu bringen. Lerne, dich zu konzentrieren, die Kraft deines Wesens in die Schöpfung einzubringen. Projiziere deinen Wunsch auf die Leinwand des universellen Willens. Wisse, daß die Erfüllung bereits hier ist. Akzeptiere es. Erkenne, daß du es wert bist. Nimm den Wunsch, integriere ihn in deine Gefühle, in deine Dankbarkeit. Laß ihn los. Daran ist nichts Geheimnisvolles; es ist ein ganz normaler Prozeß, der für jeden funktioniert. All das Gute, das du willst, will auch dich. Das Universum, Gott/Göttin, das ganze Sein wünscht dir alles, was du dir selbst wünschst, und ist darauf eingerichtet, dir das zu bringen, was du annehmen kannst.

Unerschöpflicher Reichtum ist unser göttliches Erbe, unser natürlicher Zustand. Doch unsere Überzeugungen und Gefühle stehen dagegen und machen es uns schwer, an diesen Reichtum zu gelangen.

Das Leben, zu dem wir bestimmt sind, enthält alles Gute in unbegrenztem Überfluß. Hier sind ein paar Möglichkeiten, und die Liste läßt sich beliebig verlängern:

* geliebt werden
* glücklich sein
* fühlen können, lebendig sein, alle Gefühle akzeptieren
* sich komplett und reich fühlen, egal was geschieht
* Unschuld und Freude
* aus vollem Herzen lachen und spielen
* die Vergangenheit loslassen
* das Herz im gegenwärtigen Augenblick zentrieren, vollkommen gegenwärtig - lebendig!
* Vergebung

* nichts darauf geben, was die Leute denken
* Lebenskraft, Stärke und Gesundheit im Überfluß
* Selbstliebe, Selbstachtung und Vertrauen
* glückliche Beziehungen in der Familie und mit dem Partner, Freundschaften
* spirituelles Wachstum, mühelose Veränderungen
* die eigenen Begabungen entdecken und freigiebig damit umgehen
* den anderen dienen
* Geschenke mit Freude empfangen
* das schaffen, was wir im Leben wollen
* Freude an der Bewegung - Tanz, Gymnastik, Sport etc.
* jede Aktivität, die Freude macht
* Geld im Überfluß
* Sorglosigkeit und Behaglichkeit im Leben
* sexuelle Erfüllung
* Freiheit und Kraft, dem Herzen zu folgen und das zu tun, was wir wollen, wann und wie wir es wollen - in Einheit und Harmonie mit allem Leben
* ein Leben voller Leidenschaft, voll und ganz gelebt
* Entspannung, Gleichmut, nicht verhaftet sein, im Fluß sein
* kurz gesagt: menschliche Meisterschaft

In diesem unserem Prozeß des Transzendierens fügen wir noch hinzu:

* Erleuchtung, Ekstase, Samadhi, Glückseligkeit
* unbegrenzte Liebe und Mitgefühl allem gegenüber
* Dienst an allen
* Unsterblichkeit in unserer physischen Gestalt
* mühelose Gedankenreisen
* die Fähigkeit, von Prana und Licht zu leben
* Manifestation aus dem Äther
* Eintritt in hellere Dimensionen und Rückkehr nach Lust und Laune

* Aufstieg, wenn wir mit der Erde abgeschlossen haben
* vollständiger Ausdruck unserer Gott/Göttin-Natur
* kurz gesagt: ein lebender aufgestiegener Meister auf der Erde sein

Von all diesen Dingen haben wir schon immer geträumt. Die meisten von uns haben zwar etliches davon erreicht, aber kaum jemand hat alles gemeistert.

Deine Liste unterscheidet sich wahrscheinlich von meiner. Doch wir sehnen uns alle nach Erfahrungen, Dingen, Möglichkeiten des Seins, die uns noch nicht zugänglich sind. Wie können wir bekommen, was wir wollen?

Der Schlüssel scheint im Sein zu liegen: wir verkörpern bereits die Gesamtheit von allem, jeden Aspekt von Gott/Göttin, jede Fähigkeit, alles. Alles ist in unserem höheren Selbst, unserer Seele enthalten. Wenn wir uns einstimmen und immer tiefer mit unserem höheren Selbst verschmelzen, erkennen wir allmählich, daß alles, was wir uns wünschen, schon hier ist... als Teil von uns.

Wenn du die allumfassende Bewußtheit schon erleben würdest, würdest du dieses Buch nicht lesen, und ich würde es vielleicht nicht schreiben. Wir bewegen uns jedoch weiter in die Richtung der Annäherung und des Verschmelzens mit der Bewußtheit, aber die meisten von uns sind noch immer nicht bereit, all das im Überfluß zu akzeptieren, was wir uns wünschen.

Deshalb sollten wir unsere gegenwärtige Situation würdigen und lieben und bei ihr ansetzen.

Warum sind wir nicht reich?

Unser Begriff der Begrenztheit macht es uns sehr schwer zu glauben, daß das Universum unbegrenzter Überfluß ist, daß es überfließt mit allen guten Dingen, die nur darauf warten, daß wir sie annehmen und eins mit ihnen sind. Und doch ist es die Wahrheit. Das Universum und unsere Welt sind unendlich reich, weil Gott unendlich reich ist, und weil alles Gott ist. (Wir achten und lieben die Erde, Gaia, indem wir ihre Schätze umsichtig nutzen, doch auch diese Sorge wird eines

Tages enden. Wenn wir in unserer Meisterschaft sind, werden wir aus dem Äther manifestieren, was wir brauchen. Auch die höheren Dimensionen, in die wir eintreten, sind auf unmittelbare Manifestation eingerichtet.)

Gott/Göttin von allem und Gott/Göttin in uns will nur, daß wir, die wir Teil von ihm/ihr selbst sind, all das bekommen, was wir uns wünschen. Es ist nur natürlich, daß wir augenblicklich mit allem versorgt werden, was wir benötigen oder wollen. "Augenblicklich" wird auf der physischen Ebene meist zu "schnell" beziehungsweise zu so schnell, wie wir es annehmen können.

Wäre uns noch bewußt, daß wir Götter sind, dann würden wir alle in Edens Überfluß leben. Im Westen hat uns besonders der unheilvolle Einfluß der mächtigen christlichen Kirchen auf Unwürdigkeit und Armut getrimmt. Es geht hier nicht darum, jemanden anzuprangern, denn wir alle erschaffen die Dinge gemeinsam, und Machtmißbrauch ist in jedem Aspekt der Gesellschaft präsent. Aber wenn Menschen, die sich nach Liebe und spirituellem Eingebundensein sehnen, ständig hören, daß sie sündig und schuldig sind, unfähig, aus sich selbst heraus Kontakt mit Gott herzustellen, und unwürdig, im Reichtum zu leben, daß die köstliche geschlechtliche Liebe und andere Freuden sündig sind und Reichtum nicht gut oder gottgemäß ist (außer für die Kirche), dann zieht das einen ganzen Schwanz von Postulaten nach sich, die in die Welt gesetzt werden und sich nur mühsam überwinden lassen. Wer keiner Kirche angehört, wird trotzdem von dieser gängigen Weltsicht und von den eigenen religiösen Bindungen in vergangenen Leben beeinflußt. Viele von uns waren einmal Mönche und Nonnen, die aus "spirituellen" Gründen Armutsgelübde abgelegt haben.

Viele Kirchen sind jetzt aufgeklärter und beeinflussen unser Leben positiver und glückbringender. Einige haben sich sogar für den Wohlstand entschieden.

Auf jeden Fall haben wir es mit der Aushöhlung unseres Reichtums ganz schön weit getrieben. Der Glaube, daß die materielle Welt unsere höchste Realität darstellt, hätte allein schon ausgereicht. Wenn es zum Beispiel einmal eine Dürre gab, und wir von unseren Ernten lebten und völlig vergessen hatten, daß wir unsere Nahrung aus der Luft manifestieren können, dann mußten wir einfach verhungern! Der Materialismus hat uns das Hamstern beschert, die Gier, den Krieg und viel Leid.

Das Mangeldenken hat sich uns stark eingeprägt. Hier einige besonders gravierende Gedanken:

* Ich bin unwürdig.
* Reichtum ist unrecht.
* Es ist gefährlich.
* Es geht sowieso nicht.

Wenn wir den ersten dieser Gedanken überwinden und uns daran erinnern, daß wir Gott/Göttin sind, dann erledigen sich die anderen drei Gedanken von selbst. So entscheidend ist der Selbstwert! Praktisch jeder - berühmte und hochgebildete Menschen eingeschlossen - fühlt sich auf die eine oder andere Weise unwürdig. (Ein grelles Ego bedeutet nicht Selbstwert! Im Grunde gilt: Je größer das Ego, desto unsicherer der Mensch.)

Wahres Wünschen

Klären wir die oben aufgelisteten Gedanken, eröffnen wir uns wichtige weitere Schritte zur Erschaffung von Reichtum. Das Grundlegende sind immer unsere Wünsche. Wenn wir genug Klarheit und Selbstvertrauen haben, durchdringt unsere Seele unsere Gefühlsnatur und läßt uns unsere wahren Wünsche im Leben erkennen. "Wunschlosigkeit", eine Qualität, die meist dem Buddhismus zugeordnet wird, ist der Zustand des Nicht-Verhaftetseins - mit einer Sache, einer Person, einer Idee oder Lebensweise. Doch wenn der Buddha nicht von ganzem Herzen die Erleuchtung herbeigesehnt hätte, dann hätte er sicherlich nicht sieben Jahre lang unter einem Baum gesessen, bis er sie schließlich erlangte.

Das ist mit wahrem Wünschen gemeint. Unsere Seele wünscht sich, was wir brauchen, um in Weisheit wachsen zu können, (und das kann im Grunde alles sein), und das Gleichgewicht aller Dinge: spirituelles

Wachstum, Arbeit, die wir lieben (oder hassen, bis wir mit Weisheit einen Schritt weitergehen), eine schwierige oder wunderbare Beziehung, Spiel, Lachen, Ruhe...

Wahres Wünschen beinhaltet auch, die Dinge zu bekommen, die wir uns wünschen und die wir für unser Leben auf der Erde brauchen: Nahrung für unseren Körper (und das kann den Genuß und das Abenteuer herrlicher neuer Speisen bedeuten oder auch, nur von Licht zu leben), ein Zuhause nach unserem Geschmack (einfach oder vornehm), ein Umzug in die Stadt oder aufs Land, Kleidung nach Wunsch, ein Auto, um in der Welt herumkommen (je nach Geschmack ausgeflippt oder elegant) und so weiter. Auch ein ganz bestimmtes neues Paar Schuhe kann dabei sein! Wir sollten unendlich reich sein und die Weite, Freude und Unbegrenztheit kennen, wenn jeder Wunsch sich erfüllt.

Absicht, Fokus und Macht

So oft haben wir uns etwas gewünscht, glaubten aber nicht wirklich daran, daß wir es bekommen konnten, und taten nichts, um es herbeizuholen. Damit wir das Gewünschte herbeiholen können, müssen wir uns unserer Macht bewußt werden, müssen es erschaffen wollen und uns darauf konzentrieren.

Die meisten von uns fühlen sich in gewisser Weise ohnmächtig. Wie ein roter Faden zieht sich das Gefühl durch unser Leben, daß nicht genug da ist: nicht genug Zeit, nicht genug Geld, Liebe, Glück, Gesundheit... Wenn wir uns nicht als mächtig empfinden, ist uns vielleicht gar nicht klar, daß unser Denken und Fühlen auch jetzt schon die Macht haben, unser Leben zu erschaffen. Vielleicht wissen wir nicht, daß wir unser Denken und Fühlen ändern und ein völlig anderes Leben erschaffen können, vorausgesetzt, wir wollen es. Besonders frustrierend ist es, wenn wir schon Erfolge gesehen haben und diese dann willentlich nicht wiederholen können.

Absicht - der Wille zu erschaffen - ist die Grundbedingung. Und wenn wir wirklich wissen, was wir wollen, bekommen wir Treibstoff für die Absicht. Besonders hilfreich ist leidenschaftliches Wünschen.

Wahre Absicht enthält in sich den unverrückbaren Fokus, der die Schöpfung hereinläßt. Die meisten von uns wissen sehr wenig von wirklichem Fokus und wirklicher Konzentration. Der "Affenverstand", wie es manchmal heißt, quasselt ohne Ende, verzettelt unsere Energien und bringt uns um unseren Fokus. Die gewaltige Macht unseres Denkens hat dann gar keine Chance, das Gewünschte herbeizubringen, denn schon haben wir es uns wieder anders überlegt und schlagen eine ganz andere Richtung ein. Aber jeder, der Reichtum erschafft, hat die Fähigkeit, sich auf das Gewünschte zu konzentrieren.

Es gibt ein paar gute Bücher über die Kunst der Konzentration. Anfänger können sich zum Beispiel auf die Flamme einer Kerze, eine Idee oder ein Bild konzentrieren. Immer wenn die Gedanken zu wandern beginnen, lenkt man die Aufmerksamkeit zurück. Danach kann man weitere Übungen machen. Für unseren schöpferischen Prozeß gibt es nichts Wichtigeres. Und auch hier gilt: Wenn sich zur Absicht die Leidenschaft gesellt, ist es viel einfacher, den Fokus beizubehalten.

Der amerikanische Traum

Wir haben eine sehr hilfreiche Gedankenform in unserer Gesellschaft: "Mit der Zeit wird alles besser." Meine Familie hat sich in diesen Gedanken eingeklinkt. Meine Eltern wuchsen in den Zeiten der Depression auf und waren ziemlich arm. Am Anfang ihrer Ehe lebten sie von der Hand in den Mund. Damals wurden meine Schwester und ich geboren. Jim (so habe ich meinen Vater immer genannt) nahm es tagein, tagaus, jahrein, jahraus sehr genau mit seiner Arbeit, so daß sich die Situation langsam aber sicher verbesserte. Als ich zehn war, bekamen wir unser allererstes Auto. Ich erinnere mich noch genau daran, wie sich der gebrauchte blaue Studebaker in unserer Einfahrt breitmachte. Es war herrlich und neu für uns, einfach losfahren zu können. Während Jims Selbstvertrauen zunahm, schuf er sich im wahrsten Sinne des Wortes die Arbeitsplätze in den Zeitungsverlagen, die er wollte, und meine Familie kaufte schließlich ein paar schöne Häuser und genoß das hohe Einkommen meines Vaters.

Das Faszinierende ist, daß wir solche Verbesserungen erleben können, während wir uns gleichzeitig in anderen Bereichen noch an einschränkende Gedanken klammern. So hatte ich mich in den ersten Monaten meiner Zeit als "Aussteigerin" noch nicht auf einer wirklich tiefen Ebene mit meiner Seele verbunden. Ich arbeitete sieben Stunden am Tag und verdiente pro Stunde vier Dollar für eine Arbeit, die mir keinen Spaß machte. Ich wohnte in einem Apartment in der Union Avenue, einer der lautesten Straßen von Memphis. Wenn ich daran denke, wo ich jetzt stehe, habe ich buchstäblich ein Tausendfaches von dem Guten angenommen, das ich damals hatte: Ich weiß, warum ich hier bin, ich liebe meine Arbeit, ich habe ein verhältnismäßig reichliches Einkommen und lebe in einem schönen Haus an einem der schönsten und kraftvollsten Orte der Erde. Und trotzdem klammere ich mich immer noch wie meine Eltern an den Gedanken, daß man nicht mit einem einzigen Satz in den Überfluß hineinspringen kann. (Ich arbeite aber daran!)

Wir können unserem Reichtum stetig näher kommen, wenn wir uns den Gedanken aneignen: "Es wird immer besser." Wenn dieser eine Gedanke unserem Wissen entspringt und felsenfest steht, ist er unwiderstehlich.

Reichtum und Gefühl

Ich hatte mit ein paar Freunden die Fähre von San Francisco nach Angel Island genommen, einem traumhaften Fleckchen Erde in der Mitte der Bai. Es war ein wunderschöner warmer Tag, und während wir gingen, taten sich zwischen den Eukalytpusbäumen herrliche Blicke auf. Meine Freunde kehrten am späten Nachmittag zurück, aber die Insel war so friedlich, daß ich erst die letzte Fähre nehmen wollte. Ich hatte Lust auf eine Pepsi, aber aus irgendeinem Grund hatte ich nur ganz wenig Geld bei mir. Ich schaute in meinem Geldbeutel nach und fand genug Münzen, sogar ein paar Cents mehr.

Ich war sehr froh darüber und sagte ganz gerührt zu mir selbst: "Ich habe mehr als genug!"

Ich kaufte meine Pepsi und setzte mich an einen der Picknicktische in der Nähe der Anlegestelle der Fähre und freute mich an der späten goldenen Nachmittagssonne auf dem Gras. Alle Tische waren jetzt leer. Eine sanfte Brise kam auf. Ich hörte Stimmen, und als ich mich umdrehte, sah ich eine ganze Prozession von Leuten, die ein Festmahl für ein spätes Picknick herbeischafften. Der Anführer der Truppe trug eine riesige Wassermelone und marschierte an mir vorbei auf einen der Tische zu.

Plötzlich hielt er mitten im Schritt an. Er drehte sich um, kam auf mich zu und fragte: "Dürfen wir uns zu Ihnen setzen?" Überrascht und ein wenig durcheinander gebracht, antwortete ich: "Ja, natürlich." Sie setzten ihre Leckerbissen auf meinem Tisch ab. Ich hatte noch nie von Maitreya Stillwater gehört, aber er war es, und er wollte mit seinen Freunden Geburtstag feiern. Maitreya (ich glaube, heute nennt er sich anders) empfängt von seiner Seele überirdisch schöne Lieder und begleitet seinen Gesang auf der Gitarre. Ich nahm an dem Fest teil, und wir sangen seine Lieder. So hatte dieser wunderbare Tag ein zauberhaftes Ende.

Damals begriff ich den Zusammenhang nicht, aber später sah ich in vollkommener Klarheit, daß ich dieses Erlebnis eingeladen hatte, indem ich mich so freudig als reich erklärt hatte. Und um auf unser Thema zurückzukommen: In dieser Erklärung war ich selbst der Reichtum, der natürliche Ausdruck von Gott/Universum.

Es gibt beinahe nichts Mächtigeres als reines, starkes Gefühl. Annalee Skarin, die aufgestiegene Meisterin, schrieb oft, unser Motto sollte "Liebe, Lob und Dankbarkeit" sein. Hingabe, Leidenschaft, Danksagung, inbrünstiges Gebet, Großzügigkeit der Seele, tief empfundene Liebe für einander - sie machen uns in diesem Jetzt lebendig, in dem unsere Seele zu Hause ist. Wir haben immer Gelegenheit, hier dazuzulernen. Dieser Lernprozeß ist Teil unseres Seins.

Reichtum der Seele

Anfang 1978 hatte ich die Eingebung, von Memphis nach San Francisco ziehen. Die Reise war voller Wunder, und eins davon möchte ich hier erzählen. Irgendwo auf der Strecke gab mein zehn Jahre alter Volvo seinen Geist auf. Ich fuhr an den Rand, und Laura und ich öffneten die Kühlerhaube und starrten angestrengt ins Innere, als ob wir etwas von Autos verstanden hätten. Hinter uns hielt ein Lastwagen, und der Fahrer kam auf uns zu.

"Was ist denn los?" fragte er.

Mit einem einzigen Blick unter die Kühlerhaube sagte er: "Euer Keilriemen sitzt zu fest. Das hat eure Generatorspule unterbrochen."

Mir sank das Herz in die Hosentasche. Ein altes schwedisches Auto in der Wildnis von Arkansas - es konnte Wochen dauern, bis...

"Ich schau' mal in meinem Führerhaus nach", unterbrach der Trucker meinen Gedanken.

Er kam mit einer Generatorspule zurück. "Die ist für das Auto meiner Frau", sagte er. "Sie hat einen Ford."

Er probierte die Spule aus, aber sie paßte nicht. Er ging zum Lastwagen zurück und holte seinen Werkzeugkasten. Er feilte die Spule und probierte sie wieder aus, feilte und versuchte es wieder. Das ging solange, bis sie am Ende haargenau paßte. Dann legte er den Keilriemen wieder an, und wir konnten weiterfahren. Er wollte kein Geld... Vielleicht war er ein Engel, mitsamt seinem Lastwagen.

Aus diesem Erlebnis lernte ich, daß uns Hingabe und Mut immer und unbedingt die Tür zum Empfangen-Können öffnen, solange wir unserem Herzen - unserer Führung - folgen.

Die Dinge durch Leidenschaft erschaffen

Es war im Jahr 1984. Vier Jahre hatte ich schon kein eigenes Auto. Als ich im Sommer 1980 mit Leonard Orr (dem Begründer des Rebirthings) nach Europa reiste, hatte ich meinen Wagen verkauft, und im ersten Jahr nach meiner Reise machte es mir wirklich Spaß, mich mit dem Bus und der San Franciscos BART-Bahn fortzubewegen.

In den letzten drei Jahren hatte ich mir zwar wieder ein Auto gewünscht, aber noch keines manifestiert. Dann hatte ich meinen eigenen Weg als Lehrerin eingeschlagen und hatte weder übriges Geld für einen Wagen, noch war ich kreditwürdig.

Schließlich regte sich die Leidenschaft in meinem Herz. Meine gegenwärtige Situation war einfach nicht mehr gut genug für mich. Ich brauchte unbedingt einen Wagen. "Ich werde mein Leben nicht länger ohne Auto fristen!" verkündete ich mit lauter Stimme.

Wie ich an eins kommen sollte, war mir allerdings ein Rätsel. Deshalb befragte ich mein inneres Wissen. Es sagte mir: "Gib eine Anzeige im *Bay Guardian* auf." Der *Guardian* ist ein politisch orientiertes, eindeutig profanes Wochenblättchen. Der Rat wollte mir nicht besonders einleuchten, doch ich folgte ihm.

Meine Anzeige lautete: „Wer spendet Pastorin einer kleinen Kirche Auto für einen ehrbaren Zweck?" Ich war damals Hilfspastorin des San Francisco Center of the Teaching of the Inner Christ.

Auf diese Anzeige hin erhielt ich drei Anrufe. Ein Herr sagte, er würde mir sehr gern ein Auto überlassen, wenn ich dafür Sex mit ihm hätte. ("Welche Art von Auto?" feixte ein Freund von mir.) Die beiden anderen Angebote waren seriös. Ich fragte innerlich, ob ich einen dieser Wagen annehmen sollte, und die Antwort war: "Nein". (Nein?)

Eine Woche nach Erscheinen der Anzeige gab ich einen Abendkurs am TIC-Center. Ich sprach über die Kraft des gesprochenen Wortes und, um ein Beispiel zu geben, sagte ich mit Leidenschaft und absoluter Überzeugung: "Ich habe ein Auto! Ich habe ein Auto!"

Zuhause, nach dem Kurs, öffnete ich meine Post und fand einen Brief von meinen Eltern vor, denen ich kein Wort von meinem Projekt erzählt hatte. Der Brief war in der unverkennbaren Handschrift meines Vaters geschrieben. "Liebste Tochter", begann er. Und dann: „Wir hatten einen kleinen Hausratsverkauf letzte Woche, weil wir nicht so viele Möbel in unserer neuen Wohnung gebrauchen können. Dabei nahmen wir viel mehr Geld ein, als erwartet. Wir dachten uns, daß Du Dir mit dem beiliegenden Scheck vielleicht ein Auto kaufen möchtest."

Im Umschlag lag ein Scheck über $2000, was damals ein Vermögen für mich war. Ich kaufte mir mit diesem wunderbaren Geschenk dann tatsächlich mein "neues" Auto.

Je wunderbarer und "größer" ein Wunsch ist, desto länger brauchen wir, bis wir uns für das Gewünschte öffnen und es empfangen können. Dieses alte Muster tragen viele von uns noch mit sich herum. Doch wenn wir wirklich bereit für etwas sind, dann ist es da. Am eigenen Körper und an den Gefühlen läßt sich ablesen, ob du für etwas bereit bist oder nicht. Wenn du glaubst, daß du eine Million Dollar willst, aber irgendwo in dir noch ein Zögern verspürst, dann ist ein noch tieferes Einstimmen auf das Gewünschte nötig, ein Abkommen mit allen Aspekten deines Selbst, damit du es bekommen kannst.

Als ich ein anderes Mal etwas durch Leidenschaft erschuf, funktionierte es ganz anders. Seit fast drei Jahren hatte ich in Mt.Shasta gewohnt. Ich hatte ein hübsches Apartment mit hohen Räumen und Bergblick, das leider auf eine sehr belebte und laute Straße hinausging. Seit zwei Jahren sehnte ich mich nach einem ruhigen Zuhause mit mehr Privatsphäre, wollte aber den schönen Blick und die Stadtnähe nicht missen. Ich hatte mein neues Zuhause jedoch noch nicht wirklich angenommen.

Schließlich nahm ich mich selbst ins Gebet: "Es geht hier nicht um Luxus. Es ist mir ein echtes Bedürfnis, ein solches Zuhause zu haben. Ich leiste gute Arbeit in der Welt, und ich verdiene es!" (Gute Arbeit bewirkt nicht, daß man etwas verdient. Wir verdienen alles allein dadurch, daß wir sind. Doch half mir das Argument, mich empfänglich für das Gewünschte zu machen.)

Ich beschloß, ein Komitee für aufgestiegene Meister zu gründen. Ich nannte die Mitglieder, weiß aber inzwischen nicht mehr, wer alles dazu gehörte - auf jeden Fall Babaji, St. Germain und noch einige andere. Mit Leidenschaft wandte ich mich an mein Komitee: "Wenn es euch wirklich gibt, dann bringt ihr mir jetzt mein Haus!"

Ich erhielt die Eingebung, eine Frau in der Stadt anzurufen, die für zwei meiner Freunde schöne Wohnungen gefunden hatte. Eine Woche später rief sie mich an und wollte mir eine Wohnung zeigen. Sie führte mich zur McCloud Avenue, die in meiner Lieblingswohngegend ist. Mein Herz begann, lauter zu schlagen, als wir in einen Kiesweg einbogen. In der Wendeschleife stand ein schöner Ahornbaum. Wir traten in das Wohnzimmer des Hauses, und als sie mit viel Aufhebens die Vorhänge geöffnet hatte, bot sich unseren Augen eine herrliche Sicht auf den Berg. Das Grundstück war so bepflanzt, daß man praktisch völlig geschützt vor Blicken war. Diese Ruhe! Ich verliebte mich auf der Stelle in die Wohnung und zog kurze Zeit später ein.

Wieder hatte meine Bereitschaft den Ausschlag gegeben. Sie entfachte in mir das leidenschaftliche Gefühl, das mich zu dem führte, was ich zu brauchen glaubte. Wenn wir etwas wollen, ist es einfach da. Das ist die natürliche Ordnung der Dinge.

Hab', was du willst

Wie bekommen wir, was wir im Leben wollen - eine Eigenschaft, einen Gegenstand, Gesundheit, einen bestimmten Lebensstil, eine Beziehung, Sinnerfüllung, spirituelles Wachstum, finanziellen Reichtum? Wir sind selbst unerschöpflicher Reichtum, aber darüber hinaus gibt es offensichtlich ein paar Regeln, von denen einige hier noch angesprochen werden sollen:

Hab' es einfach!

Der Schlüssel zum Haben scheint darin zu liegen, daß wir einfach etwas haben, anstatt es zu wollen. Das Haben ergibt sich aus dem Zusammenwirken von unserem Denken und Fühlen und unserer Seele. Gemeinsam erschaffen sie die Erfahrung des Habens. Diese wird zu einem Magneten, der das Gewünschte mit derselben Zuverlässigkeit heranzieht, wie die Sonne jeden Tag aufgeht.

Die Erfahrung des Habens konfrontiert uns mit allen Hindernissen, die dem Haben entgegenstehen und noch zu klären sind. Haben ist einfach, wenn du bereit bist. Wenn du ihm erst noch Raum schaffen mußt, ist es ein bißchen komplizierter. Wenn du bereit bist, weißt du, was du willst, du empfindest dich würdig, geborgen und unschuldig in bezug auf das Haben, du weißt, daß du haben kannst, daß du wirklich die Absicht hast, das Gewünschte zu haben, und daß du dir vertraust, liebevoll damit umzugehen.

Das Gewünschte oder etwas Besseres

"Das oder etwas Besseres" ist ein Konzept, das zu unserer Schöpfung gehört. Das Universum ist grenzenlos, und unsere Göttlichkeit weiß mehr als unser bewußter Verstand. Wenn du dir zum Beispiel eine Beziehung mit einem bestimmten Menschen wünschst, kann das für euch beide richtig sein, vielleicht aber auch nicht. Vielleicht hat das Universum eine(n) Bessere(n) für dich! "Das oder etwas Besseres" heißt, daß etwas anders als erwartet ausfallen könnte, vielleicht kleiner oder größer als das Gewünschte. Wenn es kleiner ausfällt, warst du zu dem Zeitpunkt nicht bereit, etwas Größeres zu empfangen, und deshalb ist es zumindest vorläufig "besser" als das Gewünschte. Wenn es größer ausfällt, warst in der Lage, mehr zu empfangen.

Eine kurze Geschichte soll das veranschaulichen: Eine junge Frau brauchte $200, und als sie um diesen Betrag bat, hoffte sie, daß sie ihn bei ihrem nächsten Treffen von ihrer Mutter erhalten würde.

Kurz danach traf sie sich mit ihr. Beim Abschied zog die Mutter ihr Scheckbuch aus der Tasche, schrieb wortlos einen Scheck aus und gab ihn ihrer Tochter. Es war ein Scheck über $200.

"Komisch", sagte die Mutter. "Eigentlich wollte ich $500 schreiben, aber irgendwie wurden es $200."

Mach keinen Plan!

Noch eins: Leg dir keinen "Plan" zurecht. Sag dem Universum nicht, wie, durch wen etc. etwas zu dir kommen soll. Öffne dich für die zahllosen Möglichkeiten und Formen, in denen dir das Universum etwas bringen kann.

Ich habe viele Leute getroffen, die jahrelang gegen einen Ehepartner oder einen angeblichen Übeltäter prozessieren, um einen bestimmten Geldbetrag zu bekommen oder zurückzubekommen. Sie bleiben in dem Gedanken stecken, daß das Geld unbedingt von dieser einen bestimmten Person oder Organisation kommen muß, und zu diesem Gedanken gesellen sich meist auch noch Ärger, das Verlangen nach Ausgleich oder Gerechtigkeit und der Wunsch nach Rache. Und auch wenn das Gewünschte eintritt, so hat es doch beide Seiten leidvolle Jahre gekostet.

In einer solchen Situation solltest du dich fragen, ob du lieber recht hast oder glücklich bist. Wenn dir jemand etwas vorenthält, was dir zusteht, ist dies eine vollkommene Spiegelung eines Teils deiner selbst. Vermutlich inszeniert ihr gerade wieder einmal gemeinsam altes Karma. Zieh die Möglichkeit in Betracht, daß ein all-liebendes, unbegrenztes Universum dir genau das bringen kann, was du brauchst, und zwar in vollkommenster Friedlichkeit und Harmonie. Du kannst deinen Teil der Schöpfung erlösen, indem du dem vergibst, was du als böse empfindest, in dein eigenes Gleichgewicht kommst und weiter gehst. Du kannst es loslassen.

Eine wunderbare Geschichte meiner Freundin Bianca in Australien veranschaulicht sehr schön die beiden Prinzipien "Das oder etwas Besseres" und "Kein Plan!". Bianca stellt hochwertige Hautpflegeprodukte aus den besten und teuersten natürlichen Substanzen her, die alle in ihrer kleinen Fabrik gelagert sind.

Sie wollte aus dem hektischen Sydney in ein ruhigeres Gebiet ziehen und entschied sich für Gosford im Norden, eine hübsche Stadt am Wasser. Sie fand dort ein Gebäude, in dem sie sich ihre Fabrik gut vorstellen konnte, hinterlegte eine Kaution und bereitete den Umzug vor. Aber aus unerklärlichen Gründen wurde nichts aus dem Projekt.

Kurze Zeit später bemerkte sie eines Morgens nach dem Aufwachen, daß es schwarze Asche vom Himmel regnete. Aus den Nachrichten erfuhr sie, daß die Örtlichkeiten in Gosbury, wo ihre Fabrik gewesen wäre, einem Buschfeuer zum Opfer gefallen waren. Die Asche, die nun auf ihr Gesicht fiel, hätte von ihrer Fabrik stammen können.

Bianca erhielt die Eingebung, in ein Gebiet südlich von Sydney zu ziehen, und jetzt findet sie, daß das der allerbeste Ort für sie ist.

Selbst Reichtum sein

Wenn wir das, was wir wollen, selbst sind, ist unsere Macht am größten. Dieser Zustand ist unwiderstehlich wie ein Magnet. Auf ätherischer Ebene entsteht ein Bild, das sich auf der physischen manifestiert. Eine erst seit kurzem wohlhabende Freundin sagte einmal zu mir: "Wenn du weißt, daß du alles hast, dann kommt es, auch wenn du nur den Bademantel besitzt, den du am Leib trägst." Zumindest im Hinblick auf Geld hat sie es gemeistert, Reichtum zu sein.

Hier noch ein Zitat aus Band 1 von "*Leben und Lehren der Meister aus dem Fernen Osten*", Seiten 137-138, engl. Ausgabe:

Wenn man weiß, daß das ICH BIN die Wunscherfüllung ist, dann ist der Wunsch schon erfüllt... Darin liegen die Macht, die Substanz und die Intelligenz, von denen alle Formen ihre Form nehmen. Und zu wissen, daß in dem Augenblick, in dem sich eine bestimmte wahre Idee eines Wunsches intelligent formen läßt, die Macht, die Intelligenz und die Substanz zu ihr hinfließen und sie hervorbringen müssen...

Vielleicht müssen wir uns einem Gewirr von Erfahrungen stellen und diese überwinden...(aber) die Seele sieht jetzt nur das Gute, das Objekt ihrer Begierde... es darf keinen Zweifel geben, kein Wanken, kein Zögern... man muß der Vision treu bleiben und nicht nachlassen...Man muß das Alte hinter sich lassen, sich ans Neue heften. Man muß die Dinge vergessen, an die man nicht erinnert werden möchte, und sich nur an Dinge erinnern, die man bewahren möchte. Das eine ist so wesentlich wie das andere. Nur an die Vision darf man sich erinnern, deren Erfüllung man sich herbeiwünscht... Das ist... die Konzentration der Hingabe... Das ist die Liebe zum Ideal... Die Liebe läßt das Ideal Wirklichkeit werden.

Segenswünsche für euer Annehmen und eure Erfahrung des unbegrenzten Reichtums in allen Bereichen eures Lebens!

13 Gesundheit und Heilung von Geist und Körper

Göttlicher Körper, Tempel Gottes, der seine Würde nie verloren hat! Dir ist es bestimmt, die Göttlichkeit auf jede erdenkliche Weise zum Ausdruck zu bringen! Wie könnte an dir ein Makel haften? Deine Vollkommenheit ist manifest.

Ein vitaler Körper. Aufrecht stehen, gehen, rennen, Berge besteigen, Lebensmittel einkaufen, skifahren, arbeiten - hüpfen und springen. Gesundheit, Ganzheit. Welche Geschenke! So lange wir uns dafür entscheiden, einen Bruchteil unseres Bewußtseins in einen irdischen Körper fließen zu lassen, ist es jedenfalls nützlich, wenn dieser gesund ist.

Was ist ein physischer Körper? Wenn wir auch nur ein kleines bißchen Ahnung von Physik und Energie haben, fällt die Antwort gar nicht so leicht. Offenbar handelt es sich um ein Bündel lokal organisierter Energiemuster, die keineswegs fest sind und durch eine universelle Intelligenz geformt und unablässig instandgehalten werden. In jeder Sekunde finden Trillionen von Transaktionen statt, um den Körper gesund zu halten, wobei unser Denken und Fühlen eine wichtige Rolle spielen. Unser Körper ist ein solches Wunderwerk, daß die effektivsten Computer ihn nicht duplizieren können. So ist unser Vehikel beschaffen!

Je mehr wir über uns erfahren, desto stärker spüren wir die Verbundenheit von Körper, Geist und Gefühl und die unbegrenzten Möglichkeiten ihrer Wechselwirkung. Der Körper folgt - bewußt oder unbewußt - dem Geist, in allem, was dieser erschafft, ob dies nun völlig irdisch ist oder vielleicht sogar ins Wunderbare geht. Unflexibel gewordene Stellen im Geist oder Gefühl erschaffen unflexible Stellen im Körper, und diese können zu Krankheit oder sogar zum Tod führen. Ein klarer Geist und klare Gefühle erschaffen einen klaren, starken, glücklichen, gesunden Körper, der buchstäblich ewig leben kann.

Man hört jetzt immer häufiger von "Wundern" an unseren Körpern, das heißt von Vorfällen, die das natürliche spirituelle Gesetz auf ungewöhnliche Weise demonstrieren. Bei manchen Menschen wachsen verlorene Gliedmaßen nach, andere genesen über Nacht von "unheilbaren" Karzinomen, lachen sich gesund, sind gleichzeitig an mehreren Orten, lernen, wie man von Licht lebt, und finden Geschmack daran, den Bereich der Möglichkeiten zu erweitern. Und das dürfen wir auch erwarten, denn wir sind auf unserer Rückkehr nach Hause, erinnern uns daran, daß wir eins sind mit Gott.

Von den Faktoren, die zur Gesundheit beitragen, ist Glück der allerwichtigste. Freude ist elektrisierend! Sie belebt jede Zelle. Und den Körper lieben, ehren und segnen sind Wohltaten, die man gar nicht hoch genug schätzen kann.

Ernährung: Vom Steak zur Luft

Experten sagen, daß manche Lebensmittel deutlich besser als andere sind. Wenn wir zehn Sachverständige in einen Raum sperren würden, und sie müßten sich auf diese Lebensmittel einigen, dann hätten wir unsere wahre Freude an dem Schauspiel. Ich liebe die Geschichten von gesunden Hundertjährigen, die danach gefragt werden, wie sie sich ihre Lebenskraft bewahrt haben. Die Antworten lauten dann etwa so: "Tja, den Tag beginne ich mit drei oder vier Eiern, einem Stück Speck und gutem schwarzen Kaffee. Trinke gern mal einen Whiskey. Brauche meine Zigarre. Sport? Nö, daran glaub' ich nicht."

Ein Freund erzählte mir, daß er bei seinen Workshops den Leuten einen Schokoladenriegel in die Hand drückt und dann den Arm kinesiologisch testet. Jedesmal wurde der Arm schwächer und sank nach unten, und die Getesteten waren sich einig, daß Schokolade schlecht für sie ist.

Eines Tages legte er einer Frau die Schokolade wie üblich in die Hand und versuchte, ihr den Arm nach unten zu drücken. Es ging nicht. Er versuchte es wieder, wollte es nicht glauben, aber der Arm blieb felsenfest oben. "Ich liebe Schokolade", sagte die Frau und lachte.

Ich glaube, daß sich jedes besonders leckere Lebensmittel - Schokolade, herrlich warmes Brot mit reichlich Butter, Speck, Kaffee

- nur deshalb negativ auf den Körper auswirkt, weil die Menschheit noch an ihrer Schuld festhält. Doch wie die Frau in dem Workshop können wir die schädliche Wirkungen in ihr Gegenteil umkehren, wenn wir das, was wir essen, lieben.

Eskimos leben hauptsächlich von Walfischspeck und sind trotzdem vital und gesund. Ich habe eine ganze Reihe von Freunden, die sich von Licht oder Prana - purer Lebensenergie - ernähren. Wie erklärt sich so etwas in Begriffen von Vitaminen, Mineralstoffen und dem täglichen Mindestbedarf an Eiweiß? Gar nicht! Wie wir im Hinblick auf Essen denken und fühlen, scheint ausschlaggebend zu sein.

Viele spirituelle Menschen scheinen im Bereich der religiösen Dogmen und Morallehren lediglich alte Muster für neue einzutauschen - zum Beispiel, daß es schlecht ist, Fleisch zu essen. Damit ist man bestimmt keinen Deut glücklicher oder erleuchteter.

Der Dalai Lama dachte lange über Nahrung nach. Als er in einem Interview nach seiner Ernährung befragt wurde, sagte er: "Ich esse alles. Heute gab es zum Frühstück Schweineschnitzel und Eier, und es schmeckte mir ganz ausgezeichnet." Es gibt keinen Grund, warum wir uns einengen müßten. Wir sollten lieber unseren Körper einladen, uns zu sagen, was er gern ißt. Ich weiß, die Zeit wird kommen - und ich werde ebenso glücklich darüber sein wie alle anderen - wenn Tiere nicht mehr von Menschen gegessen werden. Aber vorerst esse ich ab und zu Fleisch, und wenn ich welches esse, dann mit Genuß.

Jasmuheen, eine gute Freundin von mir aus Brisbane in Australien, lebt bereits seit vier Jahren von Prana, der universellen Lebenskraft, die in allem ist. Das heißt, daß sie alles, was sie braucht, durch die Atmung und die Haut aufnimmt. Sie schrieb ein Buch mit dem Titel *Lichtnahrung*. Mehrere meiner Freunde haben monatelang "von Licht gelebt". Meiner Ansicht nach tun dies viele von uns inzwischen, obwohl auch sie immer noch essen. Unsere Körper haben sich mittlerweile so sehr beschleunigt, daß sie sich durch Prana erhalten können. Ich genieße das Essen noch immer sehr und möchte deshalb diesen Weg jetzt nicht einschlagen.

Doch welche Ernährung ist für dich die richtige?

Das System durchputzen

Wenn wir fasten und nur Flüssigkeit zu uns nehmen, reinigt sich der Darm, was der Klarheit auf allen Ebenen und damit unserem Aufstieg sehr förderlich sein kann. Manche Leute wollen in ihren Ausscheidungen Reste von Lebensmitteln entdeckt haben, die sie vor zehn Jahren gegessen hatten. Das Durchputzen des Systems setzt gespeicherte Giftstoffe frei und entlastet Leber und Nieren. Im Ökoladen sind inzwischen viele Produkte zur Unterstützung der Reinigung sowie nützliche Informationen zu haben.

Sport?

Körper wollen sich bewegen. Wie wir das tun, bleibt uns überlassen, solange wir dabei Freude oder Heiterkeit empfinden (ein Aspekt der Göttlichkeit!). Wenn wir uns unseres Körpers wirklich tief bewußt werden, brauchen wir möglicherweise gar keinen Sport mehr.

Heilung

So wie beim Klären von Geist und Gefühl braucht auch bei einer körperlichen Krankheit oder Verletzung in unserer letztendlichen und höchsten Wirklichkeit gar nichts geheilt zu werden. Ganzheit IST, Seele IST, Vollkommenheit IST. Jesus heilte durch sein Wissen. Er sah keinen Kranken oder Verletzten vor sich, sondern ein ganzes, göttliches Wesen. Wenn wir unsere Göttlichkeit ausloten, beginnen auch wir, uns und andere auf diese Weise zu heilen. Einige haben schon damit begonnen.

Auch wenn sich die körperliche Heilung unmittelbar einstellt, kann sie nur dann von Dauer sein, wenn noch etwas anderes heilt: die mental-emotionale Ursache der Krankheit oder der Grund, warum wir unseren Körper der Gefahr ausgesetzt haben, daß er sich verletzt. Es wird uns nun klarer, daß Körper und Geist ein Kontinuum sind und gleichzeitig Teil des Kontinuums, das das ganze Universum umfaßt. Nichts ereignet sich zufällig, auch nicht die "Unfälle", an denen andere "schuld" sind. Viele von uns haben die Erfahrung gemacht, daß wir Freunden ein Wehwehchen klagen - und dafür herzlich recht wenig

Mitgefühl erhalten! Vermutlich bekommen wir etwas zu hören wie die - im Grunde liebevollen - Worte: "Also, was ist denn im Moment los in deinem Leben?" Suche immer innen nach Ursache und Heilung deines körperlichen Problems. Manchmal kann ein körperliches Heilverfahren die Ursache klären, aber das ist eher die Ausnahme.

Werfen wir einen kurzen Blick auf die verschiedenen Ansätze zur Heilung des Körpers, die wir nach dem "E"-Faktor ("E" für Erleuchtung!) bewerten können:

1. *Das medizinische Modell* - der Körper als Maschine: Wir würdigen das Engagement der Ärzte und Wissenschaftler, die so viel Wissen angesammelt und viele Leben verlängert haben. Ihre Fähigkeiten werden noch immer von vielen benötigt, und manchmal sogar von uns Geist-Körper-Menschen. Doch dringt dieser Ansatz nicht bis zur inneren Ursache vor. Er verstärkt den Glauben, daß es keine höhere Wirklichkeit als die materielle Welt gibt. Dieses Modell wird bald veraltet sein. E-Faktor 1 auf einer 1-bis-10-Skala.

Anzumerken ist hier noch, daß jede Heilung für den Augenblick richtig ist, sofern sie für jemanden funktioniert. Es soll hier kein Urteil gefällt werden. Eine meiner Freundinnen wurde an einem ("unheilbaren") Karzinom operiert und weigerte sich danach, sich einer Chemotherapie zu unterziehen. Ihr wurde auf einer tiefen Ebene klar, warum sie die Krankheit erschaffen hatte, und sie heilte die Ursache. Jetzt ist sie völlig gesund.

Viele Ärzte wachen jetzt auf, überbrücken die Kluft zwischen Wissenschaft und Seele und erweisen uns damit einen großen Dienst. Nachzulesen ist dies beispielsweise bei Bernie Siegel (Medicine and Miracles) und in Deepak Chopras wundervollem Werk. Ein Arzt, dessen Arbeit von Liebe und Wissen getragen ist, hat einen viel höheren E-Faktor.

2. *Alternatives Heilen*: Dieser Begriff umfaßt ein immer breiteres Spektrum und berücksichtigt neben dem physischen meist auch den mentalen, emotionalen, astralen und kausalen Körper, von denen der

physische Körper umgeben wird. Auch wenn die Ursache des Problems nicht geklärt wird, lassen sich nützliche innere Kräfte aktivieren. (Amerikaner geben übrigens inzwischen mehr Geld für alternative Methoden als für die Schulmedizin aus.)

Der E-Faktor dieses Ansatzes richtet sich nach der Liebe und Weisheit, die in einem bestimmten Verfahren enthalten sind und - besonders wichtig - die der jeweilige Therapeut in seine/ihre Arbeit einfließen läßt. Deshalb läßt sich der E-Faktor nicht genau festlegen, doch im allgemeinen wollen wir den alternativen Heilmethoden E-Faktor 6 zuordnen.

3. *Heilen durch Klärung der mental-emotionalen Ursache*: Damit sind jetzt viele von uns beschäftigt. Wir lernen, die Tiefen unserer eigenen Psyche zu ergründen und die Gefühle und Überzeugungen zu klären, die die Krankheit oder Verletzung verursacht haben. Manchmal können wir die Ursache klären, ohne daß wir sie erkennen. Da sich das ganze Kapitel mit diesem Thema beschäftigt, bedarf es hier keiner weiteren Worte. E-Faktor 7.

4. *Heilung durch das Gebet*: Obwohl dem Gebet oft eher ein Gefühl der Trennung zugrunde liegt als das Gefühl des Einsseins, beinhaltet es zumindest das Eingeständnis, daß Seele-Gott liebend und mächtig ist und daß Lösungen, ja sogar Wunder der universellen Quelle entspringen. Durch das Gebet lassen sich Schwierigkeiten wunderbar lösen. E-Faktor 8.

5. *Heilung durch das Bewußtsein der Vollkommenheit* - der höchste Ansatz überhaupt: Du bist das Göttliche, das du bist. Durch die Illusion der Schwierigkeit hindurch siehst du die ganzheitliche Wirklichkeit. Einen Kranken oder Verletzten als völlig gesund zu sehen, kann so kraftvoll sein, daß es sogar die Ursache des Leidens klärt; in manchen Fällen ist zusätzliche Klärungsarbeit erforderlich. Viele Wunderheilungen haben ihren Ursprung im Bewußtsein der Vollkommenheit. E-Faktor 10.

Weil die meisten von uns ihren Körper noch nicht unmittelbar heilen können, schauen wir uns Heilmethoden an, bei denen die Erkenntnis der mental-emotionale Ursache und deren Klärung im Vordergrund steht. Wir werfen auch einen Blick auf die Heilung durch das Gebet und die Spontanheilung durch das Sehen der Vollkommenheit.

Klärung der Krankheitsursache

Es gilt zu verstehen, daß alles im Zusammenhang mit unserem Körper dem Denken und Fühlen entspringt. Und so läßt sich auch alles - selbst "unheilbare" Krankheiten - durch Klärung der Ursache heilen. Es gibt ein sehr schönes Büchlein von Louise Hay mit dem Titel *Heile deinen Körper*, das die Ursache oft genau auf den Punkt bringt. Sehr empfehlenswert!

Die Geist-Körper-Beziehung zu verstehen, kann schwer sein, weil so viele unserer Gefühle und Überzeugungen verschüttet sind. Solange wir keinen Zugriff auf sie haben, wird Heilung hauptsächlich über Ärzte oder Heilpraktiker und über die natürlichen Heilungsinstinkte des Körpers erfolgen. Doch wenn wir die Prozesse verstehen, die tief in uns ablaufen, sehen wir, wie sich alles zusammenfügt.

Dann werden wir erkennen, daß selbst umweltbedingte Krankheiten keine Ausnahme vom Geist-Körper-Modell darstellen. Wovor habe ich Angst? Welchen Gedanken, welche Angst drückt meine Schwierigkeit aus (Angst vor dem Leben, vor anderen Energien, Menschen...)? Wie kläre ich die Schwierigkeit? Ein Teil von uns weiß die Antwort auf jede Frage und kann uns helfen, sie zu sehen, und uns durch unsere Angst, unseren Ärger und Kummer zu Klarheit und Vergebung und schließlich zur Gesundheit führen.

Wir alle haben die Fähigkeit, uns zu heilen. Die Ursachen für einige Krankheiten gehen sehr tief; sie können komplex sein und vergangene Leben einbeziehen. Es ist wichtig, daß wir es uns nicht übel nehmen, wenn wir ein Leiden nicht heilen oder Heilung von anderen nicht annehmen können. Während wir gesund werden wollen, hat ein verschütteter Aspekt unsere Krankheit vielleicht noch hartnäckig im Griff.

Doch geschieht auch dies letztendlich zu unserem Besten. Eine Krankheit kann uns zum Beispiel davor bewahren, etwas zu tun, was wir im Grunde gern tun würden, wovor wir aber im geheimen zurückschrecken. Wenn es uns gelingt, den Sinn eines Leidens herauszufinden, dann können wir unsere Angst heilen.

Mein Freund Norman erzählte mir, daß er sich vor Jahren Multiple Sklerose erschuf, weil er durch seine Arbeit völlig überlastet war. Er mußte buchstäblich aufhören, sich in diesem Bereich zu bewegen, und er wußte nicht, wie er sich sonst aus der Affaire ziehen konnte. Durch seinen Kontakt mit der Seele, durch Meditation und Gebet, Visualisierung und Gymnastik heilt er jetzt seinen Körper. Als er und seine Frau noch in meiner Nachbarschaft wohnten, zeigte er mir oft etwas Neues, was er vorher nicht hatte tun können.

Wie finden wir die Ursache einer Krankheit oder einer anderen körperlichen Schwierigkeit heraus? Vielleicht funktioniert meine Methode auch für dich.

Zuerst stimme ich mich auf meine Gefühle oder auf meinen Körper oder den betroffenen Körperteil ein. Ich werfe einen tiefen Blick in mein Inneres und lasse mich dann von den Dingen leiten. Ich frage oft: "Welcher Teil von mir erschafft diese Krankheit?" Oder: "Was ist die Ursache dieser Krankheit?" Dann horche ich in mich hinein. Ich lade ein Gefühl ein, eine Stimme anzunehmen und zu mir zu sprechen.

Als ich einmal starke Magenschmerzen hatte, sagte diese Stimme: "Ich habe Angst, vor einer so großen Gruppe zu sprechen." "Warum?" fragte ich. Da sah ich mich in einem vergangenen Leben, als ich ein spiritueller Lehrer war und getötet wurde, weil ich meine Wahrheit verkündete. Ich mußte Tiefenarbeit leisten, um diese Angst loslassen zu können, und traf eine neue Entscheidung: "Alle empfinden es als Wohltat und schätzen es, wenn ich mich mit ihnen austausche. Ich bin in vollkommener Harmonie mit allen Menschen." Auf diese Weise konnten sich meine Ängste und damit auch meine physischen Symptome auflösen."

Wenn du deinen Körper nicht heilen kannst, indem du dich mit der Ursache befaßt, könnte der nächste Schritt ein Termin beim Heilpraktiker sein. Manche alternativen Heiler arbeiten mit Engeln, um die heilende Energie einzuladen, andere mit Tönen oder Licht, andere mit den Körpermeridianen. Mittlerweile ist das Angebot riesig geworden.

Das Ende von AIDS

Einige meiner Freunde sind wie erwartet an AIDS gestorben. Julian, ein schöner Mann, war vier Jahre lang HIV-positiv, aber völlig gesund. Dann begann er, sich testen zu lassen, und dies wirkte sich auf seine Gedanken aus. Die Krankheit kam, und er starb.

Andere meiner Freunde sind dagegen seit zehn und mehr Jahren HIV-positiv und dabei bei bester Gesundheit. Und sie werden auch gesund bleiben, denn sie räumen dem Virus einfach nicht die Macht ein, ihr Leben zu unterbrechen. Sie denken gar nicht daran, sich testen zu lassen. Sie brüsten sich nicht mit ihrem Triumph, wollen keine Aufmerksamkeit, leben einfach ihr Leben. Inzwischen habe ich von vielen Leuten gehört, die HIV und/oder AIDS besiegt haben. Sie waren HIV-positiv, und nun sind sie es nicht mehr. Verschiedene, meist alternative Heilmethoden haben Erfolge gezeitigt. Ich brauche hier keine heißen Tips zu geben, denn wenn du (oder ein Freund von dir) betroffen bist, dann brauchst du nur zu wissen, daß unser Denken und Fühlen, unsere Entscheidung für die Gesundheit und unsere Entschlossenheit uns an alle verfügbaren Heilmethoden heranführen werden, falls überhaupt eine nötig ist. Wie immer kann es auch hier notwendig sein, sich die mentalen und emotionalen Ursachen für unsere Erkrankung anzuschauen, denn viele, die der Ansteckungsgefahr auch ausgesetzt waren, erkranken nicht. Diese Ursachen müssen dann geklärt werden. Alles in allem gibt es keinen Grund, warum irgend jemand an AIDS sterben müßte.

Die erhöhte Frequenz der Erdschwingungen und der Menschheit wird dazu führen, daß sämtliche Krankheiten von unserem Planeten verschwinden. Wir werden eine Frequenz erreichen, auf der sich keine Krankheit halten kann.

Winnies Heilung

Winnie, eine schöne Frau in ihren Achtzigern erzählte mir folgende Geschichte: Als sie Ende 70 war, kollabierte ihr Rückgrat und konnte kein Gewicht mehr tragen. Winnie konnte weder stehen noch gehen, und die Spezialisten waren sich darin einig, daß sie sich damit abzufinden hatte. Es wurde nicht besser; jeden Tag brauchte sie Schmerztabletten, und das sollte so für den Rest ihres Lebens weitergehen. Ihr Arzt verschrieb ihr gerade wieder einmal ein Schmerzmittel, als Winnie in sich eine Stimme hörte: "Wenn du dich damit abfindest, dann gehört es zu dir."

Sie sagte dem Arzt, daß sie es sich überlegen wolle. Zu Hause angelangt, wurde ihr klar, daß sie nicht so weiterleben konnte. Sie hatte sich mit *Ein Kurs in Wunderns* beschäftigt und dachte darüber nach, was sich in ihr ändern mußte. Besonders verdächtig erschien ihr in diesem Zusammenhang der Groll, obwohl sie eigentlich gar nicht fand, daß sie welchen gehegt hätte. Als sie aber ihr Leben betrachtete, merkte sie auf einmal, daß sie doch oft gegrollt hatte. Sie arbeitete nun daran, vergeben und loslassen zu können.

Obwohl Winnie sich gewissenhaft bemühte, vergingen Monate, ohne daß sich irgend etwas besserte. Sie bat ihre Tochter, innerlich mit Sai Baba zu sprechen, dem indischen Avatar (ein Mensch, der Gott verwirklicht hat), und ihn zu fragen, was sie tun solle. Er sagte: "Sie muß zurückgehen." Und: "Sie ist geheilt." Bei ihrem nutzlosen Körper wußte Winnie nicht, wie sie das verstehen sollte. Trotzdem nahm sie sich den Rat zu Herzen, blickte zurück in die Zeit, als sie 12, 13 war, und entdeckte noch mehr.

Winnie arbeitete weitere Monate an sich, und nicht das Geringste veränderte sich.

Als Winnie eines Abends zusammen mit anderen meditierte, erschien ihr Sai Baba und sagte: "Du bist geheilt." Verwirrt antwortete sie: "Ich glaube, daß ich geheilt werde, aber wann werde ich wieder gehen können?"

Sai Baba sah sie an, als ob sie nicht ganz gescheit wäre. "Geh noch weiter zurück", sagte er.

Sie tat es. Und sie entdeckte, daß sie als Kind großen Groll wegen ihrer Anämie verspürt hatte, als ihre viel aktivere Schwester die ganze Aufmerksamkeit erhielt. Jetzt konnte Winnie ihren eigenen tiefsitzenden Ärger spüren. Sie sagte mir: "Es genügte nicht, daß ich von meinem Groll wußte. Ich mußte ihn spüren und verstehen, warum ich grollte, ich mußte alles begreifen. Und ich spürte diesen Groll immer und immer wieder."

Etwa sechs Wochen nach Sai Babas Erscheinung besserte sich Winnies Zustand auf einmal. Sie sagte mir: "Als ich zwei Minuten lang allein stehen konnte, war ich ganz aus dem Häuschen. Ich brauchte ungefähr einen Monat. Jeden Tag wurde ich ein bißchen kräftiger, und dann war ich geheilt."

Winnies Fall ist ein perfektes Beispiel dafür, was passieren kann, wenn wir willens sind, einen tiefen Blick in uns hineinzuwerfen und uns zu verändern. Sie ist auch ein wunderbares Beispiel dafür, wie man den eigenen Bemühungen treu bleibt, auch wenn sich nach Monaten noch nichts tut. Wenn wir bei unserer Entschlossenheit bleiben und unsere Vision beibehalten, kann nichts unseren Erfolg aufhalten.

Clem, der Soldat aus dem 18. Jahrhundert

Mein Freund Clem McGrath aus Neuseeland erzählte mir, daß er von Zeit zu Zeit Schmerzen in der linken Schulter verspürte. Irgendwann begann er, sich seine Macht zu beteuern. Jedesmal, wenn er mit seinem Hund Sashi im Park spazierenging, verkündete er laut: "Ich habe Macht. Ich bin Herr über mein eigenes Leben." Kurz danach verstärkten sich die Schmerzen in der Schulter.

Als er wieder einmal in der Sauna war, hörte er seine Schulter zu ihm sprechen: "Du denkst immer nur, daß ich ein Problem bin. Du gibst mir überhaupt keine Zeit zum Ausruhen und Gesundwerden!" Clem hörte zu, entschuldigte sich bei der Schulter und gab ihr die Erlaubnis, dies zu tun. Fast im selben Augenblick versteifte sich die Schulter, und Clem spürte nun bei jeder Armbewegung rasende Schmerzen. Wieder begab er sich in Behandlung, aber es trat keine Besserung ein, bis er mit seiner Frau Janet ein Rebirthing mitmachte.

Während er bewußt atmete, kam Traurigkeit in ihm auf, und als er sich ihr zuwendete, schossen ihm plötzlich die Worte "die Schlacht von Cullodden" durch den Kopf. Dabei wurde er sehr bekümmert, und seine Tränen begannen zu fließen. Die Schlacht von Cullodden wurde im 18. Jahrhundert in Schottland zwischen Engländern und Schotten ausgetragen. Clem sah sich in dieser Schlacht als Schotten. Er entging einer Verwundung, doch als er nach Hause zurückkehrte, kamen die Engländer. Clem ging zur Tür, hob seine linke Hand gebieterisch und sagte mit Bestimmtheit: "Hier kommt ihr nicht herein." Der englische Soldat antwortete, indem er Clem den Arm abschlug. Fast auf den Tag genau zweihundert Jahre später nahm sich Clem wieder seine Macht, und dabei stieß er auf die Wunde, die nun auf psychischer Ebene geheilt werden wollte. Solche Nachwirkungen aus vergangenen Leben kommen jetzt im Leben vieler zum Vorschein.

Die Schulter blieb auch weiterhin steif. Als Clem einmal einen Freund besuchte, sagte dieser ihm: "Manche Leute gewinnen durch den Schmerz Klarheit." Bei einem Spaziergang mit Sashi erinnerte sich Clem an die Worte seines Freundes. "Na klar," dachte er. "Das habe ich alles selbst erschaffen. Es gibt überhaupt kein Problem. Ich habe mir das ausgesucht, weil ich Klarheit wollte. Ach Clem, du bist wirklich ein tapferer Kerl!"

Als er zehn Minuten später nach Hause zurückkam, war seine Schulter völlig in Ordnung. Und das ist bis heute so geblieben.

Eine Erkenntnis aus einem früheren Leben und eine neue Sicht der Schulter hatten Clems Heilung bewirkt.

Heilung durch das Gebet

Unser Körper kann durch die Gnade geheilt werden. Die unbegrenzte göttliche Macht kann alles spontan heilen, und das Gebet für uns selbst oder für andere kann Wunder bewirken. Manchmal brauchen wir nicht einmal um Hilfe zu bitten. Sie kommt auf profanen oder auch auf geheimnisvollen Wegen. Lies die neuen Bücher über Engelsgeschichten. Wir werden geliebt. Wir haben Beistand. Wir sind nicht allein.

Ich habe nicht viel Erfahrung mit Beten, aber folgende Erfahrung stärkte meinen Glauben daran. Es ging um meine Katze Maxie. Ich fand sie und ihre Schwester Minou in der Humane Society, wo die beiden seit fast einem Monat in einem Käfig eingesperrt waren. Als ich sie befreite, wußte niemand, daß das kleine getigerte Kätzchen schon sehr krank war. Nach ein paar Tagen begann Maxie, ständig zu würgen, ihr Körper stank von innen heraus, und sie fraß immer weniger.

Ich bat meine Seele um Rat und bekam zur Antwort: "Sie war sehr traurig, als sie im Käfig saß, und wurde krank, um herauszukommen." Ich erinnerte mich, daß Minou geschnurrt und sich am Käfiggitter gerieben hatte und gestreichelt werden wollte, aber Maxie nur mit kummervollen Augen herausgeschaut hatte.

"Soll ich zum Tierarzt mit ihr?" fragte ich. "Nein." Erst hatte ich Mühe, das zu verstehen, aber später sagte mir ein Freund, daß es sich anhörte, als hätte sie die Staupe, eine Krankheit, die bei jungen Katzen tödlich verläuft. Wenn ich sie zum Tierarzt gebracht hätte, hätte er sie womöglich eingeschläfert.

"Kann ich ihr irgendwie helfen?"

"Gib ihr viel Liebe. Vielleicht kann sie gesund werden."

Ich tat es. Jeden Tag nahm ich sie stundenlang auf meinen Schoß, streichelte sie und sprach mit ihr: "Das Leben ist schön, Maxie. Du kannst hier bleiben und es dir gut gehen lassen. Du bist jetzt frei, und ich werde es nie zulassen, daß du wieder in den Käfig kommst. Du kannst spielen und glücklich sein und bekommst viel gutes Futter von mir. Das Leben macht Spaß."

Trotz ihrer Krankheit schnurrte sie unentwegt. Ich hatte den Eindruck, daß sie wirklich zuhörte und mich verstand, aber gleichzeitig verschlechterte sich ihr Zustand. Sie fraß nicht mehr und trank nicht mehr. Es brach mir das Herz, ihr Köpfchen über dem Wassernapf zu sehen. Sie war durstig, aber unfähig zu trinken. Das ohnehin winzige Geschöpfchen schwand nun vollends dahin.

An ihrem fünften Hungertag hatte ich sie wieder auf dem Schoß, streichelte sie wie immer, aber voller Verzweiflung. "Was geschieht mit ihr?" fragte ich.

Die Antwort war: "Sie wird sterben..."

Ich gab nicht auf: "Aber will sie denn sterben?"

"Nein. Sie hat dich gehört und möchte am Leben bleiben, aber sie ist zu schwach, und die Krankheit nimmt ihren Lauf."

So saß ich da mit ihr, mein Herz tat mir weh, und ich versuchte, sie freizugeben.

Da hörte ich mich sagen: "Und wie wäre es mit einem Wunder? Gott kann doch alles!"

Es entstand eine lange Pause. Dann hörte ich: "Ein Wunder würde ich gern tun."

Ich wartete. Es sausten keine Blitze hernieder. Maxie sah noch immer aus wie vorher und verhielt sich noch immer genauso. Doch nach ein paar Minuten sah ich, daß die Krankheit verschwunden war. Sie haftete nicht mehr, sie hatte keine Macht mehr über das Kätzchen. Sie existierte nicht mehr! Allem Anschein zum Trotz war irgendwie nur noch Gesundheit übriggeblieben.

Obwohl ich spürte, daß sich wirklich etwas verändert hatte, muß ich ehrlicherweise zugeben, daß ich meine Zweifel hatte. Aber noch am gleichen Abend trank Maxie zum ersten mal seit fünf Tagen, und am nächsten Morgen begann sie zu fressen. Im Lauf der nächsten Tage fütterte ich sie fast ausschließlich mit Mehrkorn-Pfannkuchenteig, wie mir geraten worden war, und langsam erreichte sie wieder ihr ursprüngliches Gewicht. Nun erst konnte ihre verspielte und liebevolle Persönlichkeit zum Vorschein kommen. Maxie blieb am Leben und sollte glücklich werden! Dankbarkeit erfüllte mein Herz.

Ich verstand nun, daß "Wunder" im Grunde Gottes ganz natürliches Wirken sind. Wenn wir sie in dem Wissen herbeirufen, daß die große Macht keine Grenzen, keine Krankheit und keine Schwierigkeiten kennt, dann können Wunder geschehen.

Die Vollkommenheit sehen

Mein Freund Clem heilt, indem er den Christus in den Menschen sieht. Er sagt, daß seine Fernheilungen manchmal dramatischer als die Heilungen sind, bei denen er persönlich anwesend ist. Ein Mann mit zwei Blutgerinnseln im Gehirn, an denen die Ärzte nichts mehr tun konnten, bat Clem um Hilfe. Seit sechs Wochen litt er ständig an entsetzlichen Kopfschmerzen, und da er ziemlich weit weg wohnte, stimmte sich Clem auf ihn ein, sagte einige Male seinen Namen und stellte ihn sich als den Christus vor. Nach zwei Tagen hatte der Mann keine Kopfschmerzen mehr, und als er zwei Wochen später zur Untersuchung ging, waren die Blutgerinnsel ebenfalls verschwunden.

Wenn Clem sich die Person als den Christus vorgestellt hat, wartet er, bis er einen Energiefluß spürt. Dann weiß er, daß Gott am Werk ist.

Unmittelbare Heilung

Annalee Skarin schrieb folgenden Brief, um jemandem zu helfen, der ein Kind überfahren hatte:

Ich weiß genau, was Sie durchgemacht haben, als Sie das KInd überfuhren. Das Gleiche ist mir in San Pedro passiert. Ein sechsjähriges Kind radelte auf der Caroline Street den stark abschüssigen Hang hinunter und geriet genau unter die Räder meines Wagens. Ich hatte den Jungen nicht einmal gesehen, bis es bereits geschehen war. Ich sprang sofort aus dem Wagen. Das Rad hatte ihn gänzlich überrollt, und er lag tot auf der Straße, aber meine innere Stimme sagte mir: "Annalee, erschrick nicht. Dem Kind wird es gut gehen."

Ich bat eins der Kinder, die auf der Straße umherstanden, mich zur Mutter des kleinen Jungen zu bringen. Wir rannten einen Häuserblock weit, und bei jedem Schritt pries ich Gott und dankte ihm: "Danke, Vater, daß es ihm gut geht. Danke, daß es ihm gut geht."

Ich hatte gelernt, der inneren Stimme mehr als allem anderen auf der Erde zu vertrauen, und obwohl das Kind tot aussah, hatte mir Gott gesagt, daß es ihm gut ging. Ich wußte ganz einfach, daß es so war. Als ich mit der Mutter zurückkehrte, schrie sich der kleine Kerl die

Lungen aus dem Leib. Ich legte ihn ins Auto und raste mit ihm zur Notfallklinik. Dort wurde er sehr sorgfältig untersucht, und man sagte mir dann: "Es fehlt ihm gar nichts. Für Sie war der Schock größer als für ihn." Am nächsten Tag ging er wieder zur Schule.

Die Gesundheit ist immer dann am vollkommensten, wenn uns bewußt ist, daß wir - Herz, Geist und Körper - eins sind mit Gott. Und so ist das mit allem.

14 Dienen

Dienen ist Hingabe... versteig dich nicht in den Gedanken, daß du durch dein Dienen die Welt verwandeln oder umformen kannst. Vielleicht kannst du es, vielleicht nicht. Wert und sichtbarstes Ergebnis des Dienens liegen darin, daß es dich verwandelt und umformt... es macht dich bescheiden und glücklich.

Sai Baba

Dienen als Sein

Rosen verströmen ihren Duft mühelos und sind damit der ganzen Umgebung ein Segen, und genauso sind unsere göttlichen Eigenschaften ein Segen für die Erde. Das ist gemeint, wenn wir von Dienen durch Sein sprechen. Unser wahres Selbst ist das, was an Liebe, Weisheit, Talenten, Freude, Lebendigkeit, Güte und Brüderlichkeit in uns ist. Indem wir sind, dienen wir bereits. Unser wahres Selbst liebt jeden mit der gleichen unermeßlichen Liebe, ohne sich um Rasse, Denken, Religion, Geld, Arbeit, Gewohnheiten oder Aussehen zu kümmern. Nichts kann an dieser Liebe etwas ändern. Ihr Ausdruck ist mehr als nur Toleranz; er besteht in der Verehrung der Menschen, so wie sie sind. Dienen durch Sein entspringt dem liebevollen Denken und Fühlen uns selbst und anderen gegenüber.

Wir alle brauchen viel Liebe, und wir können auf alle Menschen, die uns begegnen, Liebe ausstrahlen. Verkäufer und Büroangestellte sind oft gestreßt und verdienen jedes bißchen Freundlichkeit, das wir ihnen geben können: ein liebevolles Lächeln, ein freundliches Wort, ein Dankeschön.

Meine Freundin Iris ist ein wunderbares Beispiel für dieses Geben. Wo sie auch hinkommt, scheint sie Blumen zu streuen. Einmal bummelten wir durch die Kosmetikabteilung in Saks Fifth Avenue, wo die Verkaufsdamen sehr elegant sind. Plötzlich beugte sich Iris über einen Ladentisch und rief einer der Verkäuferin mit vollkommener Aufrichtigkeit zu: "Sie sind so schön!" Zuerst war die Frau etwas perplex, dann strahlte sie vor Freude.

Dienen durch Sein erfordert Aufrichtigkeit: dem Herzen folgen und dem eigenen Weg treu bleiben. Das ist an sich heutzutage schon ein großer Dienst an der Welt. Viele leben nicht so, wie sie es eigentlich möchten. Wenn wir unserem Herzen folgen, helfen wir, diese Menschen zu befreien.

Auch wenn wir schwierige oder schmerzliche Gedanken oder Gefühle mit anderen teilen, dienen wir, besonders wenn wir es verantwortungsbewußt tun können.

Von ganzem Herzen etwas empfangen, ist ein genauso großer Dienst wie das Geben. Stell dir vor, du hast etwas Wunderbares zu verschenken, und niemand will es. Wer nur gibt, hält sich aus Angst vor einem echten Austausch mit dem anderen abseits. Dies ist ein Problem, das viele Lehrer, Sozialarbeiter und Pflegepersonen für sich lösen müssen. Wir dienen durch Geben und Empfangen.

Dienen durch Handeln

Richtiges Handeln für das Wohl der anderen und des Planeten tut uns not, doch das A und O ist immer die Einstellung, von der unser Handeln getragen wird. Ausschlaggebend ist letzten Endes nicht so sehr, was wir tun, sondern die Liebe, mit der wir es tun. Es gibt zahllose Möglichkeiten, wie wir dienen können: durch unsere Arbeit, in unseren Beziehungen, durch Freundschaft, Arbeit in der Gemeinde und für die Welt.

Wahrhaftes Dienen zeichnet sich immer durch die Mühelosigkeit des Handelns aus. Dieses Handeln hat seinen Ursprung nicht in Schuldgefühlen, im Gefühl der Verpflichtung oder in der Etikette; es entspringt dem Verlangen, dem Herzen, der Freude an einer bestimmten Tätigkeit. Es entströmt mühelos dem Sein. Es ist das "Tun ohne zu tun", wie es in den östlichen Philosophien heißt.

Durch Arbeit dienen

In unserer Stadt gibt es eine reizende Frau, die bei der Post arbeitet. Tag für Tag ist sie da und grüßt jeden, der kommt, mit offenem Herzen. Auch wenn sie müde ist, ist sie noch freundlich und liebenswürdig. Und wenn jemand schwer von Begriff ist und sehr lange braucht - man spürt, wie in der Warteschlange Unmut aufkommt - ist sie besonders geduldig und sanft. Dadurch ermuntert sie die Wartenden, Nachsicht zu üben, die Dinge etwas lockerer zu sehen und an der liebevollen Atmosphäre Anteil zu haben. Als ich sie einmal auf ihre schöne Einstellung ansprach, sagte sie nur: "Ich liebe meine Arbeit." Das ist wirkliches Dienen.

Eine stille, aber gewaltige Revolution vollzieht sich gegenwärtig in der Arbeitswelt. Die Menschen wachen auf und merken auf einmal, wie arm sie im Grunde dran sind. Das kann doch noch nicht das ganze Leben gewesen sein! In allen Berufsgruppen - vom Verkäufer im Lebensmittelladen bis hin zum Topmanager - zeichnet sich jetzt die Tendenz ab, sich aus den Abhängigkeiten eines Vollzeitgehalts zu lösen und Neues zu erschaffen. Ein solcher Satz nach vorn setzt Vertrauen voraus und hebt die Arbeit aus dem Stumpfsinn der Schufterei ins Reich des Dienens empor.

Aus dieser Bewegung entstand eine eigene Art des Dienens: Menschen, die besondere Weisheit, Kenntnisse oder Fähigkeiten besitzen, bieten ihre Arbeit - einzeln oder in Workshops - anderen an. Wenn wir zu unserer eigenen Göttlichkeit erwachen, entdecken wir unsere wunderbaren Gaben, die wir mit anderen teilen können. Damit kündigen wir das Zeitalter des Lichts an.

Arbeitgeber als Dienende

Wenn ein Arbeitgeber den Geist des Dienens praktiziert, wirkt sich das auf die Angestellten und letztlich auch auf die Kunden aus. Man spürt beim Betreten eines Restaurants oder eines Geschäfts, ob dort der Geist des Dienens herrscht. Er kommt aus dem Herzen, und er ist unverkennbar. Die Unternehmen, die sich wirklich dem Dienen verpflichtet haben, machen den größten Umsatz, auch wenn sich das noch nicht allgemein herumgesprochen hat.

Einmal hielt ich mich mit zwei Freunden vor einem Restaurant am Mt. Shasta auf. Einer war ein Gast aus England, der gerade wieder nach Hause fliegen wollte. Wir machten Fotos, und weil einer knipsen mußte, fotografierten wir uns in Zweiergruppen. Da kam ein Kellner herausgesaust und bot uns an, eine Aufnahme von uns allen zusammen zu machen. Natürlich waren wir hocherfreut. Das ist Dienen!

Eine meiner Lieblingsgeschichten aus der Welt des Business ist das Hard Rock Café. Der Eigentümer, ein Anhänger Sai Babas, ließ auf die Hemden aller Kellner drucken: "Love All, Serve All." Sein Erfolg wurde legendär.

Als spiritueller Lehrer dienen

Die meisten von uns, die heute als spirituelle Lehrer arbeiten, haben dies schon in vielen vergangenen Leben getan, und mir scheint, daß uns Schwierigkeiten gemeinsam sind, die wir überwinden müssen. Alle, die einmal Nonnen, Priester oder wandernde Bettelmönche waren, haben gelernt, ohne Geld auszukommen, und legten vielleicht sogar ein Armutsgelübde ab. (Mit spiritueller Arbeit Geld verdienen? Das kann doch wohl nicht dein Ernst sein!") Manche beharren noch immer darauf, daß spirituelles Lehren automatisch unseriös ist, so bald Geld im Spiel ist. Es wird noch eine Weile dauern, bis wir gelernt haben, alle Pfade zu würdigen!

Viele von uns müssen sich noch von dem Gefühl der Überlegenheit und von übersteigertem Verantwortungsdenken denen gegenüber befreien, die von uns lernen. Vielleicht kommt es uns so vor, als wären wir der Welt etwas schuldig, als wären wir verpflichtet. Möglicherweise überidentifizieren wir uns mit der Rolle des Lehrers, vermeiden allzugroße Nähe und fühlen uns nur dann sicher, wenn wir in der gebenden Rolle sind. Vielleicht versuchen wir zu geben, ohne etwas zu empfangen. So etwas kann nie lange vorhalten!

Die jahrelange Beschäftigung mit diesen Dingen hat mir ein gewisses Maß an Weisheit und dazu größere Freude, Leichtigkeit und ein reiches Leben eingebracht. Ich habe eine Liste von Wahrheiten aufgestellt, die mir bei meinem Heilungsprozeß geholfen haben. Es sind Erklärungen einer Lichtarbeiterin an alle Empfangenden, aber es sind auch Botschaften von mir zu dir.

Wahrheiten spirituellen Dienens

1. Du und ich, wir sind ebenbürtige, geliebte göttliche Wesen. Jeder von uns hat Wunderbares und Einzigartiges zu geben. Danke, daß du mir erlaubst, dir zu dienen; es ist eine Ehre für mich.
2. Meine Arbeit kommt aus der Seele, von der höchsten Ebene des Göttlichen, zu der ich Zugang habe.
3. Es ist mein Ziel, daß du soviel Nutzen wie möglich aus dieser Arbeit ziehst.
4. So gut ich es vermag, gebe ich dir die Macht, deine eigene spirituelle Führung zu empfangen.
5. Ich empfange offen und dankbar deine Geschenke, formell oder informell.
6. Ich empfange Liebe, Energie und alle Gaben der Seele, indem ich mit dir arbeite. Sie fließen beständig durch mich zu dir und durch dich zu mir und segnen uns beide.
7. Ich bin in meiner Kommunikation mit dir ganz und gar gegenwärtig und in zeitloser Freude. Die Seele lenkt alles, was wir gemeinsam tun, und das ist vollkommen für diesen Augenblick.
8. Unsere Kommunikation kann schwierige Bereiche an den Tag bringen, die geheilt werden wollen, und das ist gut. Ich bin nicht verantwortlich für schmerzliche Gefühle, die du vielleicht hast, aber ich bin hier, um bei der Heilung nützlich zu sein.
9. Ich ermutige dich, nur das anzunehmen, was für dich jetzt stimmig und gut ist und sonst nichts.
10. Es ist vollkommen in Ordnung, ein reichliches Einkommen mit meinen spirituellen Gaben zu verdienen, wenn ich dazu angeleitet werde.
11. Du hast die Freiheit, unsere Interaktion fortzusetzen, wenn du es willst. Ich segne deine Entscheidung.

12. Ich habe absolut keine Verpflichtung, irgend etwas zu tun, was mir keine Freude macht. Ich schulde dir nichts. Ich bin frei!

Die aufgestiegenen Meister der Großen Bruderschaf geben uns ein perfektes Beispiel für das Dienen. Sie leben, um zu dienen. Natürlich genießen sie das Leben, pflegen Beziehungen, ziehen sich bisweilen zurück, um ihre eigenen nächsten Wachstumsschritte herauszufinden, aber ihnen geht es wirklich um den Dienst an der Erde und an uns allen. Deshalb haben sie beschlossen, auf der Erde zu bleiben, auch wenn die meisten von ihnen aus den lichteren Sphären dienen.

Wir alle werden große Dienende werden, egal wie es heute um uns bestellt ist. Der Betrunkene auf der Straße ist ein Gott/eine Göttin und beginnt jetzt, sich daran zu erinnern. Früher oder später wird jeder von uns die Wahrheit zum Ausdruck bringen, die in ihm wohnt, wird vor unermeßlicher Liebe und Licht erstrahlen und dem gesamten Universum auf profunde und wunderbare Weise dienen.

Dienst an der Gemeinde/Welt

Wir können vergessen, wie wichtig wir sind, was ein Mensch tun kann. Wenn sich gutherzige Menschen mit einem gemeinsamen Ziel zusammensetzen, dann werden sie es der Welt zeigen! Es geht nicht um den Maßstab oder den Umfang - alles ist Dienst an der Welt.

Der Einfallsreichtum der Amerikaner (über den Rest der Welt weiß ich weniger) beim Ausfindigmachen von immer neuen Möglichkeiten des Dienens rührt mich. Das im besten Sinne des Wortes amerikanische *Parade Magazine* bringt immer wunderbare und inspirierende Geschichten. Die Leute tun sich zusammen, um Kindern neue Hoffnung oder eine bessere Ausbildung zu geben, um ihre Wohnviertel sicherer zu machen, um einem Freund beim Sterben Beistand zu leisten und um sich gegenseitig zu helfen, eine Sucht oder den Kummer zu überwinden. Es ist erstaunlich, was heute alles geschieht. Und fast jedes Projekt beginnt mit einem einzigen inspirierten Menschen, der den anderen als Katalysator dient. Wie nie zuvor werden jetzt Brücken der Liebe und des Verstehens zwischen Menschen gebaut.

Unserer Gemeinde zu dienen ist ein schönes Geschenk, das wir uns selbst und anderen machen. Es webt ein Netz der Liebe und der Heilung für alle. Wir können uns umschauen, wohin wir unsere Gaben am besten fließen lassen. Manchmal werden wir unsere Zeit und Energie geben, um andere zu unterstützen, ein anderes Mal Geld. Es kommt auf jeden einzelnen von uns an.

Auch Organisationen, die von liebevollen und weisen Menschen mit einer globalen Perspektive geleitet werden, werden sehr gebraucht.

Beten als Dienen

Das Gebet ist Dienen in besonders wirksamer und machtvoller Form. Am besten erkläre ich das mit einer Geschichte.

Im Herbst 1992 reiste ich nach Südafrika, wo ich auf der "Planet in Change"-Konferenz in Johannesburg sprach. Nach der Konferenz wurden die Referenten zu einer Rundreise durch Südafrika eingeladen. Unser erstes Ziel war der Kruger-Nationalpark, eins der größten Wildreservate auf der Erde - und was für Wild! Löwen, Leoparden, Elefanten, Nashörner. Mein ganzes Leben lang hatte ich mich danach gesehnt, sie in der Wildnis zu sehen, in Freiheit.

Es war Frühling in Südafrika, die Zeit, in der das junge Grün ausbricht. Aber - welch trauriger Anblick! - das Wildreservat war öde und trostlos wie eine ausgebombte Stadt. Die Bäume standen wie Skelette in der Landschaft, ohne ein Anzeichen von knospendem Grün. Eine furchtbare Dürre herrschte seit Monaten im Land und hatte inzwischen solche Ausmaße erreicht, daß es keinen Frühling gab - die Jahreszeit, die mehr als alle anderen für ewige Hoffnung steht. Die Tiere, die das Wasser am meisten brauchten, waren bereits am Verdursten.

Ein Traum ging für mich in Erfüllung, als ich die schönen wilden Tiere sah, und ich freute mich darüber, aber der Anblick der tote Landschaft ließ mich nicht los. Ich nahm mir vor, herauszufinden, ob ich etwas dagegen tun konnte. Am Tag vor unserer Abreise lud ich meine neue Freundin Ingrid ein, mit mir um Regen zu beten, und sie erklärte sich sofort bereit. Wir trafen uns in unserer Hütte. Mit lauter Stimme und mit der ganzen Leidenschaft meines Herzens sprach ich etwa die folgenden Worte:

"Wir rufen alle Naturgeister und Devas der gesamten Region und die Geister des Landes, der Luft, des Feuers und der Gewässer. Wir rufen die Devas des Windes und der Wolken.

Wir wissen, daß die Menschheit unwissend ist. Wir haben die natürliche Welt auf vielerlei Weise aufgewühlt, wir haben sie beschmutzt, die Regenwälder abgeholzt, das Land ruiniert, ohne Rücksicht auf die wundersamen Gaben und die lebenswichtige Rolle der Natur zu nehmen. Aber ihr sollt wissen, daß sich die Dinge ändern. Wir wachen jetzt auf und beginnen, unsere Beziehung zur Natur wieder ins Gleichgewicht zu bringen. Wir bitten um euer Verständnis, eure Vergebung und Geduld, während wir uns Schritt für Schritt auf die Weisheit des Lichtzeitalters zubewegen.

Aber jetzt brauchen wir Regen! Das Land ist verdorrt, die Bäume können keine Blätter treiben, und die Tiere sterben. Wir bitten JETZT, daß ihr Wind- und Wolkendevas und alle ihr Naturgeister MORGEN den Regen bringt! Wir danken euch im voraus, danke, danke, danke! So sei es."

Wir fuhren am nächsten Morgen ab und erzählten dem Personal, daß wir um Regen gebetet hatten. Sie hörten es sich freundlich an, aber ich konnte sehen, daß sie sich nichts davon erwarteten. Und der Tag begann dann auch wie alle anderen: grau und bewölkt, aber nichts deutete auf Regen hin.

Ich setzte die Reise mit den anderen Referenten fort und blieb noch ein paar Wochen in Johannesburg und im schönen Kapstadt und gab Workshops. Die erste Etappe meines Rückflugs gab mir eine Stunde Aufenthalt in Johannesburg. Zu meiner Freude begrüßten mich meine neuen Freunde dort am Flughafen, darunter auch Ingrid. Ingrids Gesicht strahlte wie ein Weihnachtsbaum. Sie hielt mich an.

"Hast du gehört, was passiert ist?"

"Nein!" Ich wurde neugierig.

"An dem Tag, für den wir um Regen gebetet hatten, an dem Tag, als wir das Reservat verließen, hatten sie den besten Regen seit vier Jahren!"

"Wie wunderbar!" Wir lachten, glücklich wie zwei Kinder. Ingrid schrieb ein paar Monate später und sagte mir, daß es weiter geregnet hatte und das Land wieder in sattem Grün erstrahlte.

Auf dem langen Flug nach Nordkalifornien dachte ich darüber nach. Meine Gegend um den Mount Shasta hatte die sechs Jahre der Dürre beinahe genauso zu spüren bekommen wie die Orte, an denen es keine Schneeschmelze gab. Ich hatte daran gearbeitet, aber niemals hatte ich so leidenschaftlich und entschlossen dafür gebetet. Unsere Dürre war zwar nicht so extrem, aber sie war doch ziemlich ernst.

In meinem Herzen faßte ich einen Entschluß. Ich würde ein "Anti-Dürre-Komitee" gründen, mit dem ich mich um die Angelegenheit kümmern wollte. Seit ich die Macht des leidenschaftlichen Gebets erfahren hatte, wußte ich, daß sich ihm nichts entziehen kann. Unsere Dürre war im Grunde bereits vorbei!

Als ich zu Hause ankam, hatte ich keine Zeit mehr, dieses Komitee einzurichten, da es schon zu regnen begonnen hatte. Ich weiß, daß viele für das Ende der Dürre gebetet hatten. Vielleicht haben wir den Regen gemeinsam zuwege gebracht, aber ich habe auch begriffen, wieviel Macht eine einzige leidenschaftliche Stimme hat, die für das Wohl aller betet.

Friedliche Geburt in das Zeitalter des Lichts

Allen Prophezeiungen zum Trotz brauchen die Wehen bei der Geburt ins Zeitalter des Lichts nicht katastrophal auszufallen. Wenn ich daran denke, daß wir seit Äonen an unsere Nichtigkeit und Beschränktheit glauben und uns jetzt unter größten Anstrengungen daran zu erinnern versuchen, wer wir sind, dann finde ich, daß wir alles Mitgefühl und alle Zeit der Welt verdienen, damit sich die Erinnerung an unsere Göttlichkeit einstellen kann. Der prophezeite gewaltsame Tod durch Erdbeben, Sturmfluten, Meteoreinschläge, Vulkanausbrüche und andere Naturkatastrophen, die den Wandlungsprozeß der Erde begleiten, würde in der Psyche aller Betroffenen noch mehr Schmerz und damit eine weitere Barriere erschaffen, die auf dem Weg zur Heilung zu überwinden wäre.

Einige sind mit ihrer dreidimensionalen Begrenzung vielleicht ganz zufrieden und wollen sich in absehbarer Zeit gar nicht an ihre Göttlichkeit erinnern. Das ist natürlich ihr gutes Recht. Aber ich meine, daß sich die große Mehrheit der Menschen auf der Erde erinnern möchte, damit sie der Liebe und dem Licht, der Weisheit, Freiheit und Macht unseres wahren Seins Ausdruck verleihen kann. Je mehr Leichtigkeit die bewußt Schöpferischen unter uns zur Transformation der Erde beitragen können, desto mehr von uns können die Heimkehr zur Freude schaffen!

Heilung von Wesen

Kein Kapitel über das Dienen wäre komplett, ohne daß die Heilung von "Wesen" zumindest erwähnt würde. Diese Wesen sind meist die Seelen verstorbener Menschen, die nicht in der Lage waren, sich mit ihrem höheren Selbst zu verbinden und die jetzt Hilfe brauchen. Solche unglücklichen Wesen können Menschen beeinflussen und sie in extremen Fällen sogar in Besitz nehmen.

Für Psychologen, Psychiater, religiöse Führer und Berater jeder Couleur ist es besonders wichtig, dies zu wissen. Es ist beispielsweise leicht für ein Wesen, im Geist eines empfänglichen Menschen eine Stimme zu sein, und zwar eine ganz reale Stimme. Mit Unverständnis helfen wir den Betroffenen nicht, und schon gar nicht, wenn wir sie für verrückt erklären.

Viele Sterbende sind so verwirrt oder hängen so sehr an ihrer Familie, daß sie ihre Chance, in das wunderbare Licht und den Frieden ihrer göttlichen Präsenz einzugehen, gar nicht erkennen können. Deshalb helfen wir unseren Lieben, wenn wir schon vorher mit ihnen über den Übergang sprechen, den wir Tod nennen, und uns danach um sie kümmern und dafür Sorge tragen, daß sie im Licht sind.

Die heilenden Worte, die du einem geliebten Verstorbenen oder einer anderen Seele sagst, die du in deiner Nähe spürst, helfen diesen, den Weg ins Licht und damit in ihr Glück zu finden. Folgende

Formulierung entnehme ich zum großen Teil der Lehre des Inneren Christus.

Liebe(r) (Name), du bist willkommen in der Liebe. Du bist umgeben und erfüllt von der Christusliebe und vom Christuslicht (oder Gott etc.) Du bist geheilt, dir ist vergeben. Du bist befreit von den Schwingungen der Erde und von allem Schmerz und Leid. Ich verbinde dich jetzt (oder: ich bitte Jesus, Buddha oder Mohammed, dich zu verbinden...) mit deinem eigenen wahren höheren Selbst. Diese Verbindung wird jetzt für dich hergestellt. (Hier kannst du ein eigenes Abschiedswort formulieren.) Ich verabschiede mich jetzt von dir. Geh in Frieden!

Ich habe mich eine Zeitlang auf die Heilung von Wesen konzentriert und besitze einiges Wissen in diesem Bereich. Wenn du dich dafür interessierst, werde ich dir gern eine Broschüre darüber schicken.

Klärung der Gedankenform

Es gibt einen großen Dienst, den wir der Erde erweisen können und der noch nicht allgemein bekannt ist: Jeder Gedanke erschafft gemeinsam mit dem ihn begleitenden Gefühl eine Form, ein kleines Energiefeld, das Hellsichtige sehen können. Gedankenformen begleiten nicht nur den Gedanken selbst, sondern auch Handlungen und Worte. Da die meisten menschlichen Gedanken noch unerleuchtet sind, sind die Wohn- und Versammlungsorte von Menschen mit unerleuchteten Gedankenformen vollgestopft. Auch wenn sich die meisten dessen nicht bewußt sind, beeinflussen die in einem Raum hängenden Gedankenformen alle Menschen, die sich dort aufhalten. (Bist du schon einmal in ein Geschäft gegangen und warst besessen von dem Drang, etwas zu kaufen? Voilà!)

Als ich einmal die Spüle in meiner Küche sauber machte, spürte ich, wie sich die Luft um mich herum regelrecht verdunkelte. (In dem Moment war ich hellsichtig.) Ich war bestürzt. Irgendwie hatte ich das Gefühl, daß es etwas mit mir persönlich zu tun hatte. Zwanzig

Minuten später - ziemlich spät! - kam mir die Idee, es mit der Heilung einer Gedankenform zu versuchen. Es ist ganz einfach: "Diese Gedankenform ist jetzt in der Wahrheit der Liebe und des Lichts aufgelöst!" Die Luft klärte sich auf der Stelle und ich mit ihr. Ich spreche von einer "wandernden Gedankenform", wenn sie von jemandem erschaffen und zurückgelassen wurde und jetzt in der Gegend umherpoltert.

Jede Gedankenform läßt sich in Licht und Liebe auflösen, sofern sie nicht von einem Menschen festgehalten wird. Wir können um eine Gedankenformklärung für einen bestimmten Ort bitten, zum Beispiel für unsere Wohnung oder unseren Arbeitsplatz. Sie klärt den Raum und ermöglicht den Menschen, neu, liebevoll und positiv zu sein, anstatt vergangene Gedanken und Gefühle zu wiederholen.

Wenn du in eine Wohnung einziehst, in der schon jemand gewohnt hat, ist der Raum von den Gedanken der früheren Bewohner durchdrungen. Auch hier kann eine Gedankenformklärung nützlich sein.

Wir können das auch für die ganze Erde tun.

Danke für dein Dienen aus dem Sein, das du bist, und für alles, was du tust und noch tun wirst.

Ich wünsche dir Segen auf deinem Weg. Und so sei es.

Über die Autorin

Hier die Geschichte, wie ich meine alte Arbeit hinter mir ließ und neue fand, wie ich mich vom Materiellen zum Spirituellen hin umorientierte. Vielleicht kann ich damit einige von Euch inspirieren, die auf dem gleichen Weg sind.

Als ich aufwuchs, hatte ich nicht die geringste Ahnung, daß das Leben ein Ziel haben könnte. Meine Familie und alle, die ich kannte, dachten überhaupt nicht in solchen Kategorien und auch allgemein gab es keine spirituelle Orientierung. Ich erwarb ein paar College-Abschlüsse, unterrichtete danach zwölf Jahre lang an Grundschulen und Colleges und arbeitete als Texterin und Produzentin für Holiday Inn. Viele Leute hatten keine so interessanten Jobs wie ich, und ich leistete ganz gute Arbeit. Damals lebte ich in Memphis, Tennessee.

Eines Tages wurde mir klar, daß mir das alles im Grunde nichts bedeutete. Aber ich hatte keine Ahnung, was mir etwas bedeuten könnte.

Ich stand kurz vor einer Beförderung in meiner Tätigkeit als Berufsberaterin, als ich kündigte. Von meiner Schwester lieh ich mir ein Zelt, und von Freunden holte ich mir die Erlaubnis ein, den Sommer auf ihrem 50 Morgen Land großen Grundstück in den Ozarks, dem schönen Hügelland in Arkansas, zu campen.

Mein ganzes Leben kam in diesem Sommer zu einem Halt. Alles kam einfach zu einem Stillstand. Irgendwann spürte ich dann, wie sich etwas in mir drehte, langsam und unerbittlich wie ein Mühlenrad. Ich wußte nicht, was es war, aber etwas hatte sich verändert mit mir.

Als ich im Herbst nach Memphis zurückkehrte, zog ich auf eine Farm außerhalb der Stadt in eine Kommune. Ich befand mich mitten in einem großen Umbruch und brauchte eine Menge Zeit fürs bloße Dasein. Aber ich mußte auch Geld verdienen, um meinen Beitrag zu der Farm zu leisten. Meine Integrität hinderte mich daran, wieder einer karriereorientierten Arbeit nachzugehen; deshalb nahm ich einen Zeitjob als Gerichtssekretärin an und arbeitete so wenige Stunden wie möglich. In den Augen der Welt war das ein Riesenrückschritt, aber für mich war es ein Riesenschritt nach vorn.

Beim Lesen der *Autobiographie eines Yogis* von Paramahansa Yogananda entdeckte ich Babaji. Ich atmete, aß und schlief Babaji, bis ich es eines Tages nicht mehr aushielt: Ich mußte ihn treffen! Mit großer Leidenschaft und lauter Stimme - er war ja im Himalaya! - rief ich ihn zu mir, und er kam. Ich spürte eine wirbelnde Energie im Zimmer und seine Präsenz war da. Auf einmal war er in meinem Herzen.

Mein ganzes Leben änderte sich nun. Zum ersten Mal spürte ich, daß ich wirklich geführt wurde. Mein Körper, meine ganze Erscheinung verjüngten sich. (Alle, die mich sechs Monate lang nicht gesehen hatten und mich nun trafen, waren sprachlos vor Staunen. "Du bist zehn Jahre jünger geworden!" war die allgemeine Reaktion.) In mein Leben in Memphis zog die Freude ein, und ich spürte, wie ich zu den höchsten Frequenzen dort emporkletterte. Türen öffneten sich sanft für mich, als folgten sie einer inneren Gesetzmäßigkeit, und etwas wies nach San Francisco, wo mein neues Zuhause sein sollte. Ich folgte diesem Fingerzeig.

Meinen Lebensunterhalt verdiente ich mit Jobben, aber mein Leben war durch meine erste Berührung mit dem Zen-Buddhismus und später mit dem tibetischen Buddhismus reich geworden. Bei beiden hielt ich mich nur kurze Zeit auf und wurde durch sie mit Wissen aus vergangenen Leben in Verbindung gebracht. Der erste Job, der mir über den Weg lief und der mir etwas bedeutete, war bei Dharma Press am Nyingma Institut. (Da ich in vergangenen Leben Armutsgelübde abgelegt hatte, konnte ich nur sehr wenig Geld für Arbeit annehmen, die ich gern hatte. Dharma Press zahlte neben einer kleinen Mietbeihilfe ganze $60 pro Woche! Und trotzdem konnte ich irgendwie immer alles tun, was ich wollte.)

Als ich etwas über ein Jahr bei Dharma Press war, erschien Babajis Gesicht vor mir. "Zeit zu gehen", sagte er. "Zu gehen?" rief ich. "Das ist die einzige Arbeit, die mir jemals etwas bedeutet hat. Warum sollte ich denn gehen?" Er antwortete sanft: "Zeit zu gehen."

Mehrere Wochen lang wehrte ich mich. Am Ende hob ich meine Arme und ergab mich: "Also gut." Ich kündigte.

Am nächsten Abend ging ich mit Bob, meinem Freund, zu einem Vortrag von Leonard Orr, in dem es um physische Unsterblichkeit ging. Rebirthing. Sich den Lebensunterhalt mit spiritueller Arbeit verdienen. Aber vor allem sprach Leonard über Babaji als Quelle seiner Inspiration. Damals hielt ich ihn für verrückt, und trotzdem klangen seine Worte tief in meinem Innern nach. Dies führte dazu, daß Bob und ich bei ihm studierten und mit ihm nach Europa reisten, wo ich spontan begann, Workshops zu leiten.

Bei einer Thanksgiving-Party, die Bob und ich etwa zwei Wochen nach meiner Kündigung gaben, kam eine hübsche Frau herein, die ich nicht kannte. Sie durchquerte das Wohnzimmer und ging geradewegs in meinen Meditationsraum. Dort sah sie Babajis Bild.

"Da ist Babaji!" rief sie.

"Kennst du ihn?"

"Natürlich! Er hat die Lehre gegründet, die ich praktiziere - Teaching of the Inner Christ. Er gab seine Informationen an die Gründer weiter."

Ich war platt. Babaji stand also hinter diesen modernen Lehren! Ich nahm Kontakt mit TIC auf, absolvierte schließlich alle dort angebotenen Studiengänge und wurde ordinierte TIC-Pastorin. Nirgendwo blieb ich so lange wie bei TIC, mit deren Leitern ich schon in anderen Leben zusammen gedient hatte.

Die Pfade mit Leonard und mit TIC waren wirkliche Seelenpfade für mein jetziges Leben. Da ich Vertrauen hatte, meiner inneren Führung zu folgen und (gegen meinen Willen) bei Dharma Press gekündigt hatte, erhielt ich diese großen Geschenke sofort.

Ein paar Jahre lang verdiente ich meinen Lebensunterhalt durch Rebirthing und Jobben, aber die Büroarbeit wurde mir immer lästiger. Schließlich bekam ich eine Stelle in einem winzigen Büro, wo alles veraltet war. Die Rechtsanwältin war gelähmt und ständig schlecht gelaunt, und anstatt mir die üblichen guten Noten zu geben, beschwerte sie sich bei der Agentur über meine totale Imkompetenz. Das nahm ich als Zeichen: Zeit zu gehen. Sinken oder schwimmen - keine Büroarbeit mehr. Nie mehr!

In den ersten eineinhalb Jahren war ich zweimal nahe dran zu sinken. Dann begegnete ich einem neuen Mann namens Sol, mit dem ich zusammenzog. (Bob und ich hatten uns getrennt.) In dem Jahr, in dem wir zusammen lebten, finanzierte Sol meinen Lebensunterhalt, und ich hatte Zeit auszuspannen und Atem zu schöpfen. Ich gewöhnte mich daran, daß mich Sol ernährte und ließ mich nicht davon stressen, und als wir Schluß machten, blieb ich weiterhin locker. Seitdem fällt es mir zunehmend leichter, meinen Lebensunterhalt zu verdienen, und seit Mai 1982 mache ich nur noch, was mir gefällt.

Zwei Jahre nachdem ich Pastorin bei Teaching of the Inner Christ geworden war, kam mir 1986 wieder einmal so eine "Zeit zu gehen"-Botschaft vor Augen und wollte sich nicht verziehen. Wieder wehrte ich mich dagegen. In vergangenen Leben hatten diese wunderbaren spirituellen Lehrer und ich einander lebenslängliche Loyalität geschworen und den Schwur auch gehalten. Als ich zu TIC kam, hatte ich das Gefühl, nach Hause zu kommen. Aber die Botschaft war unerbittlich. Mir wurde gezeigt, daß ich im Rahmen von TIC meine Aufgabe, wegen der ich hier bin, nicht erfüllen konnte. Obwohl ich tiefe Schuldgefühle hatte, ging ich. (Die Schuldgefühle lösten sich natürlich auf.)

Ich gründete Ascension Mastery International und lehre und schreibe seitdem unter seiner Schirmherrschaft. 1988 wurde ich geleitet, von San Francisco nach Mt. Shasta zu ziehen.

Ich wünsche euch Segen, damit ihr mit Freude alle eure Ziele erreichen könnt.

Literaturhinweise

Anand, Margo,Tantra oder die Kunst der sexuellen Ekstase, Goldmann, 1995

Baily, Alice, *Initiations*, Human and Solar, New York: Lucis Trust, 1922

Baroody, Theodore A. Jr. *Ascention: Beginner´s Manual*, Waynesville, North Carolina: Eclectic Press 1989

Blavatsky, Helena, *Die Geheimlehre*,Theosophical Publishing House, 1979

Bonnell, Gary, *Ascension: the Original Teachings of Christ,*

Awareness, Denver, Colorado: Richman Rose Publishing, 1990

Boone, J. Allen, *Kinship With All Life*, New York: Harper & Row, 1954

Chopra, Deepak, M. D. *Die Körperzeit*, Lübbe 1994

Cota-Robles, Patricia Diane, *Your Time is at Hand*, Tucson, Arizona: New Age Study of Humanity´s Purpose, 1992

Cota-Robles, Patrica Diane, *The Awakening ... Eternal Youth, Vibrant Health, Radiant Beauty*, Tucson, Arizona: New Age Study of Humanity´s Purpose, 1993

Cooper-Oakley, Isabel, *The Comte De St. Germanin*, London:Theosophical Publishing House, Ltd., 1912

Craig, Peter, *Soul Merge: The Key to Ascension*, Seatle: Rainbrow Bridge, 1997

Crockett, Arthur and Beckley, Thimothy Green, *Count Saint Germain*, New Brunswick, New Jersey: Inner Light Publications, 1984

Deng Ming-Dao, *Der Taoist von Huashan*, Ansata, 1994

Dorris, Pearl, *Step by Step we Climb*,Band 1-3, P.O.Box 1290, Mt. Shasta, Californien, Pearl Publishing, 1977-1983

Dux, Sharula, *Secrets of the Subterranean Cities* (2 Kassetten), Santa Fe, New Mexico: Telons Press, 1992

Essene, Virginia, Herausgeber, *New Cells, New Bodies, New Life!* Santa Clara, Californien: S.E.E. Publishing Company, 1991

Everett, Juliane, *Heart Initiation*, Livermore, Californien, Oughten House Publishing, 1994

Foundation for Inner Peace, *Ein Kurs in Wundern*, Greuthhof Verlag

Fremantle, Anne u. Christopher, Herausgeber, *In Love with Love: 100 of the Greatest Mystical Poems*, New York: Paulist Press, 1978

Garver, Will L, *Brother of the Third Degree*, Blauvelt, New York: Garber Communications, Inc. 1989

Gaum, Bill, *My Happyness and Your Happyness* (A biography of Pearl Dorris), P.0.Box 1290, Mt. Shasta, Californien: Pearl Publishing, 1997

Golas, Thaddeus *Der Erleuchtung ist es egal, wie du sie erlangst*, Heyne

Grahame, Kenneth, *Der Wind in the Weiden*

Griscom, Chris, *The Ageless Body*, Galisteo, New Mexico: The Light Institute of Galisteo, 1992

Haich, Elisabeth, *Einweihung*, Drei Eichen Verlag, 1982

Hurtak, J. J. *Das Buch des Wissens: Die Schlüssel des Enoch*, Zentrum der Einheit, Schweibenalp, Ch 3588 Brienz, 1990

Jasmuheen, *Lichtnahrung,* Koha Verlag,1997

Khalsa, Virochana, *Tantra of the Beloved*, Crestone, Colorado, Books of Light, 1996

Kelder, Peter, *Die Fünf Tibeter*, Integral

Kenyon, Tom und Essene, Virgina, *The Hathor Material*, Santa Clara, Californien: S.E.E. Publishing Company, 1996

King, Godfré Ray, *The Unveiled Mysteries,* Chicago: St. Germain Press, Inc. 1935

Kornfield, Jack. *Geh den Weg des Herzens*, Kösel

Leadbeater, C. W. *The Masters and the Path*, Adyar, Indien: The Theosophical Publishing House, 1927, 2. Ausgabe

MacDonald-Bayne, Murdo, *Beyond the Himalayas*, New York: Gordon Press, 1973

Mafu, *The Journey Home and other videos*, P.O.Box 458, Eagle Point, Oregon: The Foundation for God Realization, 1987

Maharaj, Sri Nisargadatta, *I am That*, Durham, North Carolina, the Acorn Press, 1973

Markides, Kyriacos C., *Der Magus von Strovolos*, Droemer/Knaur

Markides, Kyriacos C. *Heimat im Licht*, Knaur

McDonald, John. *The Magic Story/The Message of a Master*, Oak Harbor, Washington: Robert Collier Publications, 1952

Mercle, Christine, *Sons of God*, Marina des Rey, Californien, DeVorss & Co, 1954

Meyer, Ann P. *Woman Awareness*, San Diego: Dawning Publications, 1968

Mt. Shasta, Peter *„I AM“ the Open Door,* Peter Mt. Shasta, Mt. Shasta, Californien, 1978

Paulsen, Norman, *The Christ Consciousness*, Salt Lake City: The Builders Publishing, Co, 1980

Prophet, Mark L. Recorder. *Dossier on the Ascension: Serapis Bey*, Livingston, Montana: The Summit Lighthouse, 1967

Rama, Swami, *Living with the Himalayan Masters*, Honesdale, Pennsylvania, Himalayan Inernational Institute of Yoga Science and Philosophy, 1978

Reichel, Gertraud, Herausgeber, *Babaji-Unergründlich tief wie das Meer*, G. Reichel Verlag, D-91365 Reifenberg 85

Robinns, Anthony, *Awaken the Giant Within*, New York: Simon & Schuster, 1991

Sandweiss, Samuel H. Sai Baba. *Der Heilige und der Psychotherapeut*, Sathya Sai, D. 1996

Skarin, Annalee. *Ye are Gods,* Marina del Rey, Californien, DeVorss & Co., 1952

Spalding, Baird, *Leben und Lehren der Meister im Fernen Osten*, Drei Eichen Verlag

Stone, Dr. Joshua David, *Handbuch für den Aufstieg*

Stubbs, Tony, *An Ascension Handbook,* Livermore, Californien, Oughten House, 1991

Talbot, Michael, *Das Holographische Universum*, Droemer/Knaur

Thomas, Eugene E., *Brotherhood of Mt. Shasta*, Marina des Rey, Californien, DeVorss & Co. 1946

Van Gelder, Dora, *Im Reich der Naturgeister*, Aquamarin,1995

Weinberg, Steven Lee, Ph. D. Ramtha: *An Introduction*, Eastsound, Washington: Sovereignty, Inc. 1988

Weischedel, Randall. *The Joy of Ascension*, Marina del Rey, Californien, DeVorss & Co. 1982

Wright, Machaelle Small, *MAP: The Co-creative White Brotherhood Medical Assistance Programm*, Warenton, Virginia, Perelandra Ltd, 1990

Yogananda, Paramahansa, *Autobiographie eines Yogi*, O. Barth, 1974

Die Wächter II
UFOs und Nahtoderfahrungen

von Raymond E. Fowler, übersetzt aus dem Amerikanischen
viele Abbildungen, 400 Seiten
14,5 x 21 cm, ISBN 3-926388-33-1 DM 36,00

Die Allagash Entführungen
Unwiderlegbare Beweise für das Eingreifen von Außerirdischen

von Raymond E. Fowler, Vorwort von Budd Hopkins,
übersetzt aus dem Amerikanischen, 32 Bilder, 372 Seiten
14,5 x 21 cm, ISBN 3-926388-30-7 DM 36,00

Der Fall Andreasson
Dokumentierte Untersuchung von der Entführung einer Frau an Bord eines Ufos

von Raymond E. Fowler, Vorwort von Allen Hynek
übersetzt aus dem Amerikanischen, 53 Bilder, 280 Seiten
14,5 x 21 cm, ISBN 3-926388-31-5 DM 36,00

Sternensaat
Das galaktische Erbe der Menschheit

von Lyssa Royal & Keith Priest,
übersetzt aus dem Amerikanischen, 120 Seiten, 14,5 x 21 cm
ISBN 3-926388-27-7 DM 26,00

Besucher von Innen

von Lyssa Royal u. Keith Priest
übersetzt aus dem Amerikanischen, 200 Seiten, 15 x 22,5 cm
ISBN 3-926388-26-9 DM 32,00

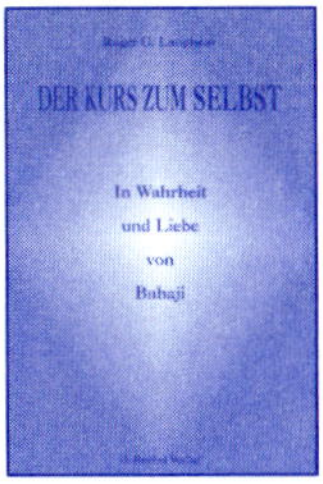

Der Kurs zum Selbst

In Wahrheit und Liebe von Babaji

von Roger G. Lanphear; übersetzt aus dem Amerikanischen
14,5 x 21 cm, 168 Seiten
ISBN 3-926388-35-8 DM 26,00

Wiederkehr der Engel

Ein meditatives Praxisbuch für Deinen Lichtkörper

Wolfgang Nothvogel
120 Seiten, 14,5 x 21 cm, mit farbigen Abbildungen
ISBN 3-926388-42-0 DM 29,00

Götter der Sterne

Bibel, Mythen und kosmische Besucher

von Lars A. Fischinger
1. Auflage 1997, 384 S., 14,5 x 21 cm,
ISBN 3-926388-41-2 DM 39,00

Baba Blues

Intensivtraining zum ErfolgReich Glücklich werden
Ein Kursbuch für den „Oelmann-Prozess“

von Ingeborg Oelmann
200 Seiten, 14,5 x 21 cm
ISBN 3-926388-36-6 DM 29,00

Prophezeiungen zur Zukunft Europas

Eine Analyse von über 250 Quellen

von Stephan Berndt
2. Auflage 1997, 288 S., 14,5 x 21 cm,
ISBN 3-926388-40-4 DM 29,80

G. Reichel Verlag, Reifenberg 85, D-91365 Weilersbach, Tel. 09194-8900, Fax 09194-4262

Das Abenteuer einer Transformation

12 Jahre bei Babaji

von Gora Devi

Übersetzung aus dem Italienischen, 216 Seiten
zahlreiche Fotos, 14,5 x 21 cm
ISBN 3-926388-28-5 DM 32.-

BABAJI spricht:

Prophezeiungen und Lehren

Orginalreden Babajis, übersetzt aus dem Englischen
190 Seiten, 6 Fotos, 11,5 x 18,5 cm
ISBN 3-926388-03-X DM 16,80

Babaji - Am Quell der Wahrheit in Haidakhan Vishwa Mahadham

von Shdema Goodmann
Übersetzung aus dem Amerikanischen
144 Seiten, 7 Fotos
11,5 x 18,5 cm, ISBN 3-926388-08-0 DM 16,80

Unergründlich tief wie das Meer: Babaji - 108 Begegnungen

Gertraud Reichel (Hrsg.)
130 Seiten, 11,5 x 18,5 cm
ISBN 3-926388-22-6 DM 18,00
auch in Englisch erhältlich

BABAJI - Pforte zum Licht
Ein Erlebnisbericht

von Gertraud Reichel, 3. Auflage 1995
168 Seiten, 9 Fotos, 14,5 x 21 cm
ISBN 3-926388-12-9 DM 19,80
Auch in Englisch und in Japanisch erschienen, Näheres auf Anfrage.

G. Reichel Verlag, Reifenberg 85, D-91365 Weilersbach, Tel. 09194-8900, Fax 09194-4262

Leben aus dem Sein
Ein Buch über Babaji

von Radhe Shyam
Übersetzung aus dem Amerikanischen
368 Seiten, 14 Fotos, 15 x 21 cm,
ISBN 3-926388-17-X DM 32,00

Ich bin Du - BABAJI
Botschaften des Meisters vom Himalaya

Maria Gabriele Wosien (Hrsg.)
Zusammengestellt aus Babajis Orginalreden
118 Seiten, 11 Fotos, 11,5 x 18,5 cm
ISBN 3-926388-23-4 DM 16,80

Das Buch des Lebens

v. Radha-Magdalena Bambeck
120 Seiten, 11 x 15,5 cm, ISBN 3-926388-13-7
Leineneinband DM 19,80, Taschenbuch DM 9,80

Babaji-Von Herz zu Herz

Gertraud Reichel (Hrsg.)
230 Seiten, 15x21 cm
ISBN 3-926388-20-X DM 24,80

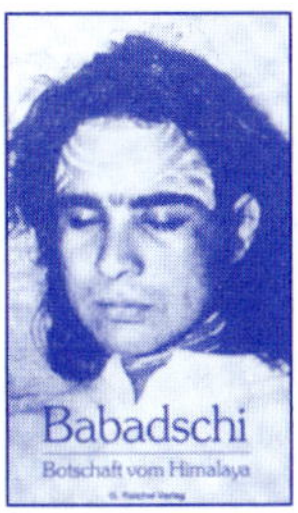

BABADSCHI
Botschaft vom Himalaya

von Maria-Gabriele Wosien, 5. Auflage, mit zahlr. Abbildungen, erweitert um das Kapitel „Der Weise Vasishta“, 135 S., 11,5 x 18,5 cm, ISBN 3-926388-00-5 DM 19,80
auch in Englisch, Italienisch, Französisch, Bulgarisch und Tschechisch erschienen

---

G. Reichel Verlag, Reifenberg 85, D-91365 Weilersbach, Tel. 09194-8900, Fax 09194-4262

Der Weg des Tänzers

Selbsterfahrung durch Bewegung

Bernhard Wosien

Maria Gabriele Wosien (Hrsg.)
zahlr. Abb., 17 x 24 cm, 135 Seiten
ISBN 3-926388-29-3 DM 26,00

Erkenntnisse aus Atlantis

Wandlung durch neue Energiemuster, Kristall-Heilung

von Dr. Frank Alper, übersetzt aus dem Amerikanischen
14,5 x 21 cm, 392 Seiten, zahlr. Abbild.
ISBN 3-926388-19-6 DM 36,00

Das Universelle Gesetz für das Wassermann Zeitalter

von Dr. Frank Alper, übersetzt aus dem Amerikanischen
14,5x21cm, 136 Seiten
ISBN 3-926388-21-8 DM 24,80

Mein Freund aus der Unendlichkeit

Begegnungen mit einer kosmischen Intelligenz

von Astrid Rodin
14,5 x 21 cm, 120 Seiten
ISBN 3-926388-34-X DM 21,00

Der Armstrong Report

Außerirdische und UFO´s - Sie brauchen uns, wir sie nicht!

von Virgil Armstrong, übersetzt aus dem Amerikanischen
14,5 x 21 cm, 144 Seiten
ISBN 3-926388-24-2 DM 26,00

G. Reichel Verlag, Reifenberg 85, D-91365 Weilersbach, Tel. 09194-8900, Fax 09194-4262